그리스도인으로
공부를 한다는 것은

그리스도인으로 공부를 한다는 것은

지은이_양승훈 | 펴낸이_김혜정 | 마케팅_윤여근, 정은희 | 디자인_한영애
초판1쇄 펴낸날_2009년 8월 14일 | 초판8쇄 펴낸날_2025년 8월 25일

도서출판 CUP 등록번호_제395-3070002510020010000021호(2001.06.21)
(10594) 경기도 고양시 덕양구 동축로 70, B동 6층 A604호 (동산동, 현대프리미어캠퍼스 지축역)
T. (02)745-7231 | T. (02)6455-3114 | www.cupbooks.com | cupmanse@gmail.com

ⓒ 양승훈 2009

값 12,000원
ISBN 978-89-88042-45-8 03230 printed in Korea.

· 저작권법에 의하여 보호를 받는 저작물이므로 무단 전재와 무단 복제를 금합니다.
· 잘못된 책은 언제든지 교환해 드립니다.
· 독자의 의견을 기다립니다.

학문은 하나님의 창조 질서를 발견하는 과정이다

그리스도인으로 공부를 한다는 것은

양승훈

CUP

지난 10여 년 간 DEW 이사장으로서
신앙과 학문의 본이 되어주신 정근모 박사님과
지난 30여 년 간 한국 창조론 운동에
원동력이 되어 주신
김영길 총장님께 드립니다.

차례

추천사 1 | 기독교 지성을 위한 나침반이 될 책_ 김의환 8
추천사 2 | 기독교 학문이라는 오랜 수수께끼를 풀어내다_ 전광식 10
들 면 서 | 그리스도인으로 공부를 한다는 것은 13

1장 | 21세기는 어디로 흐르는가 19
　이 시대의 현주소

2장 | 성경적 앎은 삶으로 이어진다 37
　행함이 따르는 지식

3장 | 공부하는 것도 예배다 61
　공부는 하나님의 창조 질서를 발견하는 과정

4장 | 과거는 현재를 이해하는 열쇠다 85
　역사 속의 학문과 신앙 이야기

5장 | 하나님의 청지기는 통합적 지식과 안목이 필요하다 101
　등산가형에서 두더지형 조망으로 바뀐 학문

6장 | 기독교적 사고의 부재는 학문의 세속화를 초래한다 123
　학문 활동의 방향을 결정하는 정신

7장 | 과학 연구도 하나님의 거룩한 소명이다 139
과학 연구 능력은 하나님의 형상

8장 | 하나님보다 더 신뢰하는 것이 우상이다 159
현대 기술에 대한 청지기적 자세

9장 | 학문 세계에서 그리스도의 주권을 회복하라 179
기독교적으로 공부함이란

10장 | 학문의 세속화는 삶의 세속화로 이어진다 _ 이인회 211
세속 학문과 그리스도인의 소명

11장 | 그리스도인들이여, 학문의 제사장이 되라! 237
그리스도인의 학문적 소명과 대위임령

부록 | 학문의 세속화 _ 헤르만 도여베르트 257

색인 292
저자의 자전적 스케치 | 만남의 축복을 주신 하나님 299
각주 307

추천사 1

기독교적 지성을 위한 나침반이 될 책

하나님은 성경을 통해 우리들에게 두 가지 큰 명령을 하신다. 하나는 문화명령Cultural Mandate이고, 다른 하나는 선교명령Mission Mandate이다. 한국 그리스도인들, 특히 보수적인 교회 환경에서 자란 그리스도인들은 선교명령에는 관심이 많고 열심히 따르려고 하지만, 문화명령에는 귀를 기울여 순종하려는 경향이 많지 않다.

한국 교회는 미국 교회의 이식성移植性을 피할 수 없었기 때문에 초기 미국 선교사들의 신학적 영향을 벗어나지 못했다. 그래서 전도와 선교 일변도로 개교회의 외형적 부흥과 해외 선교에만 힘을 써 왔다. 특히 요한 네비우스John Nevius 선교 방법을 채용한 장로교 선교사들의 영향권에서 자란 한국 교회 지도자들은 성도들의 영적 성장에만 주력하며 계도하여 균형 잡힌 신앙을 지도하는 데 미흡한 점이 많았다고 할 수 있다.

또한 초기 미국 선교사들 가운데 20세기 초 미국에서 일어난 근본주의 신학의 배경을 가진 분들이 많았기 때문에 한국 교회를 지도할 때 그리스도인의 문화적 사명을 깨우쳐 주는 일에는 소홀했던 것으로 보인다. 그 증거로 해방 이전까지의 기독교 문서 중에 기독교 세계관에 관한 책의 출판이 거의 전무했음을 들 수 있다. 한마디로 복음의 양면성, 곧 수직적인 내용과 수평적인 적용을 함께 강조하지 못한 아쉬움을 남겼다.

이처럼 불모지와 같은 영역에 사명감을 가지고 양승훈 교수는 지난 30여 년 간 꾸준히 기독교적 세계관의 확립과 확산을 목표로 많은 서적을 출판하면서 참신한 기독교 지성의 '광야의 소리'를 외쳐 왔다. 그리고 그런 노력의 결실로 캐나다에 밴쿠버기독교세계관대학원VIEW을 설립하여 몸소 기독교 세계관을 깨우치고 확산하기 위해 혼신의 노력을 경주해 오고 있다.

이번에 양 교수께서 「그리스도인으로 공부를 한다는 것은」을 출판하게 된 것을 진심으로 축하드린다. 기독교적 학문의 제사장이 되기를 원하는 많은 기독 지성인들에게 나침반 역할을 하리라 믿어 본서의 일독을 권하며 적극 추천한다.

김의환 박사
LA 국제신학대학원(ITS) 이사장
전 나성한인교회 설립 및 담임 목사, 총신대, 칼빈대 총장

추천사 2

기독교 학문이라는 오랜 수수께끼를 풀어내다

　신앙의 동무, 기독교 학문의 동지, 기독교 세계관 운동의 동반자, 하나님 나라 사역의 동역자인 양 교수님의 명저를 다시금 만나게 되어 감회가 새롭다. 그는 말쟁이요, 글쟁이요, 열심쟁이다. 이런 점에서 그는 바울 사도와 비슷한 면이 있으며, 탁월하다.
　그는 글을 쓸 때도 마치 신앙고백처럼 경건하게 쓰고, 설교하듯 열정적으로 호소하고, 또 동화처럼 재미있게 구성한다. 이런 점에서 그의 글은 한편의 긴 신앙고백이요, 여러 편의 설교이며, 그리고 밤새 읽어도 더 읽고 싶은 동화책이다. 또 그의 글은 바다와 같은 깊이와 넓이가 있으면서도 '누워서 떡먹기'처럼 쉽다. 이런 점에서 그의 글은 학자들이 연구할 수도 있고 동시에 초등학생도 읽을 수 있는 수수께끼 같은 책이요, 마술 같은 교과서다.
　이번에 낸 이 책도 이런 오묘한 마술 같은 책으로서 무엇보다 기독교 학문이라는 오랜 수수께끼를 풀어낸 책이요, 기독교 학문의 대헌장과 같은 저서다. 그 안을 자세히 들여다보면 다음과 같은 세 가지 깊은 뜻이 담겨 있다.
　첫째, 이 책은 학문 속에 숨어 있는 죄성을 지적한다. 저자는 이 책에서 세속 학문 속에 감춰져 있는 하나님을 대적하여 높아진 교만, 이성 내지 경험의 절대화, 통합적 조망을 잃어버린 파편화와 상대주의, 인격과의 분리, 이성과 학문의 중립성 신화, 무엇보다 오류와 비진리 등을 비판한다. 그리고 나아가 그리스도인들이 학문함에서 보이는 이원론적 사고마저 예리하게 폭로하면서 이를 크게 나무라고 있다. 말하자면 그는 학문의 전쟁터에서 적군의 방자함을 꾸짖는 동시에 아군의 엉성함을 질타하고 있는 것이다. 이런 의미에서 저자는 학문의 변증가다.

둘째, 이 책은 공부 가운데서 드러나야 할 거룩함을 부각시킨다. 저자는 이 책에서 기독교 학문이 응당 갖추고 드러내야 할 성경적 정초와 기독교 세계관적 토대, 신앙과 학문의 일치, 학문과 인격의 조화, 피조세계 속에 감춰져 있는 하나님의 진리 발견을 설파한다. 그렇게 함으로 기독교 학문이 지니는 거룩한 의미와 성격에 대해서 역설하고 있는 것이다. 이런 측면에서 저자는 학문의 선교사다.

셋째, 이 책은 학문을 통해 이뤄져야 할 소명을 강조한다. 저자는 이 책에서 그리스도인의 학문함이 소명임을 선포한다. 그 소명이란 학문함을 통하여 예배를 드리고, 헌신을 하며, 하나님께 영광을 돌려 드리는 것이라고 말하고 있다. 말하자면 그리스도인이 받은 명령에는 문화명령이나 선교명령만 있는 것이 아니라 교육명령도 있고 학문명령도 있다는 것이다. 이런 관점에서 저자는 학문의 설교자다.

전도자는 "여러 책을 짓는 것은 끝이 없고 많이 공부하는 것은 몸을 피곤케" 전 12:12 한다고 하지만, 양 교수님의 이 책은 기독교 학문의 길잡이로 꼭 쓰여야 할 책이었고, 또 이 책을 공부하는 것은 영혼을 건강케 하고 윤택하게 하는 것이다. 결국 그는 이 책에서 우리 모두를 학문의 예배자와 제사장으로 초대하고 있다. 물론 그 역시 이미 학문의 예배자요 제사장이다.

여름의 끝자락 캐나다 밴쿠버에서
전광식 박사
고신대 신학과 교수, 독수리중고등학교 이사장

들면서

그리스도인으로 공부를 한다는 것은

"그리스도인으로 공부를 한다는 것은 어떤 의미가 있는가?"

이것은 공부를 업으로 삼겠다고 작정한 후 지난 30여 년 간 나의 마음에서 한 순간도 떠나본 적이 없는 질문이다. '과연 공부를 하는 것도 전도처럼 영적인 가치가 있을까? 공부를 하는 일이 영적인 가치가 있다면 도구적 가치일 뿐인가, 아니면 본질적이고도 내재적인 가치일까? 흔히 예수님의 유언이라고 하는 대위임령마 28:18~20에도 공부에 대한 언급은 없지 않은가?' 이것은 비단 나만의 고민이 아니라 모든 그리스도인 학생들과 학문을 업으로 삼고 있는 학자들의 공통적인 고민이라 생각된다.

게다가 성경에는 공부하는 것에 대해 부정적으로 말하는 것처럼 보이는 구절들이 곳곳에 있다. 예를 들어 빌립보서 3장 8절에서 바울은 "또한 모든 것을 해로 여김은 내 주 그리스도 예수를 아는 지식이 가장 고상하기 때문이라 내가 그를 위하여 모든 것을 잃어버리고 배설물로 여김은 그리스도를 얻고"라고 했고, 지혜의 왕 솔로몬도 전도서 12장 12절에서 "내 아들아 또 이것들로부터 경계를 받으라 많은 책들을 짓는 것은 끝이 없고 많이 공부하는 것은 몸을 피곤하게 하느니라"고 하지 않았는가?

그 외에도 지적인 것을 부정적으로 보는 듯한 구절들이 많다. 창세기

3장에서 아담과 하와를 타락하게 했던 선악과를 풀어 번역하면 '선악을 알게 하는 지식 나무' the tree of knowledge of good and evil이므로 자칫 지식을 추구하는 것 자체를 악이라고 해석할 수도 있다.

또한 신약성경에서 가장 공부를 많이 했던 사도 바울은 "내 말과 내 전도함이 설득력 있는 지혜의 말로 하지 아니하고 다만 성령의 나타나심과 능력으로 하여 너희 믿음이 사람의 지혜에 있지 아니하고 다만 하나님의 능력에 있게 하려 하였노라"고전 2:4-5고 했다. 또한 "유대인은 표적을 구하고 헬라인은 지혜를 찾으나 우리는 십자가에 못 박힌 그리스도를 전하니 유대인에게는 거리끼는 것이요 이방인에게는 미련한 것이로되 오직 부르심을 입은 자들에게는 유대인이나 헬라인이나 그리스도는 하나님의 능력이요 하나님의 지혜니라"고전 1:22-24 등의 말씀을 통해 볼 때 지식에 대해 우호적이지 않았던 것으로 보인다.

그렇다면 과연 성경은 학문이나 지적인 것에 부정적인가? 본서는 이러한 문제를 고민하는 사람들에게 부분적으로나마 대답이 되었으면 하는 마음으로 쓴 것이다. 자세히 살펴보면 성경은 지식 그 자체를 정죄하는 것이 아니라 어리석은 변론딛 3:9, 딤후 2:23, 사변놀이에 불과하거나 하나님을 대적하는 지식딤전 6:20을 경계하고 있다. 성경은 곳곳에서 바른 지식은 도구적 가치에 더하여 내재적 가치가 있음을 말해 준다.

천지창조를 마치신 후 하나님께서 인류에게 주셨던 창세기 1장 28절, 2장 15절의 문화명령Cultural Mandate 혹은 창조명령Creation Mandate은 명백히 학문 행위를 포함하는 명령이라고 할 수 있다. 또한 다니엘 12장 3절에서 "지혜 있는 자는 궁창의 빛과 같이 빛날 것이요 많은 사람을 옳은 데로 돌아오게 한 자는 별과 같이 영원토록 빛나리라"고 한 것은 바른 지혜, 많은 사람을 옳은 데로 돌아오게 하는 자들에 대한 놀라운 상급을 약속하고 있다. 또한 이사야 선지자는 학문 활동은 약한 자들을 돕는, 즉 이웃 사랑의 실천이라고 말씀한다. "주 여호와께서 학자들의 혀를 내게 주사 나로 곤고한 자를 말로 어떻게 도와 줄 줄을 알게 하시고 아침마다 깨우치시되 나의 귀를 깨우치사 학자들 같이 알아듣게 하시도다"사 50:4.

본서는 지난 30여 년 간 그리스도인으로서 공부를 한다는 것이 무엇을 의미하는지를 곰곰이 생각하며 이곳저곳에서 강의하기 위해 쓴 글들을 모은 것이다. 마침 2008년 초에 한국을 방문하는 동안 경기도 남양주에 소재한 다윗동산에서 "기독 학자, 학문의 제사장"이라는 주제로 열린 제4회 차세대 기독 학자·교수 양성 캠프2008년 2월 20~23일에 강사로 초대받아서 그간의 글들을 중심으로 강의 원고를 준비하였고, 그것을 정돈한 것이 이 책이다.

각 장 끝 부분에는 본서가 스터디 교재로 활용되는 경우를 고려하여

〈토론과 질문〉을 첨가하였다. 이것은 질문을 함께 읽고 토의하는 동안 그리스도인으로 학문함의 의미를 더 깊이 생각하도록 하기 위한 것이다. 대부분의 질문들은 단답형의 답을 요구하는 것이 아니라, 본문을 읽은 후 그 질문들을 중심으로 다른 사람들과 얘기를 나누는 가운데 더 깊은 사고를 할 수 있도록 자극하기 위한 것이다. 성경적인 사고 훈련이야 말로 기독교 세계관적으로 공부하기 위한 가장 기본적인 훈련이라 할 수 있다.

본서의 내용 중에는 내가 이전에 쓴 「기독교적 세계관」의 원고를 더 보강한 내용도 포함되어 있다. 10장은 꿈의 학교 독서지도 교사로 근무하면서 VIEW에서 안식년을 보낸 이인희 선생님이 나의 세계관 기초 강의를 수강하면서 제출한 논문을, 그의 양해를 얻어 다시 수정하여 쓴 것이다. 부록은 헤르만 도여베르트Herman Dooyeweerd가 쓴 논문을 브뤼셀 한인교회를 담임하시는 최용준 목사님이 번역한 것이다. 원 논문은 오래 전에 발표되었지만 기독교적 학문을 위한 귀중한 자료라 생각되어, 약간의 수정을 한 후 역자의 허락을 받아 포함시켰다.

끝으로 본서가 출판되기까지 수고해 주신 몇몇 분들께 감사의 뜻을 전하고자 한다. 우선 그 동안의 원고와 생각들을 정리할 수 있도록 기독학자·교수 양성 캠프에 초청해 준 '기독교대학 발전위원회'의 이원동 형제 외 여러 형제, 자매들께 감사드리며, 또한 귀한 번역 원고를 사용할 수 있도록 허락해 주신 최용준 박사님과 이인희 선생님, 부산대 이대식 교수님, 원고를 자신의 글인 양 성실하게 교정해 준 제자 이삼열 목사님, 교정과 더불어 색인 만드는 일을 도와주신 VIEW 사무실의 이계현 간사님, 분주하신 중에서도 부족한 원고를 꼼꼼히 읽어 주시고 과분한 추천사를 써 주신 김의환, 전광식 박사님께 진심으로 감사드린다. 또한 이 책을 기꺼이 출판해 주신 CUP 김혜정 편집장께도 감사의 뜻을 전하고 싶다.

아무쪼록 부족한 글이지만 본서를 통해 지적 활동에 대해 소극적 자세를 가졌던 기독 학자들, 그리고 학문적 추구가 정말 하나님을 기쁘시게 하는 영원한 가치, 천국의 가치가 있는지를 고민하는 그리스도인들이 학문적 활동에서 제사장적 소명을 발견하는 데 다소나마 기여할 수 있기를 기대해 본다. 그리하여 교회와 그리스도인들의 삶에서 '소매선교'와 '도매선교'가 균형을 이루는 날이 속히 오기를 기대한다.

"물이 바다를 덮음 같이 여호와를 아는 지식이 세상에 충만"사 11:9하게 될 날을 바라보며 ….

VIEW 연구실에서
양승훈

제 1 장

21세기는 **어디로 흐르는가**

정보화와 세계화로 이어진 21세기에는 반기독교적인 현상들이 더 깊이 우리 삶 가운데 파고들고 있다. 모든 것이 상대적이라고 주장하는 포스트모더니즘의 등장으로 이제 기독교의 절대 진리도 위협받기에 이르렀고 그리스도인들 또한 이원론적 삶을 자연스럽게 받아들이게 되었다.

이 시대의 현주소

　21세기가 되면 어떻게 될 것이라는 많은 이야기들이 매스컴을 도배하던 때가 엊그제 같은데 벌써 21세기에 접어든 지도 여러 해가 지났다. 21세기가 어떻게 될 것인가에 대한 예측들 중에는 맞아 떨어진 것도 있고 그렇지 않은 것들도 있다. 예상대로 21세기는 역사상 어느 시대보다도 정보의 확산 속도가 빠르고 사람들의 이동이 많아지는 시대가 될 것이 분명해 보인다. 정보화 기술IT, 생명공학 기술BT 등 이전에는 생각하지 못했던 새로운 기술들이 속속 등장하여 꽃을 피우고 있고, 이에 따라 사람들의 기대 수명도 길어지는 등 인류의 미래는 과거 그 어느 시대보다도 기술에 대한 의존도가 높아지고 있는 것으로 보인다.

　하지만 기술의 영향력이 커질수록 미래에 대한 전망이 밝지만은 않다. 영원할 것 같던 화석 에너지들이 이미 바닥을 드러내고 있고, 이를 대체하여 인류의 에너지 문제를 영원히 해결할 것으로 기대되던 핵융합 발전은 아직도 연구 단계를 넘어서지 못하고 있다. 화석연료를 무기로 사용하던 것을 넘어 이제는 국제적으로 식량과 원자재를 무기화하려는 움직임도 뚜렷이 나타나고 있다. 지구 환경 문제, 특히 지구 온난화로 인한 기후 급변과 종의 급속한 멸종은 첨단 기술의 눈부신 발전에도 불구하고 사람들의 마음을 짓누르고 있다.

국제정치와 사상 분야에서도 불확실성이 증가하고 있다. 구 소련의 붕괴로 냉전체제는 좌우 이데올로기의 충돌에는 종지부를 찍었지만 종족 간의 분쟁과 종교들 간의 충돌은 인류 역사상 어느 시대보다도 더 심해지고 있다. 특히 기독교와 이슬람교에서 부흥하고 있는 근본주의 운동은 동일한 종교권 내에서조차 우려의 시선을 보내고 있는 실정이다. 종교에 더하여 사상적 측면에서는 모더니즘의 시대가 지나가고 포스트모더니즘이 모든 영역에서 맹위를 떨치고 있다.

이런 혼돈과 불안과 불확실성이 점증하는 시대에 그리스도인들은 어떻게 살아야 할까? 그 중에서도 기독 학자들은 무엇을 믿고, 무엇을 해야 할까? 또한 차세대 오피니언 리더가 될 그리스도인들은 학문의 영역에서 청지기적 소명을 감당하기 위해 무엇을 준비해야 할까? 이 해답을 찾기 위해 먼저 21세기에 대한 몇 가지 진단 내지 예측을 해 보자.

정보화 시대가 만들어가는 세계화

우선 21세기에는 급속한 정보화와 더불어 모든 것이 세계화될 것이다. 역사적으로 세계화가 가장 빨리 이루어진 영역은 학문 분야며, 그 뒤를 이어 경제와 기업 분야도 이미 상당 부분 세계화가 되었다고 할 수 있다. 21세기에는 다른 영역, 즉 정치, 문화, 종교까지도 급속도로 세계화될 것이다. "Think globally, act locally!"라는 환경구호처럼 이제는 전 지구적으로 생각하지 않으면 생존하기 곤란한 시대가 되었다. 이처럼 세계화를 선도해 가는 견인차로 다음 세 가지를 들 수 있다.

첫째, 정보화 기술의 발달이다. 인터넷과 컴퓨터 기술의 눈부신 발달로 과거에는 한 개인이 상상조차 할 수 없었던 분량의 정보를 소유할 수 있게 되었으며, 또한 사회는 유용한 정보와 지식을 많이 가진 자가 더 큰 힘을 가질 수 있는 쪽으로 나아가고 있다.

농경시대에는 개인이 소유한 땅과 가축의 숫자가 곧 힘의 상징이었다. 대항해 시대라고 하는 15세기 이전에는 군사력이 국력의 상징이었으며, 그 이후에는 식민지의 크기가 국력의 상징이 되었다. 16, 17세기 과학혁명과 18세기 산업혁명을 지나면서는 과학과 기술에 근거한 생산능력이 국력의 상징이 되었고 19세기 후반부터는 지식이 국력의 척도였다. 그러나 개인용 컴퓨터가 본격적으로 보급되고 정보화가 급격히 이루어지기 시작한 1990년대부터는 정보의 양과 질, 접근 능력이 국력의 상징이 되어가고 있다.

특히 오늘날 정보는 초고속 정보망을 통해 순식간에 세계로 퍼져 나갈 수 있다. 물론 아직까지는 '정보 초고속 도로'가 전 세계적으로 깔리지 않았고 컴퓨터의 속도도 충분히 빠르지 못하기 때문에 본격적인 전 지구적 정보화 시대가 도래했다고 말하기는 어렵지만 얼마 지나지 않아 현재의 대부분의 기술적인 문제들이 해결될 것으로 보인다. 이미 전화는 동화상을 실시간 양방향으로 주고받을 수 있는 초기 단계로 접어들었다. 불과 얼마 전까지만 해도 전송속도가 다이얼업dial-up

모뎀으로 최고 56Kbps의 속도가 고작이었으나 근래에는 100Mbps를 넘어섰다. 필자가 1988년에 처음으로 샀던 당시 최고 속도의 외장형 모뎀이 1.2Kbps였음을 생각해 본다면 정보화 기술의 발전은 어지러울 정도로 빨라졌으며, 이러한 속도는 점점 더 빨라지고 있다.[1]

이러한 정보 기술의 발달은 여러 가지 모습으로 우리들의 실제 생활에 다가오고 있다. 이미 인터넷 게임이 청소년들의 삶의 한 부분으로 자리 잡고 있고, 곳곳에 가상대학 광고가 봇물을 이루고 있다. 앞으로는 일부 실험 실습이 필요한 분야를 제외하고는 대부분의 강의들을 인터넷으로 하는 가상대학이 곳곳에 등장할 것이다. 내가 몸담고 있는 밴쿠버기독교세계관대학원VIEW도 일부 강좌를 인터넷을 통해 개설하게 될 날이 멀지 않았다.

또한 인터넷의 발달은 책이나 잡지의 개념을 송두리째 바꾸고 있다. 물론 많은 잡지사들이 여전히 종이 잡지와 웹진을 동시에 제작하고 있지만 이제 종이로 된 책이나 잡지는 점점 퇴조하고, 인터넷 버전이 급속히 증가하는 추세다. 학문적 정보의 영역에서는 가히 인터넷을 통한 혁명이 진행되고 있다고 할 만하다.

둘째, 인터넷의 발달과 뗄 수 없는 관계에 있는 것이 매스컴의 발달이다. 통신위성, 해저 광케이블 등의 발달로 신문의 동시 인쇄, 현지 방송이 보편화 되어가고 있다. 디지털 통신의 발달은 통신비용과 품질의 혁명을 일으키고 있다. 인터넷 전화는 이미 상용화된 지 오래고, 근래 LG전자에서 보급하고 있는 MyLG 070 서비스는 전 세계의 한국인들을 하나로 묶는 끈이 되고 있다. 또한 곳곳에 인터넷 라디오 및 TV 방송이 우후죽순처럼 생겨나고 있다.

셋째, 인터넷이나 디지털 통신의 발달에 더하여 정보화와 세계화를 가속화시키는 것은 운송수단의 발달이다. 1896년 3월 6일, 미국의 킹Charles King이 디트로이트에서 처음으로 4기통 엔진을 단 자동차를 만들어 최고 시속 8Km로 달린 이래 지금은 시속 200Km를 넘는 자동차들이 거리를 달리고 있다. 1825년 영국의 스테븐슨George Stephenson이 만든 증기기관차가 등장한 이후 기차의 속도도 눈부시게 빨라졌다. 현재 우리나라에서 달리는 KTX는 시속 300Km를 주파하여 전국을 반나절권으로 만들었다. 이제는 고속기차가 적어도 국내에서는 항공수송과 경쟁하고 있는 것이다.

1906년 미국의 라이트 형제Wilbur & Orville Wright가 노스 캐롤라이나 키티 호크Kitty Hawk에서 처음으로 하늘을 난 이래 비행기는 급속도로 빨라지고 커졌다. 초음속 여객기 콩코드나 보잉 747 점보, 에어버스 A380과 같은 고속, 대형 항공기가 세계를 하나로 만들 것이다. 근래에는 민간 상업용 항공기들 또한 점점 커지고 빨라지고 있다. 다니엘이 받은 "많은 사람이 빨리 왕래하며 지식이 더하리라"단 12:4는 계시가 이 때를 가리킴이 아닐까?

구조적으로 도전받는 기독교

다음으로는 기독교에 대한 구조적 도전이 늘어갈 것이라는 점이다. 급속한 정보화는 이전에는 없던 새로운 구조를 만들어 내고 있다. 기존의 정치, 사회, 문화 등의 구조에 더하여 수많은 크고 작은 새로운 구조들을 만들어 내고 있는데, 그 중에는 선한 구조도 있지만 인간의 타락한 본성과 결탁한 더 많은 악한 구조들도 있다. 물론 정보화 사회가 도래하기 전에도 악한 구조는 있었지만 그 영향력이 지금처럼 크지는 않았다. 온 세계가 인터넷으로 연결되면서 새로운 구조들이 순식간에 전 세계적인 크기로 확대될 수 있게 된 것이다.

문제는 오늘날 기독교 신앙에 대한 세상의 도전이 구조적이라는 것이다. 정치, 사회, 경제, 문화 전반에 걸친 세상의 구조가 기독교 신앙에 구조적인 도전을 하고 있다. 한 예로 학문이라는 이름으로 무신론적 신앙이 공공 교육기관에서 가르쳐지고 있으며, 학문적 자유라는 명분으로 고등교육의 현장에서 기독교 신앙이 쫓겨나고 있다. 현대는 과학의 시대임을 표방하면서 초자연적인 것들이 설 자리를 없애버리거나 극히 좁은 영역 속에 가두고 있다. 게다가 자연주의적 진화론과 같은 학설은 지극히 종교적인 색채를 띠고 있음에도 과학이라는 이름으로 교과서를 통해 버젓이 학생들을 세뇌시키면서 다른 한편으로 공교육 기관에서는 기도하는 것조차 특정 종교의식을 공교육 기관에 도입하는 것이라고 금하고 있는 실정이다.

또한 민주주의 사회에서 개인의 의견을 존중하고 다수결의 원칙을 존중한다는 명분으로 성경적 규범의 보편성을 부정한다. 민주주의의 이름으로 상대주의적 윤리관이 성경의 절대적 윤리관을 배척하고 있다.

이러한 도전의 핵심 내용은 기독교 신앙의 상대화relativization 내지 국소화localization라고 할 수 있다. 국가적인 정책을 통해, 공공교육기관을 통해, 심지어 사법부의 심판을 통해 기독교 신앙은 곳곳에서 도전

받고 있다. 이처럼 기독교 신앙에 대한 구조적 도전은 앞으로 더욱 심해질 것으로 보인다.

개인주의와 도덕적 타락

셋째, 개인주의의 확산과 도덕적 타락이다. 오늘날 신문이나 잡지는 물론 방송이나 영화 등에도 섹스와 폭력이 가득하다. 그리스도인들의 다양한 노력과 기도에도 불구하고 세상의 도덕적 타락은 더욱 가속화될 것이고 대학 또한 예외는 아니어서 대학의 도덕적 위기도 가속화될 것이 분명하다. 오늘날 미국 세속 대학에서 마약과 성적 방종은 기성세대들이 손을 댈 수 없을 만큼 심각하며, 이것은 이미 일부 우리나라 대학에서도 나타나고 있는 현상이다.

특히 인터넷의 보급과 더불어 급속히 번져 가는 포르노 사이트들은 아직도 가치관이 채 정립되지 않은 많은 청소년들을 무차별 공격하고 있는데, 이런 성적 타락을 부추기는 중요한 요소는 물질주의다. 돈을 벌기 위해서라면 무슨 짓이라도 할 수 있다는 잘못된 생각이 오늘날 이 사회를 태풍처럼 휩쓸고 있는 것이다. 그 태풍 속에 생겨난 것이 바로 원조교제, 티켓다방이라 볼 수 있다.

성적 타락을 부추기는 또 다른 원인은 개인주의의 확산이다. '개인의 자유와 권익이 최대한 보호되어야 한다'는 생각은 민주주의라는 허울 아래 난공불락의 성채를 형성하면서 기독교적 가치관에 도전하고 있다. 이것은 오늘날 우리나라 대학 캠퍼스에서도 쉽게 볼 수 있는

데, 두 사람만 좋다면 다른 사람들이야 뭐라고 하든지 대낮에도 얼마든지 노골적인 애정 표현을 서슴치 않거나 심지어 육체적인 관계를 가질 수도 있다고 생각하는 학생들이 늘어가고 있는 것이다. 산업화의 여파로 사람들은 점점 더 개인주의화되어 가고, 윤리는 개인의 선택사양으로 전락하고 있다. 도덕적 타락은 윤리적 기준을 상실한 채 개인주의적 확신을 가진 세대가 직면할 수밖에 없는 필연적인 결과다.

이처럼 세상이 날로 악해져 가기 때문에 경건한 그리스도인들은 자녀들의 학교 선택에 있어서 학생들에게 윤리적인 보호막을 제공하는지 여부를 점점 더 심각하게 고려하게 될 것이다. 오늘날 미국 기독교대학 연합체인 CCCU Coalition for Christian Colleges and Universities 소속 110여 개 회원대학 가운데 90% 이상의 학교에 남자보다 여자가 많다. 도덕적 방패를 제공하는 기독교 대학에 여학생들의 숫자가 늘어가는 것은 우연한 일이 아닐 것이다. 내가 신학 훈련을 받았던 미국의 대표적 기독교대학인 휘튼대학도 여학생들이 점점 많아지는 것으로 인해 고심하고 있다.

전문화와 상업화

마지막으로 21세기는 전문화와 상업화가 더욱 더 빠른 속도로 진행될 것이다. WTO 체제 하에서는 상품뿐만 아니라 자본, 기술, 노동 등 모든 생산 요소가 쉽게 국경을 넘나들게 된다. 과거 식민지 확보가 경쟁이었을 때는 군사력이 국가경쟁력의 상징이었으나 WTO 체제 하에서는 상품은 물론 금융, 교육, 유통, 공공 서비스처럼 서비스의 질과 환경의 질이 국가 경쟁력을 결정한다. 기술과 서비스, 환경을 포함한 전 분야에서 무한경쟁을 해야 하는 미래에는 특성화되고 전문화되지 않으면 살아남지 못한다.

우리나라에서 교육부 장관만 바뀌면 습관처럼 부르짖는 교육개혁의 핵심을 살펴봐도 결국 교육도 상업적 경쟁에서 승리할 수 있는 경쟁력을 갖추어야 한다는 것이다. 어떻게든 기술과 서비스 분야에서 전문화, 특성화가 가능하도록 교육을 개혁해야 한다는 것이다. 이를 위해서 정부는 그동안 '무풍 지대'였던 교육계를 철저한 경쟁체제로 탈바꿈 시키겠다고 서두르는 것이다.

이제 바야흐로 만물박사의 시대는 가고 전문가만이 권위를 갖는 시대로 돌입하고 있다. '박사'博士의 시대는 가고 '협사'狹士의 시대가 도래한 것이다. 기본적인 인성교육보다 상업적 가치가 높은 전문기술에 대한 요구가 더 커지고 있다. 대학도 이러한 요구에 부응하기 위하여 교양교육보다는 전문교육에 치중하는 쪽으로 나아가고 있다.

전문화는 필연적으로 권위의 이동을 가져오게 된다. 과거에는 성직자들과 같이 통합적 권위를 가진 자들이 존경받았으나 자본주의 사회에서는 부자가, 과학기술을 바탕으로 한 산업 사회에서는 전문적 기술과 지식을 가진 전문가가 힘을 갖게 되며, 향후 정보화 사회에서는 정보 소유자와 조정자들이 큰 영향력을 갖게 될 것이다.

기독교적 지성과 그 적들

그렇다면 이러한 세대를 살아가는 그리스도인들, 특히 그리스도인 학자들의 책임은 무엇일까? 유엔 사무총장을 역임했던 베이루트 태생의 기독교 지도자 말리크Charles Malik 박사는 현대 기독교의 위기와 관련하여 다음과 같은 말을 했다.

> "대학 지성과 정신의 상태가 서구 문명의 위기의 핵심이다. … 세상의 빛이신 그리스도, 그분의 빛이 지성의 형성에 비춰지게 해야 한다. … 문제는 영혼을 구할 뿐 아니라 지성까지 구하는 것이다. … 책임 있는 그리스도인에게는 두 가지 사명이 있는데 하나는 영혼을 구하는 것saving soul이고 또 하나는 지성을 구하는 것saving mind이다."[2]

이것은 전도명령과 문화명령이 모두 중요함을 잘 표현한 것이다. 이 두 가지 명령은 서로 밀접하게 연결되어 있기 때문에 따로 분리하여 생각한다는 것도 어색하다. 그러나 인간의 타락 때문에 주어진 전도명령에 비해 문화명령은 인간 타락 이전에 주어진 하나님의 명령이라는 점에서 좀 더 본래적인 것이라 할 수 있다. 영혼의 구원과 지성의 구원을 동일한 차원에서 강조한 것은 기독교적 지성이 뒷받침되지 않는 영혼 구원은 그저 반쪽 선교에 불과함을 의미한다.

기독교 신앙의 지성적 요소에 대해 가장 먼저 눈을 뜬 것은 서구 대학들이었다. 역사적으로 초기 대부분의 서구 대학들은 기독교 세계관에 대한 분명한 확신 위에서 설립되었으며, 기독교적 학문 연구는 서구의 지도적인 대학이 발전하는 데 중심적인 역할을 했다. 우리가 믿는 하나님은 천지만물을 지으신 창조주시며 학문이란 피조세계에 대한 다양한 측면의 연구라고 볼 때 학문 연구란 곧 하나님을 알아가는 활동이며 모든 전공 공부는 피조세계에 대한 선한 청지기로서의 역할을 배워 가는 것이다. 하지만 이 역할은 결코 쉬운 작업이 아니다. 수많은 적들이 보이게 보이지 않게 이 작업을 대적하기 때문이다.

1. 이성을 절대적 진리의 기초로 삼은 근대주의

전통적으로 기독교적 학문에 적대적인 세력은 근대주의Modernism였다. 근대 이전의 사람들은 초월적 존재를 믿었다. 그래서 법, 원리, 이성, 자연법 등으로 불리는 초월적 질서가 있다고 믿었으며, 이 질서를 따라 사는 것이 바른 삶이라고 생각했기에 기독교적 학문이라는 것을 받아들이는 것이 어색하지 않았다.

그런데 초월적 세계를 거부하며, 인간의 관찰과 반성으로 진리에 도달할 수 있다는 확신이 강해지면서 근대가 시작되었다. 근대는 이성에 대한 신뢰를 바탕으로 과학을 문화의 토대로 삼았다는 점에서 과학과 이성의 시대라고 할 수 있다. 다시 말해 근대는 인간의 자율적 사고와 행동을 믿었으며, 철학적 인식론을 통해 삶의 기초를 찾을 수 있다고 보았던 이성주의적, 토대주의 문화였다. 인간의 이성을 신성시하는 근대에 기독교적 학문이라는 것이 꽃피워질 수 없는 것은 자명하였다.

하지만 근대의 위기는 바로 근대가 기초로 삼았던 이성으로부터 시작되었다. 아이러니컬하게도 근대는 인간이 이성을 절대적 진리의 기초로 삼으면서부터 무너지기 시작했다고 볼 수 있다. 전 근대인들이 받아들였던 초월적 존재, 진리의 기초로 인정했던 절대자를 배척하면서부터 이미 근대인들의 정신적 공황의 씨앗은 심겨진 것이었다. 이것이 바로 포스트모더니즘Post-modernism의 배경이다.[3]

2. 모든 것을 상대화시키는 포스트모더니즘

이성 중심의 근대주의에 대한 근본적인 회의에서 출발한 포스트모더니즘은 탈중심적, 탈이성적 사고를 특징으로 한다. 근대주의 기간에 누적된 병적 요소들이 초래한 문제와 위기에 대한 반발과 대응으로 일어난 포스트모더니즘은 1960년대 미국과 프랑스를 중심으로 일어났지만 지금은 전 세계적으로 철학, 예술, 문학, 건축, 디자인, 음악, 문화, 역사해석, 마케팅이나 비즈니스 등 모든 분야에 영향을 미치고 있다. 그러면 이러한 포스트모더니즘은 기독교에 어떤 영향을 미치고 있을까?

포스트모더니즘이 기독교에 어떤 영향을 미치는지에 대해 처음에는 학자들마다 의견이 분분하였다. 하지만 시간이 지남에 따라 포스트모더니즘이 점점 적군으로의 본색을 드러내고 있다. 근대주의에 대한 반발로 시작되었기 때문에 '반근대주의'Anti-modernism라고 할 수 있는 포스트모더니즘의 가장 큰 문제는 기독교의 우주적 진리성을 무시하는 것이다. 포스트모더니즘은 학문의 진정한 목적이 그리스도 안에서만 발견될 수 있다는 기독교적 학문의 전제를 애초부터 반대한다.

진리의 가장 중요한 특징은 시대와 장소, 환경에 무관하게 진리여야 한다는 점이다. 시대에 따라, 환경에 따라 끊임없이 변하는 것은 진리로서의 자격을 상실한다. 그러나 포스트모더니즘은 만일 기독교의 진리가 그리스도인들이 모였을 때는 진리인데 불신자들이 있는 곳에서는 더 이상 진리가 아니라면 그것은 더 이상 그리스도인들에게도 진리가 될 수 없다고 생각한다. 비슷한 예로 만일 교회에서는 하나님이 천지를 창조하신 분인데 세속 학교에 가서는 불신자들의 인정 여부와는 무관하게 더 이상 창조주가 아니라고 한다면 그 하나님은 더 이상 기독교에서도 창조주가 될 수 없다는 논리다.

　　슐라이에르마허 E. Schleiermacher의 말처럼 '종교는 신에 대한 절대적 감정'일 뿐이라면, 또한 마르크스 K. Marx의 말처럼 '잃어버린 자아를 추상화한 것이 신神'이라면 기독교의 우주적 진리성은 허구이며, 포스트모더니즘의 주장은 타당할지 모른다.

　　그 동안 기독교를 무조건 배척하던 근대주의에서 떠나 기독교를 다른 종교와 같은 수준으로 '대접한다'는 점에서 포스트모더니즘이 기독교에 우호적인 듯 보이는 측면이 있다는 주장도 일리가 없는 것은 아니다. 하지만 기독교 신앙의 우주성을 거부하는 포스트모더니즘의 주장을 받아들이면 그리스도인들은 자연스럽게 이원론적 삶을 받아들이게 된다. 기독교의 진리가 우주적 진리가 아니라 어떤 종교적 영역 내에서만 진리라고 하면 그리스도인들은 '종교적 활동 영역과 이와 무관한 학문적 활동 영역'으로 삶을 구분할 것이다. 즉 기독교 신앙과 무관한 삶의 영역이 얼마든지 가능하게 되는 것이다.

　　만일 기독교 대학과 그리스도인들이 이러한 이원론을 받아들이고 자신의 학문 활동을 하나님을 섬기는 일과 분리하게 되면 그리스도인들은 더 이상 '문화의 형성자' Culture-former가 아니라 '문화의 추종자' Culture-follower가 될 수밖에 없다. 문화적 과업을 그리스도인의 소명이라는 명제에서 분리하면 그리스도인들이 문화와 무관한 존재가 되는 것이 아니라 세상이 만든 문화에 오염된 존재가 될 수밖에 없으며, 그리스도인들은 가장 중요한 '전도의 장'을 잃어버리게 될 것이다. 그러므로 이 시대 그리스도인들의 가장 큰 과업이라면 기독교 신앙을 국소화, 상대화시키려는 포스트모더니즘의 주장을 무력화시키는 것이다.

그리스도인들이 이원론적 사고를 받아들이는 것은 하나님의 본질적 속성이나 하나님의 형상대로 지음받은 인간의 속성과 배치된다. 인간은 하나님의 형상대로 지음받은 통일적인 존재다. 이러한 인간에게 믿는 바와 아는 바가 다르다는 것은 창조주 하나님의 계획에 어긋난다. 말로는 하나님을 우주의 창조주로, 전지전능하신 분으로 고백하면서 학문과 지성의 영역에서는 하나님이 계시지 않는 듯이 여기는 분야가 있음을 받아들이는 것은 이원론적 행태의 본질적인 문제를 드러내는 것이다. 이러한 이원론적 태도는 생육하고 번성하라는 창조명령 혹은 문화명령에 정면으로 배치된다. 창조명령을 위해 그리스도인들은 학문의 제사장으로 부름받았고, 기독교 대학은 창조명령을 수행하는 '지성소'가 되어야 한다.

1. 21세기의 시대적 흐름에서, 기독교 신앙과 관련된 긍정적인 면과 부정적인 면은 무엇인지 생각해 보자.

2. 저자는 포스트모더니즘의 등장이 일정 부분 기독교 신앙에 긍정적인 영향을 미치는 것을 부인하지는 않지만 전체적으로는 손해가 더 많았다고 본다. 왜 그렇게 평가한다고 생각하는가? 그리고 포스트모더니즘에 대한 자신의 생각을 나누어 보자.

3. 본 장에서 제시하는 21세기의 전망에 비추어 21세기를 향한 기독 학자나 그리스도인들의 과업은 무엇인지 생각해 보자.

제 2 장

성경적 앎은 **삶**으로 이어진다

아는 것을 행하지 않으면 그것은 참된 앎이 아니다. 성경이 말씀하는 지식은 이론적이고 추상적인 지식이 아닌 실천적이고 삶으로 이어지는 지식이다. 그러므로 삶 가운데 하나님의 통치를 받아들이고 순종하는 행동이 뒤따라야 한다. 하나님을 믿는 것은 하나님에 대해 아는 것이 아니라 하나님을 알아가는 과정이며 행함이 따르는 헌신이다.

행함이 따르는 지식[4]

복음은 모든 사람들에게 기쁨과 소망을 가져다 주는 말씀이지만 복음을 알고 믿는다는 우리의 모습은 그렇지 못한 듯하다. 온 백성에게 칭송을 받았다는 초대 교회 교인들 행 2:47과는 달리, 오늘날 우리 주변에는 교인들이 사기를 치거나 싸우는 일을 불신자들이 별로 이상하게 여기지 않거나 교회만 들어서면 집값이나 땅값이 폭락하는 일이 보편화 되고 있다. 특히 근래에는 장로 대통령이 들어서면서 종교 편향적인 현상들이 곳곳에서 감지되고 있어서 종교 간의 대립이 사회적 문제로까지 대두되고 있다.

이제 세상 사람들은 그리스도인들이라고 해서 도덕적 수월성이 있다고 보지 않는다. 미국 대사관에서는 오히려 목회자들이 가장 비자를 받기 어려운 직업군으로 분류되고 있다. 각계각층에서 교인이 되는 사람은 많고, 교회의 숫자는 기하급수적으로 늘었지만, 부정과 부패는 더욱 더 심해지고 망국적인 사치와 퇴폐풍조가 기승을 부리고 있다.

물론 그리스도인들이 이러한 일에 의도적으로 앞장서 간다고 말하기는 어렵지만 이런 풍조가 확산되는 오늘날의 조류에 맞서 그리스도인들이 별다른 영향을 미치지 못하고 있을 뿐만 아니라 분리된 거룩한 삶을 살지 못하고 있다는 데 문제가 있다. 어떤 사회학자는 인류 역사에서 한 사회나 국가가 멸망할 때는 공통적으로 성적인 타락과 대규모 토목건축 공사가 일어났다고 말한다. 오늘날 우리 교회에서 나타나고 있는 극심한 도덕적 타락과 건축 붐이 다가올 미래에 대한 불길한 전조가 아닐지 염려된다.

오늘날 우리가 당면한 신앙과 행함의 괴리 현상의 원인은 그리스적 사고의 영향으로 나타난 신앙의 지식화와, 무속적 영향으로 나타난 이원론적 세계관 때문이 아닌가 생각된다. 이 장에서는 인격적인 하나님을 믿고 그분 앞에서 책임 있는 삶을 살도록 부름받은 그리스도인들이 왜 성경의 가르침과 유리된 채로 살아가는지, 도대체 복음을 '안다'는 것은 무엇이며, 아는 것과 믿는 것과 행하는 것은 어떤 관계가 있는지, 그리고 이런 문제와 관련하여 그리스도들은 어떤 자세를 가져야 하는지를 '앎' 지식에 대한 견해를 중심으로 살펴보고자 한다.

이론적인 지식을 가르치는 그리스적 앎

먼저 그리스인들의 지식관을 살펴보자. 그리스인들은 모든 지식의 근원을 인간의 이성에 두고, 지혜 $\Sigma o\varphi i\alpha$ 그 자체를 사랑함 philos을 τ 이상으로 하였다. 이들은 생활의 여유 schole 속에서 개인적인 이해관계 없이 관조적으로 대상을 인식함을 목적으로 하였고, 초월적인 계시가 아니라 인간의 이성이나 경험을 통해서만 지식을 얻는다고 믿었다. 소피스트Sophist의 시조라고 할 수 있는 프로타고라스Protagoras, BC 481년-411년가[5] "인간은 만물의 척도이다"라고 말하면서 모든 절대적인 진리와 가치를 부정한 것은 이러한 그리스인들의 견해를 함축한 것이라고 할 수 있다.[6]

소크라테스 역시 이성의 사용을 강조했다. 그는 철학자가 할 일은 덕과 용기와 동정과 아름다움과 정의와 같은 속성들을 이성적으로 이해하는 것이라고 강조했다. 그가 사용했던 변증법 혹은 산파법은 바로 이성적 지식을 추구하는 한 방법이었다. 그는 이성적 대화를 통하여 "정의를 제시하고, 논증을 이끌어 내고 논박하고, 유비를 끌어 내고, 실수를 바로 잡아, 결국 결론에 도달"했다.[7]

소크라테스와 그의 제자 플라톤, 플라톤의 제자 아리스토텔레스도 믿을 만한 지식은 인간의 이성이 발견한 불변의 보편적 형상에 근거하고 있다고 믿었다. 그들은 인간의 이성은 자율적, 자충족적이고 본질적으로 선하며 그 이성을 통하여 지식과 구원을 얻는다고 생각했다. 이들은 이성의 유한함과 결함을 깨닫지 못하고 이성을 신격화 하였으며 인간의 잠재력을 강조하여 인간을 자연의 속박에서 벗어나게 하려고 했다.[8]

이처럼 순수하고 객관적인 사물에 대한 지식, 주체로부터 분리된 객관적 지식을 얻으려는 그리스인들의 이상은 오랜 세월을 두고 기독교 신앙에 직·간접적으로 많은 영향을 끼쳤다. 초대 교회 때부터 기독교가 세계적인 종교로 성장한 지역이 그리스 문화권이었으므로 그리스인들의 지식관이 기독교에 영향을 미치는 것은 불가피한 일이었다고도 볼 수 있다.

유대인은 표적을 구하고 헬라인은 지혜를 구한다 고전 1:22는 사도 바울의 말은 이미 그 당시에 헤브라이즘이 헬레니즘의 영향 가운데 있음을 간접적으로 나타낸다. 터툴리안이 했던 "예루살렘과 아테네가 무슨 관계가 있는가?"라는 수사적 질문도 뒤집어 놓고 보면 이 두 전통간의 강한 상호작용을 반증한다고도 볼 수 있다. 사실 이 두 전통의 상호작용은 어제 오늘의 문제가 아니라 거의 기독교의 역사와 비견되는 역사를 가지고 있다. 그리스 전통의 산물이라고 할 수 있는 사변적인 지식은 행함과 분리될 수 없는 기독교 신앙과 애초부터 어느 정도 갈등 관계를 유지하면서 상호 영향을 미쳐왔다.[9]

그리스적 앎에 대한 개념은 현대의 지식관에도 그대로 전승되고 있다. 현대적 의미에서 앎이란 대상 그 자체가 아니라 그 대상을 일정한 거리에서 감각과 지각을 사용하여 관찰함으로 얻은 정보, 혹은 반성을 통해 얻은 의식이라고 할 수 있다. 자연을 대상으로 하는 사실적 지식보다 철학적, 형이상학적 지식은 자각적인 성격이 강하다. 그러나 어떤 대상에 대한 지식이라고 할지라도 지식은 순수하게 객관적으로만 포착될 수 없으며, 어느 정도 반성하는 주체의 의지적 결단을 필요로 한다. 비록 현대 학자들은 이런 지식을 도덕적, 종교적 신념이라고 부르면서 학문적 지식과 구별하지만 학문적 지식도 어느 정도의 의지적 결단이 내포되어 있음을 생각한다면 완전히 객관적인 지식이란 그리스인들의 이상일 뿐이다.[10]

성경적 앎에는 실천이 따른다

그러면 성경적 앎은 무엇인가? 이에 대한 대답을 위해서는 "히브리적 앎이란 무엇인가?"라는 질문에서부터 시작하는 것이 좋을 것이다. 히브리인들에게 하나님을 아는 지식은 그리스적으로 아는 것만을 의미하지 않았다. 이들에게 하나님을 아는 것은 단순한 사변이 아니었다. 이들은 참된 지식이란 여호와를 경외하는 것, 또는 여호와를 아는 것에서부터 시작한다고 믿었다 잠 1:7; 9:10.

더욱이 자신에 대한 진정한 지식도 하나님에 대한 지식에 근거하여 얻어질 수 있다고 보았다. 이러한 사상은 신약에 와서도 그대로 이어졌다. 인간은 성경의 케리그마 kerigma, 즉 복음의 내용을 완전히 이해할 때만이 자신에 대한 진정한 지식을 얻을 수 있었다.[11]

히브리적 사고와 그리스적 사고의 차이는 '안다' know라는 동사의 의미에서 더욱 분명하게 드러난다. 우리는 오늘날 그리스적인 지식관에 익숙해져 있기 때문에 안다는 것, 즉 지식이란 차가운 이성적 추론의 결과 얻어진 관조적인 것이나 명상적인 것으로만 생각한다. 그러나 히브리적인 지식에서는 행함과 분리된 관념적이고 사변적 지식은 아직 아는 것이 아니라고 본다. 지식의 결과 행함이 나오는 것이 아니라, 지식 그 자체가 본질적으로 추상적인 앎과 더불어 실제적인 행함이라는 불가분의 요소로 구성되어 있다고 보는 것이다. '안다'는 의미의 히브리어 '야다' yada는 인식 대상에 대한 객관적인 지식뿐만 아니라 대상에 대한 책임이나 대상과의 관계성까지 포함하는 말이다.

한 예로 아담과 하와의 범죄를 생각해 보자. 하나님께서는 선악과를 먹은 후에 그들을 에덴동산에서 추방하셨는데, 그 이유로서 그들이 선악을 알게 되었다는 점을 제시한다. 얼핏 보기에 악을 행하는 것이 아니라 선악을 아는 정도였는데 왜 그들을 쫓아냈을까 하는 의구심이 생길 법하다. 그러나 앎에 대한 히브리적인 개념을 살펴보면 아담과 하와가 선악을 안다는 말은 곧 악을 행한다는 말이 되며, 따라서 하나님께서는 이들을 더 이상 에덴동산에 두실 수가 없게 된 것이다창 3:5, 22. 그 외에도 남자가 여자를 안다는 말은 곧 부부관계를 가짐을 의미하며, 요나가 하나님을 알았다욘 4:2고 말할 때도 역시 단순히 하나님의 이름을 기억하는 정도가 아니었다.

다음으로, 성경이 보여 주는 지식은 하나님의 통치를 받아들이고 역사 가운데서 하나님의 부르심에 순종하는 행동과 불가분의 관계가 있다. 하나님은 침묵하시는 분이 아니며 '거기 계시며 말씀하시는 하나님'이다. 하나님은 실존하실 뿐 아니라 구체적으로 우리의 부르짖음에 응답하시고 인간의 역사에 참여하시는 분이시다. 그러므로 하나님께 나아가는 자는 하나님을 단지 논리적 추론이나 객관적 인식의 대상으로서가 아니라, 반드시 그가 계신 것과 또한 그가 자기를 찾는 자들에게 상 주시는 분이심을 믿어야 한다히 11:6. 즉 그분은 우리와 무관한 분이 아니라 특별한 관계를 가진 분이며, 그분 앞에 설 때 우리는 그분의 부름에 응답하고, 그 부름에 합당하게 행동해야만 하는 것이다.

이처럼 적극적인 행동을 요구하는 것은 하나님의 속성과 관련되어 있다. 예수님께서 성육신하신 것 자체가 하나님의 실천 행위다. 즉 말씀이 육신이 되신 사건은 인간 세계에 대하여 아무런 책임을 지지 않거나 은둔하는 하나님이 아니라 역사 속에 적극적으로 개입하셔서 행동하시고 자기의 사랑을 보여 주시는 분임을 나타내고 있다. 이런 하나님이시기에 그를 믿는 사람들도 사랑과 섬김의 행위 속에서 비로소 온전한 지식을 가질 수 있는 것이다.

그러므로 이러한 하나님의 속성을 생각할 때 누구도 형제를 미워하면서 하나님의 빛 가운데 거한다고 할 수 없으며 요일 2:9, 모든 비밀과 모든 지식을 알고 많은 영적인 은사가 있다 할지라도 사랑이 없으면 아무것도 아닌 것이다 고전 13:2. 따라서 초대 기독교 공동체에서 실천적인 덕행을 강조한 것은 매우 자연스러운 일이라고 할 수 있다.

그리스 전통을 따른 현대 학문

앎의 과정에 대해 이론적이며 객관적인 측면을 강조한 그리스적 전통과, 실천적이며 주관적 측면을 강조한 히브리적 전통은 인식론적 측면에서 갈등이 불가피하다고 할 수 있다. 그런데 두 전통이 본질적인 차이가 있음에도 불구하고 그리스 전통이 기독교 신앙에 강한 영향을 미친 이유는 무엇인가?

우선, 양자의 지식관이 상당히 상호 보완적이라는 점을 들 수 있다. 네덜란드의 과학사가 호이카스 R. Hooykaas 교수는 과학의 발달에 유대-기독교적 전통이 미친 영향을 강조하면서 "과학의 신체적 구성 요소는 헬라적인 것이요, 그것을 조절하는 비타민과 호르몬은 성경적인 것이다"라고 말한 적이 있다.[12] 자연에 대한 객관적 지식을 추구하려는 그리스적 전통은 지식의 가치와 윤리, 지식과 인간의 관계에 관심이 있는 히브리적 사고와 여러 가지 면에서 보완적이었다.

둘째, 기독 교회가 탄생한 당시 지중해 연안에는 정치적·군사적으로는 로마가 다스리고 있었지만, 사상적·문화적으로는 헬라 문화가 지배하고 있었기 때문이라고 본다. 아무리 초대 교회가 예루살렘에서 시작되었고 그리스 문화의 영향을 차단하려 해도 현실적으로 불가능한 일이었다. 앞에서 소개한 바와 같이 터툴리안 같은 사람도 헬레니즘의 영향을 차단하기 위해 부단히 노력했지만 이미 그 자신도 그 문화의 영향을 깊이 받고 있음을 여기저기서 볼 수 있다.

이에 대한 가장 분명한 증거는 바로 신약성경이 모두 그리스어로 기록되었다는 점이다. 신약성경이 히브리어가 아닌 그리스어로 기록되었다는 것은 그만큼 그리스 사상의 영향을 받았음을 반증한다. 특히 사도 요한이 복음서에서 사용한 로고스의 개념이나 사도 바울이 사도행전이나 로마서에서 사용한 용어와 논증은 그리스적인 냄새가 물씬 풍기고 있음을 부정할 수 없다. 이러한 사도들의 경향은 그 후 이어지는 교부들의 행적에서도 쉽게 찾아볼 수 있다.

초대 교회 교부들에게 나타나는 헬레니즘의 영향은 교리 교육과 관련된 기록에서 어느 정도 추적해 볼 수 있다. 이단으로 정죄된 영지주의자들 Gnostists을 제외하면 초기 기독교의 교리 문답서들에서는 그리스 전통의 흔적이 거의 나타나지 않는다. 한 예로 1~2세기경의 문서로서 정경 외에 존재하는 최초의 교리문답 교훈서의 하나인 「디다케」 Didache에서는 '구원으로 인도하는 생명의 길은 세상 가운데서 영위되는 도덕적인 삶'이라고 언급한다. 그러나 마케도니아 제국의 멸망과 더불어 그리스 문화 헬레니즘의 중심이 알렉산드리아로 이동하면서 뚜렷한 변화가 일어나기 시작했다.

알렉산드리아에 세워진 교리문답학교가 흥성해 감에 따라 하나님을 아는 과정에 대한 초기 기독교적 이해가 뚜렷한 변화를 겪게 되었다. 초대 교회의 클레멘트와 그의 후계자인 오리겐의 지도 아래 이 학교는 기독교를 그리스 철학 및 문화와 조화시키려는 교육을 시도했고, 그 결과 히브리적 지식과 그리스의 사변적 지식 간의 차이가 점점 없어지기 시작하였다.

사변 신학 Speculative Theology이라는 말을 처음 사용한 오리겐은 실천적인 삶은 하나님과의 관조적 합일, 인식적 지식으로 인도하는 준비라고 보았다. 알렉산드리아에서 이러한 경향은 그리스의 지성적, 사변적 요소를 기독교 신앙과 결합시키는 데 기여하였으며 철학자들의 삶은 실천적인 앎에서 멀어지기 시작하였다. 그 이후 스콜라 신학자들은 '하나님에 관한 합리적 지식'의 탐구를 신학의 과제로 생각하였다.[13]

물론 이러한 지적 전통에 대한 반발도 만만치 않았다. 종교개혁자들은 스콜라 신학의 주지주의 主知主義, Intellectualism를 거절하고 교리적 명제들에 대한 지적 신앙보다 하나님에 대한 주의론적 신앙 主意論的 信仰, Voluntarism을 강조하였다. 프로테스탄트들도 신앙에 대한 교리문답적 접근에서 벗어나 성경을 아는 것을 강조하였다.

그러나 이러한 종교개혁자들의 노력에도 불구하고 기독교 신앙에서 이원론적 경향은 쉽게 사라지지 않았다. 이것은 때때로 세상을 초월한 듯한 분리주의의 형태를 띠기도 하고, 때로는 세상과 구별할 수 없는 세속주의의 형태를 띠기도 하였다. 어떤 형태로 나타나든 이

원론적 신앙과 사고는 기독교 세계관에 입각한 일관된 삶을 요구하는 기독교 신앙과 양립할 수 없었다.14

무속신앙과 이원론

한국인들의 경우 이원론적 행습이 쉽게 사람들의 마음에서 사라지지 않았던 이유는 무속신앙과도 관련이 있다. 무속신앙shamanism은 한국인들의 의식 깊이 이원론적 사고를 심어 주었다. 무속신앙은 원시종교의 한 형태로서 샤먼shaman, 즉 주술사나 무당, 박수 등을 통해서 정령의 세계와 교류할 수 있다고 믿는 신앙을 말한다. 무속신앙은 자연계에 신적인 것들이 깃들어 있다고 믿는 점에서 범신론적이지만 곳곳에 많은 신들이 있다고 믿기에 다신교적이라고 할 수도 있다.

그러면 이러한 무속신앙의 특징은 무엇일까? 무속신앙의 대표적인 두 가지 특징으로 기복신앙과 이원론을 들 수 있는데, 여기서는 무속신앙의 이원론적 특성과 이의 함의만을 살펴보려고 한다.15

종교적인 면에서 이원론적이란 종교적인 의식의 현장이나 분위기에 있을 때는 매우 종교적인 듯한데 그 장소나 시간을 벗어나면 전혀 다른 행태로 살아가는 것을 말한다. 이것은 한국인들의 의식 깊숙한 곳에 뿌리박혀 있어서 그리스도인들까지도 이원론적 삶에 깊이 물들어져 있다. 예를 들면 새벽기도에서 울고불고 하는 것을 보면 삶이 뒤집어질 것 같은데 교회 문을 나서기가 무섭게 언제 그랬냐는 듯 그 기도와는 무관하게 살아가는 것이다. 주일에 성경책을 끼고 교회에 나올 때는 거룩한 것 같은데 월요일부터 시작되는 주중에는 도무지 예수 믿는 것 같지 않게 사는 것도 이원론이다. 이렇듯 종교적인 분위기와 장소를 벗어나면 전혀 다른 모습으로 살아가는 이원론은 다분히 무속적 뿌리를 갖고 있다.

이러한 이원론의 무속적 뿌리를 찾는 것은 그리 어려운 일이 아니다. 간단하게 말하면 무속신들이 모두 국소화局所化, localized되어 있고 전능하지 않기 때문이다. 즉 종교적 의식의 현장을 떠나면 무속신은 사람들에게 아무런 영향력을 행사하지 못한다. 예를 들어 산신령은 산에만 살기 때문에 평지에 있는 사람들에게는 아무런 영향력을 발휘하지 못한다. 물귀신 역시 물을 떠난 사람들의 발목을 끌어당길 수 없다. 부엌귀신도 부엌에서만, 통시귀신도 재래식 화장실에서만 힘을 쓸 뿐이다있다면.

사람들이 그곳, 그 분위기, 그 '현장'에 있을 때는 영향력을 행사할 수 있을지 몰라도 그 '현장'을 떠나면 무속신은 아무런 영향력을 행사하지 못한다. 그러니 무속신을 섬기는 사람들에게 종교적 의식의 현장 바깥은 감찰하는 신이 없는 곳이며, 따라서 신이 없는 것처럼 살아갈 수도 있는 것이다. 일단 신의 면전面前을 떠나면 한 장소에 매여 있는 신은 사람들에게 아무런 제재를 가할 수 없기 때문이다.

이러한 무속신앙이 그리스도인들에게 미친 영향을 추리하는 것은 별로 어렵지 않다. 하나님을 국소화된, 다시 말해 장소에 매여 있는 신이라고 생각하면 그 장소를 떠나서는 아무 영향력을 행사할 수 없는 신이라고 생각하게 되는 것이다. 그래서 기도할 때는 "전지전능 하시고 무소부재 하시며 영원불변 하신 하나님"이라고 말하지만 삶의 현장에서는 '교회당 건물 안에만 계시며 사람들이 교회 바깥에서는 무엇을 하는지 도무지 모르시는 하나님'인 것처럼 살아가는 것이다.

그러므로 교회에 와서는 진실한 그리스도인인 듯한데 직업현장이나 사회생활에서는 전혀 하나님이 없는 것처럼 살아간다. 적당하게 분위기가 잡히면 울고불고 금방이라도 성자가 될 듯한데 그 분위기를 떠나면 언제 그랬느냐는 듯 말짱한 '제정신'이 된다. 손을 들고 찬양하는 것이 유행이 된 요즘은 손을 들고 눈을 지긋이 감은 채 복음성가를 부르는 모습을 보면 천국에 있는 듯한데 그곳을 떠나면 전혀 그렇지 않은 모습을 보기도 한다.

사실 이원론적 신앙은 비단 한국인들만의 문제는 아니다. 서구 그리스도인들도 대부분 우리들과 비슷한 이원론적 삶 때문에 고민하고 있다. 저들의 종교적 심성의 뿌리에도 우리들과 비슷한 '무속적' 특성이 있기 때문이다. 기독교 신앙이 전래되기 전까지 서구인들도 온갖 잡신들, 즉 국소화된 신들을 섬겼다. 특히 서구인들의 전통신앙을 가장 잘 볼 수 있는 곳이 바로 그리스 로마 신화인데, 그곳에 등장하는 신들도 한국의 무속신들과 크게 다르지 않다. 다만 한국의 무속신들이 대부분 장소에 매여 있는데 비해 저들의 신들은 장소뿐만 아니라 기능에 매여 있는 신들도 있다는 점이 다를 뿐이다.

고대 서구인들은 숲에 가면 요정들이, 바다에 가면 포세이돈이 있다고 믿었으며, 사랑은 큐피드라는 신이, 술은 박카스라는 신이 주관한다고 믿었다. 이러한 신관이 1500여 년의 오랜 기독교적 전통으로 인해 많이 약화되었으며, 그 때문에 서구인들의 이원론적 행습의 정도는 우리들보다 좀 덜할 뿐 이원론적 삶은 여전히 타락한 인간의 보편적 현상이라고 할 수 있다.

그러면 이원론적 행습을 극복하기 위해서는 어떻게 해야 하는가? 이를 위한 가장 근원적인 방법은 성경적으로 바른 신관을 회복하는 것이다. 우리가 섬기는 하나님은 분위기가 잡히고 종교적 의식들이 이루어지는 곳에만 계시는 국소화된 하나님이 아니라 언제, 어디나 계시는 무소부재하신 하나님, 특정한 기능만을 담당하는 유한한 신이 아니라 무엇이나 행하실 수 있으며 무엇이나 알고 계시는 전지전능하신 하나님임을 믿는 것이다.

쉐퍼Francis A. Schaeffer가 말한 것처럼 '거기 계시며 말씀하시는 하나님' He is There and He Is Not Silent을 받아들이고, 종교개혁자들이 외쳤던 것과 같이 하나님의 면전에서 산다는 '코람데오' Coram Deo의 신앙을 회복하는 것이 이원론적 삶을 극복할 수 있는 길이다. 윌로우크릭 교회의 하이벨스Bill Hybels 목사의 책 제목처럼 "아무도 보지 않는 곳에서 당신은 누구인가?"Who You Are When No One's Looking라고 물었을 때도 사람은 보지 않을지라도 하나님은 불꽃같은 눈으로 언제, 어디서나 살펴보고 계신다고 믿는 사람은 이원론적으로 살지 않는다. 자신의 행동뿐만 아니라 자신의 심장폐부에 품은 생각이나 동기까지도 감찰하시는 하나님이라고 믿는다면 일상적인 삶에서 하나님이 없는 것처럼 살 수는 없다.

미묘한 이원론적 사고에 주의해야 한다

1. 신앙의 개인주의화

그러면 이런 이원론적 사고의 문제는 무엇인가? 그리스 전통의 영향으로 생긴 이원론적 신앙과 사고의 문제로는 첫째, 신앙의 개인주의화를 들 수 있다. 1장에서 언급한 것과 같이 이것은 사회가 다원화되고 고도 산업사회로 진입함에 따라 사람들의 생활이 개인주의화되면서 나타나는 현상으로서, 특히 교육을 많이 받은 화이트칼라 계층의 사람들 사이에서 흔히 나타났다. 이들은 노방전도路傍傳道나 축호전도逐戶傳道는 광신적인 행동이요, 다른 사람들의 사생활 침해요, 신앙의 강요라고 본다. 사람은 신앙을 가질 권리가 있지만 갖지 않을 권리도 있다고 본다. 구원의 자유도 있지만 멸망의 자유도 있지 않느냐는 것이다. 그래서 만일 자기가 보기에 진리라고 생각되는 종교가 있다면 자기 혼자 잘 살고 천당에 가면 되지, 다른 사람들까지 들볶아서는 안 된다고 생각한다.

그러나 예수 그리스도를 통한 구원이 개인적인 진리뿐만 아니라 유일하고 우주적인 진리라고 믿는 사람이라면 구원의 문제를 개인주의화하여 자기만의 취미생활로 삼는 것은 바르지 않다는 것을 안다. 성도들 간의 교제는 교회의 주요 기능 중의 하나이며 하나님 나라가 확장되어 가는 기본적인 메커니즘이다. 개인주의적 신앙은 세상이 칭찬하는 교양인의 자세일지는 몰라도 하나님이 칭찬하시는 신앙인의 자세는 아니다. 개인주의화 된 신앙을 가진 사람들은 교회와 사회의 부조리와 불의를 보고도 자기만 관련되지 않으면 된다고 생각하여 일반적인 사회 분야에서 하나님의 뜻을 실현하는 데도 무관심하다.

2. 교회 중심의 형식적인 종교생활

둘째, 이원론은 표면적으로 나타나는 교회 중심의 종교생활에만 열심을 내는 신앙의 형식화를 조장하였다. 목회자들이 그리스도인들에게 보편 교회의 머리 되신 예수 그리스도 중심의 삶을 살도록 가르치기보다는 개교회 중심의 가시적인 신앙생활만을 강조하는 것도 이의 한 예라 할 수 있다. 이러한 경향은 그리스도인들에게 신앙생활이 가시적 교회라는 울타리 안에서만 행해지는 것이며 그것만 잘하면 신앙생활이 충분하다는 오해를 낳게 할 수 있다. 그리하여 교회 마당 밖에서의 봉사나 선한 행위, 의로운 생활 등에 대한 관심을 희석시킴으로써 믿음으로 의롭게 된다는 기독교 신앙의 차원 높은 교리가 윤리는 없고 믿음만 있는 저급한 형태로 나타나고 있다.

기독교 신앙의 이신득의以信得義는 윤리를 무시하는 것이 아니라 윤리를 완성하는 것이요, 초월하는 것이다. 기독교 신앙에서 '윤리는 곧 믿음의 표현'이요 '윤리는 곧 사랑의 표현'이다. 믿음으로 구원받는 것은 성경의 명백한 가르침이지만 행함이 없는 믿음은 그 자체가 죽은 것이다약 2:17,26. 행위는 구원의 조건은 아니지만 구원의 중요한 증거가 된다. 행위는 믿음의 필수적인 외적 증거약 2:18,22다. 그러므로 행함이 없는 자는 구원 얻을 만한 믿음이 없는 것이므로 구원받지 못했다고 할 수 있다약 2:14,24.[16]

3. 신앙을 형식의 틀로 제한시키는 구원관

셋째, 이원론과 관련된 문제로 신앙의 형식화를 주의해야 한다. 일부 선교단체의 경우 구원의 기술적인 면을 강조하여, 구원의 확신 '공식'에 맞는 대답을 해야 구원받은 것으로 인정해 주는 경우가 있었다. 이들은 구원이라는 다분히 주관적이고 인격적인 변화를 손에 잡을 수 있는 것으로 인식시켜 줌으로서 구원에 대한 분명한 확신을 가질 수 있게 하였고, 특히 희미한 구원관을 비집고 들어오는 이단들의 집요한 공격으로부터 교회를 보호하는 데 크게 기여하였다. 이 외에도 구원받았다는 사실을 막연하고 관념적인 것에서 탈피하여 구체적인 것으로 공식화시켜 주는 등 많은 기여를 하였음을 무시할 수 없다.

그러나 이러한 구원관도 몇 가지 문제가 있었다. 이들은 기성 교회에서 구원받은 데 대하여 하등의 회의를 갖지 않은 채 열심히 신앙생활을 해 온 많은 그리스도인들을 당황하게 하였다. 구원을 지나치게 기술적으로만 정의하면 무식한 사람은 구원받기가 어려워진다. 구원이 몇몇 요절 암송 정도의 지식으로 전락할 위험이 있는 것이다. 또한 자칫하면 무식 그 자체를 죄라고 간주한 아리스토텔레스적인 지식관에 빠질 우려도 있었다.

사람마다 다양한 구원의 경험을 가질 수 있는데, 구원을 특정한 형태의 '공식'으로 환원하게 되면 구원이란 무엇인가에 대한 근본적인 혼란이 생길 수 있다. 한 차례의 소나기에 옷을 흠뻑 적시는 사람이 있는가 하면 이슬비에 옷 젖는 줄도 모르는 사람이 있듯이, 바울처럼 극적인 구원의 경험을 가진 사람도 있고 디모데처럼 예수 믿는 집안에서 자라서 분명히 구원은 받았으나 언제 구원받았는지도 모르게 구원받는 사람들도 있다는 사실을 간과해서는 안 될 것이다.

또한 이러한 구원관은 자칫 구원의 핵심인 인격적인 변화나 세밀하지만 분명한, 내주內住하시는 성령의 음성과 인도를 간과할 위험성이 있다. 즉 인격적인 변화가 일어날 때 자연스럽게 수반되는 생활의 변화와 행동의 변화가 단지 일상생활에서 사용하는 말이나 용어의 변화에 그칠 위험이 있다. 그러므로 구원을 말로서만 공식화시키는 것은 '말만 잘하는 예수쟁이'라는 불신자들의 비난을 불러일으킬 수도 있는 것이다. 이것 역시 잘못된 지식관, 어떤 의미에서 이원론적 지식관과 관련이 있다.

지행일치 知行一致

그러면 "안다는 것이 무엇이며 참으로 안다는 것을 어떻게 알 수 있는가?" 이러한 인식론의 질문은 기독교 세계관에서 매우 중요한 요소다. 호패커와 비일은 이 점을 다음과 같이 잘 요약했다.[17]

"기독교적 관점으로 볼 때 지식은 사실에 대한 냉담하게 초연한 배열과 같이 그저 생활에서 뽑아낸 사색적인 사상 체계가 결코 아니다. 인식론은 우리의 신학적, 인간학적 견해들과 밀접하게 연관되어 있다. 성경적 견해는 하나님의 절대주권을 강조하고, 인간이 하나님의 절대주권을 역설함으로써 하나님이 존재하시는 것과 하나님의 계시를 지식의 필수불가결한 출발점으로 삼아 의존할 것을 강조한다. 하나님께서는 사람을 포함한 만물의 창조주시며 구속주이시다. 하나님은 또 그들의 의미의 원천이 되시며, 따라서 지식의 궁극적인 전제가 되신다. 인류는 하나님의 형상대로 지음받았으나 죄 때문에 타락하였으므로 죄로부터 구속을 받고 하나님의 지식 안에서 새롭게 되어야 한다."

이것은 기독교 신앙이 현학적인 지식으로만 남으면 우리들에게 아무런 유익이 없음을 의미한다. 그것은 마치 성전 마당만 밟고 돌아가는 사람들과 같이 하나님을 기쁘시게 하지 못한다. 하나님은 인애를 원하시고 제사를 원치 아니하시며 번제보다 하나님을 아는 것을 원하신다는 것은 행함으로 나타나지 않는 앎은 하나님이 원하시는 바가 아님을 의미한다호 6:6. 하나님께서 선하다고 인정하시는 것은 공의와 인자와 겸손을 알 뿐만 아니라 공의를 행하며 인자를 사랑하며 겸손히 하나님과 함께 행하는 것이다미 6:8. 기독교윤리실천운동이나 개혁신앙실천운동 등에서 제시하는 행동 지침들은 바로 아는 것과 행하는 것을 일치시키려는 노력들이라고 할 수 있다.

오늘날 우리나라는 도덕적 시궁창에 빠져 있으며, 그 속에서 일천만 성도들도 함께 그 더러움에 참여하고 있다. 행함이 없는 믿음은 그 자체가 죽은 것 같이 삶이 따르지 못하는 지식은 죽은 지식이다. 그러므로 우리는 각자 주어진 자기의 위치에서 교회와 사회가 하나님 보시기에 깨끗해지도록 노력해야 한다. 국회의원들은 향락·퇴폐업소가 번성하지 못하도록 법적인 장치를 만들기 위해 힘을 기울여야 하고, 관리들은 만들어진 법이 올바르게 시행됨으로써 시정에서 하나님의 공의가 드러나도록 해야 한다. 그리스도인 개개인은 스스로를 돌아

보아 하나님께서 원하시는 정결하고 의로운 삶을 살고 그분의 선하시고 기뻐하시는 뜻을 따라 행해야 한다. 그렇게 할 때 우리는 진정으로 하나님에 대한 지식을 갖고 있으며 그 지식이 거짓이 아니라고 말할 수 있다.

그리스도인들은 언어 사용에 있어서도 절제하여야 한다. 남에게 이야기할 때나 기도할 때, 마음이 동의하지도 않고 행동이 수반되지도 않는 과대한 형용사나 부사를 의식 없이 사용하여 자신의 경건을 나타내려고 하지 말아야 한다. 말의 인플레로 인해 우리의 믿음이 위선의 도를 더해가고, 불신자들이 볼 때 그리스도인은 말만 잘하는 듯이 보이는 것이다. 오른 손이 하는 일을 왼 손이 모르게 하기는 어려울지 모르나, 적어도 말만 잘한다는 비난은 듣지 않도록 힘써야 한다. 헌신은 몸, 즉 행동을 드리는 것이지 말을 드리는 것이 아니다. 성경이 가르치는 앎이란 입으로 말하기보다 몸으로 말하는 것이다.

각자의 영역에서 실천적 앎을 힘쓰라

이원론적 사고는 성경적 학문 활동에서도 주요한 걸림돌이 되고 있다. 1장에서 지적한 것처럼 오늘날 세속화된 학문 영역에서는 기독교적 진리를 국소화 局所化시키기 위해 안간힘을 쓰고 있다. 하나님께서 천지 만물을 창조하셨고 창 1:1, "그의 능력의 말씀으로 만물을 붙드시며" 히 1:3, "지은 것이 하나도 그가 없이는 된 것"이 없음에도 불구하고 요 1:3 사람들은 하나님에 대한 논의를 교회나 교회 관련 사안에만 국소화 시키려고 한다. 예수께서 피 흘려 값 주고 사신 교회를 같은 취미를 가진 사람들이 모인 일종의 동호인 클럽 정도로 축소시키고 있는 것이다.

만일 기독교적 주장과 진리가 어떤 특정한 지역, 분야, 사람들에게만 국한된 것이라면 기독교는 더 이상 어디에서도 진리가 아니다. 보편성이 없는 진리는 이미 진리가 아니기 때문이다. 그러므로 기독교를 축소시키려는 이러한 세상의 음모에 대하여 그리스도인들은 단호히 대처해야 한다. 우리가 믿는 하나님은 만유의 주시고 우리의 믿는 바가 우주적 진리임을 선포해야 한다.

헌신된 사람은 모두 목회자나 선교사가 되어야 한다는 잘못된 이원론에서 벗어나 하나님께서 각 사람을 부르신 바로 그곳에서 우리의 믿는 바가 진리임을 증거해야 한다. 독일의 천문학자 케플러Johannes Kepler가 자신을 천문학의 제사장이라고 여겼던 것처럼 우리는 각자의 가정이나 직장, 각 전공 분야에 파송받은 선교사요 제사장이라고 선포해야 한다. 그리고 그 선포를 뒷받침할 수 있는 실제적이고도 다양한 노력을 기울여야 한다.

기독교 세계관의 지식도 실천과 연결되지 못하고 이론적인 지식으로 남게 된다면 아무 의미가 없다. 그 자체가 실천 세목은 아니지만, 기독교 세계관이 단순히 세계를 보는 정적靜的인 입장으로만 남지 않고 생동감 있게 우리의 삶 가운데 나타날 때 바른 지식, 살아 있는 지식이 될 수 있다. 창조, 타락, 구속이라는 뼈대로 구성된 기독교 세계관은 그리스도인들이 살아가면서 직면하는 다양한 상황과 환경 가운데서 어떻게 그리스도인으로서 분명한 정체성을 가지고 살아갈 수 있는지를 보여 준다. 그러나 기독교 세계관에 관한 지식 그 자체가 우리의 신분을 보증하지는 않는다.

바른 성경적 지식을 가진 사람은 모든 영역에서 하나님의 주권을 인정하고 그분의 계획 안에서 이 세상의 역사가 전개되는 것을 볼 줄 알며, 삶의 모든 영역에서 그분의 뜻이 이루어지기를 소망한다. 그리고 그렇게 되도록 자신의 몸을 던져 적극적으로 노력한다. 하나님께 순종하며 그분의 말씀대로 살 때 우리는 진정으로 하나님을 안다고 감히 말할 수 있을 것이고, 예수 그리스도를 따르는 제자라 불릴 자격이 있다.

1. 그리스적 지식관과 히브리적 지식관이 갖는 나름대로의 장점과 단점을 말해 보자.

2. 하나님께서 그리스적 전통의 학문을 통해 우리에게 주시려고 하신 바가 무엇이라고 생각하는가?

3. 히브리적 지식관은 기독교적 학문을 함에 있어서 어떤 의미를 갖는가?

4. 서양인들에게 나타나는 이원론적 사고와 한국인들에게 나타나는 이원론의 차이를 말해 보자.

제 3 장

공부하는 것도 예배다

삶의 모든 영역이 그리스도의 것이므로 공부의 영역도 기독교적으로 조망되어야 한다. 그러므로 기독교적 학문 연구, 즉 기독교 세계관적으로 공부한다는 것은 하나님을 섬기고 예배하는 방법 중의 하나다. 공부는 하나님의 형상을 가진 인간이 하나님의 진리를 알아가며 하나님을 사랑하고 이웃을 섬기는 행위가 될 수 있다.

공부는 하나님의 창조 질서를 발견하는 과정[18]

지금까지 그리스적 사고와 히브리적 사고의 차이를 살펴보았다. 그리고 그리스적 이원론과 무속적 이원론이 어떻게 기독교 학문에 부정적 영향을 미쳤는지, 왜 그리스도인들이 이원론적 사고에 대한 경계심을 가져야 하는지도 살펴보았다. 그렇다면 그리스적 사고 위에 건설된 현대 학문의 영역에서 어떻게 그리스도인들이 성경적 세계관에 입각한 공부를 할 수 있을 것인가? 그리스적 사고, 분석적 사고의 승리인 듯이 보이는 학문 세계에서 어떻게 그리스도인들은 하나님께 순종하는 학문의 제사장으로서의 소임을 감당할 수 있을까?

인류 역사에서 문자와 숫자의 발명은 지식의 체계적 축적을 가능하게 하였고, 이렇게 축적된 지식을 후대에 전하고 새로운 지식을 습득해 나가는 일은 인간 사회를 발전시켜 나가는 데 가장 중요한 과업이 되었다. 체계적 지식을 습득하는 학문 활동과 이를 후대에 전하는 교육 활동은 동서고금을 막론하고 사회의 가장 중심적인 일이 되어 왔다. 이런 학문 활동을 그리스도인들은 어떻게 보아야 할 것인가? 이것은 배움의 과정에 있는 모든 그리스도인들과 학부모, 학문 활동을 업으로 하는 그리스도인 학자들이 언젠가 한 번은 피할 수 없이 맞닥뜨리는 질문이다.

학문이란 무엇인가?

학문에 대한 역사적 전통을 살펴보기 위해서는 먼저 이와 관련된 몇 가지 어의를 살펴보는 것이 도움이 될 것이다. 한자에서 학문學問이란 원래 '모르는 것을 배우고 의심스러운 것을 묻는다'는 뜻으로 역경易經의 '군자학취지문이변지'君子學聚之問以辨之라는 말에서 유래하였다. 이에 해당하는 서양의 단어로는 철학philosophy이란 말이 있는데 이는 앞에서 언급한 바와 같이 '지혜'를 '사랑한다'는 그리스어에서 온 것이다. 그리스 사람들에게 학문이란 애지愛知 혹은 지식 추구, 곧 철학하는 것을 의미했다. 요즈음에는 그리스의 철학인 학문에 해당하는 말로 영어의 'learning'이라는 말이 흔히 쓰이고 있다.[19]

또한 영어로 학교school, 학자scholar 등의 말이 그리스어로 '여가'를 뜻하는 스콜레schole에서, 이론, 논설theory에 해당하는 말이 그리스어로 '관조'觀照를 의미하는 테오리아theoria에서 온 것임을 생각할 때 학문이란 시간이 많은 사람, 노동에 종사할 필요가 없는 사람들에 의해 유지되어 왔음을 볼 수 있다. 역사적으로 볼 때도 학문은 항상 직접 생산 노동에 종사하지 않는 사람 곧 지배 계급에 의해 유지되어 왔다. 예를 들면 한국의 양반 계급, 중국의 사대부士大夫, 그리스의 자유 시민, 인도의 바라문婆羅門 계급, 이집트나 바벨론의 승려나 귀족들에 의해 학문이 전승되어 왔다. 엥겔스가 "노예제도 없는 그리스의 예술 및 과학은 없다"고 한 것은 이를 가리켜 말한 것이라 할 수 있다.[20]

이에 비해 성경에서 보여 주는 학문에 대한 의미는 독특하다. 먼저 히브리인들의 학문 혹은 교육에 대한 견해를 살펴보자. 히브리 전통에서 교육이란 하나님의 율법을 자손들에게 선포하고 가르쳐 그들로 하여금 하나님의 율법대로 살아가도록 하는 데 목적이 있었다. 이것을 기록한 신명기 6장 4~9절의 말씀은 히브리어 '쉐마'shema라는 말로 요약될 수 있다. 이것은 단순히 "들어라!"라는 의미의 말이지만 히브리인들의 교육을 함축적으로 나타내는 말이다. 히브리적인 교육은 자연과 주변 세계에 대한 객관적인 진술보다는 천지의 창조주 하나님을 알고 그의 계명대로 살아가도록 하는 것을 목적으로 하였다.

또한 학문하는 태도도 히브리 전통은 그리스 전통과는 다르다. 그리스 전통은 자연과 세계를 관조의 자세로 봄으로써 인간의 선입견에서 벗어나 불편부당不偏不黨의 객관적 진리에 도달하는 것이었다. 그래서 고대 그리스 사람들은 바른 학문을 연구하기 위해 어떻게 하면 자신의 편견에서 벗어날 수 있을 것인지에 주로 관심이 있었다. 이것은 베이컨이 선입견을 네 가지 우상Idola으로 분류한 사실에서도 잘 나타난다. 그는 객관적 인식을 방해하는 네 가지 편견 혹은 우상으로서 동굴의 우상, 종족의 우상, 시장의 우상, 극장의 우상을 지적하였다. 동굴의 우상은 개인이 갖는 편견을, 종족의 우상은 한 민족이나 부족이 갖는 편견을, 시장의 우상은 언어의 불확실함으로 인한 편견을, 극장의 우상은 전문가나 학자들의 편견을 가리키는 말이었다.[21]

이에 비해 히브리 전통은 앞 장에서 언급한 것처럼 학문 자체를 위한 학문이나 진리 자체를 위한 진리는 별로 의미가 없으며 다만 머리를 아프게 하는 것이라고 생각한다. "내 아들아 또 이것들로부터 경계를 받으라 많은 책을 짓는 것은 끝이 없고 많이 공부하는 것은 몸을 피곤하게 하느니라"전 12:12. 인생에 있어서 귀중한 것은 지혜며시 111:10, 완전한 지혜는 여호와의 이름을 경외하는 것미 6:9이라고 보았다. 지혜는 정규교육뿐 아니라 사회, 자연, 가정 등 다양한 환경과 경험을 통해 얻어지며 학문 활동이란 것도 결국 지혜를 얻기 위한 방법이라고 보았다.

이와 같이 학문에 대한 그리스 전통과 히브리 전통은 어느 정도 대립적인 관계를 유지하면서 인류 문화사 전반에 걸쳐 서로 다른 영향을 미쳐 왔다. 그러면 공부를 기독교 세계관적 입장에서는 어떻게 조망할 수 있는가? 먼저 이에 대한 논의를 하기 전에 왜 이런 논의가 필요한지부터 살펴보자.

기독교적 조망의 필요성

기독교적 세계관에 관한 논의를 하면서 우리는 그리스도인이라는 말이 극히 포괄적이며, 기독교적이라는 말의 의미가 삶의 모든 영역을 포함하는 것임을 강조해 왔다. '기독교적'이라는 말은 삶의 어떤 특정한 부분에만 제한되거나 종교적, 신학적, 윤리 도덕적 관심을 발전시키는 것이 아니다. '기독교적'이란 블레마이어스Harry Blamires가 소위

'기독교적 지성'Christian mind이라고 부른 것을 확장, 발전시킨 것이며,[22] 기독교적인 지성은 기독교적 사유와 행동을 위한 선결조건이 된다.

비슷하게 허만Kenneth Hermann은 "그리스도인이 된다는 것은 인간이 된다는 것과 비슷하다"고 했다. 그는 계속 말하기를 "나의 인간 됨person-ness이 내가 하는 모든 일을 특징짓는 것과 똑같은 방법으로 내가 하나님의 충실한 종 됨이 나의 모든 행위를 특징 지워야 한다"고 했다.

그렇다면 공부의 영역도 당연히 기독교 신앙과 무관할 수 없으며 기독교적인 조망이 이루어져야 하는 분야임에 틀림없다. 그러면 구체적으로 왜 학문에서 기독교적 조망이 중요한지를 허만이 지적하는 단계를 따라 생각해 보자.[23]

첫째, 사람은 하나님을 섬기든지 아니면 다른 신을 섬길 수밖에 없는 존재이기 때문이다. 이것은 어거스틴Augustine of Hippo, 354~430이 말한 소위 '종교적 집중'religious concentration 원칙이다.[24] 모든 사람은 삶에 의미를 부여하기 위해 자신을 초월한 어떤 것에 신앙을 둔다. 바울은 인간의 경배 대상이 창조주가 아니면 피조물이라고 말했다롬 1:18~22.

인간은 그리스도인이건 불신자이건 자신의 경배 대상에 의해 형성된 어떤 견해, 즉 세계관을 가지고 주위 세계를 바라본다. 이러한 세계관은 논리적이라기보다 다분히 사도신경과 같은 신앙고백적 특성을 가지고 우리의 삶과 학문적 행위에 영향을 미친다. 그러므로 교회에서 사도신경으로 신앙을 고백하듯이 많은 대학의 강의실에서는 그 시대의 지배적인 세계관으로 신앙고백이 이루어지고 있다고 할 수 있다. 이는 대학의 강의실에서도 얼마든지 우상숭배가 이루어질 수 있음을 의미한다.

잘못된 신앙은 피조물을 창조주의 자리에까지 격상시키는데 이것이 바로 우상숭배이다. 합리주의에서 마르크스주의에 이르기까지 모든 피조물의 절대화의 기원이 바로 이것이다. 그러므로 그리스도인들은 대학에서 이런 우상이 무엇인지 분별하는 법을 먼저 배워야 한다. 오늘날 우리들과 비슷한 환경에 있었다고 볼 수 있는 이사야와 호세아 선지자는 백성들이 무지하여, 지식이 없어 망한다고 경고하였으며 이러한 탄식은 이 시대에도 똑같이 적용되는 것이라 생각한다사 5:13;호 4:6.

둘째, 사람들은 자신이 섬기는 대상에 따라 자기 자신을 형성해 가기 때문이다. 즉 인간은 자기가 경배하는 대상을 닮아 간다. "우리의 모습과 사람됨은 우리가 무엇을 사랑하느냐에 따라 달라진다."[25] 모든 인간의 행위가 그의 경배 행위와 무관할 수 없기 때문이다. 만약 우리가 예수 그리스도를 닮지 않는다면 다른 허무한 이상이나 거짓된 우상, 공허한 개념 등 유한한 어떤 피조물을 닮게 된다. 바로 이런 이유 때문에 사람이 하나님이신 예수 그리스도의 형상을 따라 자기를 형성해 나가는 일이 그토록 중요한 것이다.

셋째, 학문을 하는 사람들의 견해는 그들이 경배하는 대상을 따라 형성되어 가기 때문이다. 인간은 예배적 존재이고 인간생활의 중심은 경배이기 때문에 자신과 주위 세계에 대한 개인의 견해는 그의 경배 대상에 따라 만들어져 간다. 바로 이런 이유 때문에 학문은 기독교 세계관적으로 이루어져야 한다. "학문은 세계관적이다"라고 한 야스퍼스의 지적은 인간의 학문 행위가 그의 세계관으로부터 강한 영향을 받음을 말해 주는 것이다.[26]

한 예로 철학을 생각해 보자. 철학 자체의 뿌리는 철학이 아님을 유의해야 한다. 철학은 보다 근본적인 세계관에 뿌리를 두고 있다. 즉 철학은 궁극적으로 하나님이 아니면 어떤 피조물을 향한 신앙적 결단에 근거한다. 그래서 실용주의 철학, 마르크스주의 철학, 칸트 철학이 있고 하나님께 근거한 기독교 철학이 있는 것이다. 기독교적 학문 연구는 곧 그리스도인들이 하나님을 예배하는 한 방법이며, 따라서 기독교 세계관에 입각한 학문 연구를 통해 그리스도인들은 그리스도의 형상을 닮아간다고 할 수 있다.

이상을 요약한다면 인간은 누구 혹은 무엇인가를 섬길 수밖에 없는 존재이고, 다음에는 그 섬기는 대상에 따라 자신을 형성해 가며, 그리고 형성된 그의 모습은 자신의 학문 행위에 강력하게 반영된다. 그러므로 만일 자신의 학문은 기독교 신앙과 무관한 것이라 생각하는 사람이 있다면 그는 신앙과 무관한 학문을 하는 것이 아니라 현대 학문 세계를 지배하고 있는 '다른 신앙'의 관점에서 학문을 하고 있는 것이다.

기독교적 학문 연구는 곧 그리스도인들이 하나님을 예배하는 하나의 방법이며 나아가 기독교 세계관에 입각한 학문 연구를 통해 그리스도의 형상을 닮아간다고 할 수 있다. 모든 의지와 지성과 감정을 동원한 기독교적인 연구를 통해 우리는 기독교적인 마인드를 갖게 되며 거룩하신 하나님의 인격을 닮아간다.[27]

이원론적 사고

그러면 학문에 있어 기독교적인 조망을 하는 데 가장 큰 장애가 되는 것은 무엇인가? 그것은 앞 장에서 다룬 이원론적 사고라 할 수 있다. 이원론이 기독교에 정식으로 들어온 것은 중세 최고의 신학자 아퀴나스에 의해서였다고 할 수 있다.[28] 그는 그리스적 이원론을 기독교 신앙에 도입하여 세계를 자연과 은총, 혹은 신앙과 이성의 두 개의 독립된 부분으로 나누었다. 이러한 이분법적 사고의 흔적은 학문과 신앙, 과학과 종교, 영혼과 육신, 전도와 사회참여 등 오늘날 우리 주위에서도 흔히 볼 수 있다.

이원론적 사고는 대부분의 사람들에게 뿌리 깊게 박혀 있으며 그리스도인 중에서도 많은 사람들이 부지중에 이러한 사고를 하는 경우가 많다. 예를 들면 지역 교회나 학원에서 선교하는 여러 선교단체들에서 학문활동과 전도활동을 이분하는 경향은 한국 교회가 학생들을 지도하는 데 있어서 당면한 가장 큰 문제가 되고 있다. 흔히 이들은 전도의 개념을 너무 좁게 정의하여 개인의 영혼 구원에만 한정시키므로 인간 및 사회에 대한 올바른 이해가 부족하게 되었고, 학교 공부는 기독교 신앙과 은연중에 갈등 관계가 있는 듯한 암시를 줌으로써 이원론적 사고에 물들게 하고 있다.

학생들에게 하나님께서 학생들을 캠퍼스에 보내신 가장 큰 이유는 불신자들에게 전도하기 위해서라고 가르친다면 이것 역시 심각한 그리스적 이원론을 가르치는 것이다. 학생들을 지도하는 사람들이 학업을 단지 십일조를 많이 할 수 있는 직장을 얻기 위한 수단이나 전도를 하기 위한 기회로만 가르친다면 학생들은 학교에서 방황하게 되고, 학사 경고를 받으면서 전도만 하는 학생들이 생겨나는 것이다.

물론 대부분의 건전한 그리스도인이나 교회, 선교단체 등에서는 그리스도인 학생이 우수한 성적을 얻는 것을 긍정적으로 받아들인다. 할 수만 있으면 교회 일이나 전도도 잘하고 학업 성적도 뛰어나기를 기대한다. 그러나 "이번 입시에서 수석한 학생이 그리스도인이라고…" 혹은 "그처럼 뛰어난 학자가 그리스도인이라니!"라는 등, 드러난 결과에 대한 세인의 칭찬을 통해 하나님께 영광을 돌리는 정도에 그치고, 학문이나 전공 공부 그 자체의 영적인 의미를 간과해 버리는 것은 복음에 대한 편협한 이해 때문이라고 할 수 있다. 즉 공부 그 자체에 하나님의 뜻과 명령에 관련된 내재적인 영적 가치가 있음을 간과해 버린다면 이는 심각한 이원론을 반영한다고 할 수 있다.

물론 공부를 하는 것도 하나님 사랑과 이웃 사랑의 틀을 벗어나서는 안 된다. 이 세상의 모든 학문은 결국 하나님께서 창조하신 세계를 연구하는 것이며, 연구할 수 있는 창조적 잠재능력 역시 인간이 하나님의 형상을 따라 창조되었기 때문에 주어진 것이라고창 1:26~27 한다면 공부는 하나님 사랑과 관련이 된다. 또 발견한 지식의 축적과 개발된 기술이 자기만을 위해서가 아니라 이웃과 사회를 위해서 사용되리라는 분명한 목표를 갖게 될 때 공부는 이웃 사랑과도 관련되는 것이다.

그리스도인들은 공부하는 가운데서in learning뿐 아니라 공부 그 자체를 통해서도through learning 하나님께 영광 돌리는 것과 이웃에 대한 사랑을 나타내야 한다. 따라서 학교에서 공부를 열심히 하는 것은 더 나은 직장을 얻거나 좋은 대학원에 진학하는 것과 같이, 노력에 대한 실용적인 대가 때문만이 아니라 공부 그 자체가 하나님의 문화명령 창1:28에 대한 순종과 하나님 나라와 의를 구하는 일 마 6:33이 될 수 있기 때문이다.

기독교적 학문에 대한 오해

그러면 학문을 '기독교적'이 되게 하는 요소는 무엇인가? 학문에 대한 기독교적 조망이 무엇인지 알아보기 위해 거꾸로 허만이 제시하는 견해를 중심으로 무엇이 기독교적 조망이 아닌지를 살펴보자.[29]

1. 연구 주제가 기독교적이면 된다.

학문 연구를 기독교적인 것이 되게 하는 것은 그 연구의 주제라고 하는 견해가 있다. 예를 들면 음악에서는 미사나 예배를 위한 예배 음악, 미술에서는 성경의 여러 장면이나 주제를 그린 성화, 철학에서는 기독교 철학, 역사에서는 기독교와 직접적으로 관련된 교회사나 유대사 등등이다.

하지만 이런 식으로 기독교적 학문 연구를 국한시키면 필연적으로 앞에서 언급한 이원론을 조장하게 된다. 하나님은 천지만물을 창조하셨으며 온 우주를 운행하고 계신다. 그러므로 유형의 지상 교회와 직·간접적으로 연결된 주제만 그리스도인들의 연구 대상이라고 한다면 우리는 하나님의 피조세계의 극히 일부에만 관심을 갖는 것이 된다. 그리고 만일 우리가 하나님께서 그런 제한된 영역에서의 연구를 통해서만 영광을 받으시는 분이라고 생각한다면 전지전능하시고 무소부재하신 하나님을 우리 스스로 축소하는 결과를 가져오게 된다. 결국 이러한 제한은 교회와 직접 관련되지 않은 듯이 보이는 여타의 영역은 하나님의 통치가 미치지 않는 것으로 오해하는 결과를 갖게 해 필연적으로 이교적인 이원론에 빠지게 할 것이다.

하나님께서 우리를 자기 백성으로 불러 학문을 연구하게 하신 것은 직접적인 복음화의 전략으로서뿐 아니라 공부하는 내용, 과정, 방법, 의미, 목표 등에 있어서도 하나님 나라를 확장해 나가기를 원하시기 때문이다. 그러므로 기독교적 학문이란 종교적 냄새가 풍기는 몇몇 분야들에만 관련된 것이 아니라 하나님의 피조세계를 연구하는 모든 학문과 관련이 있다. 창세로부터 하나님의 영원하신 능력과 신성이 그가 만드신 모든 만물 속에 나타나 있기 때문에롬 1:19, 20 성경적 조망은 어떤 특정 학과의 영역에 제한될 수 없으며, 모든 분야에서 이루어져야 한다.

2. 학문과 기독교적 신앙이 양립할 수 있으면 된다.

학문과 기독교적 신앙이 어떻게 양립할 수 있는지를 보여 줌으로써, 다시 말해 '기독교와 무엇'이라는 식으로 말할 수 있다면 학문은 기독교적이 될 수 있다는 견해가 있다. 이것은 자연신학적 견해로서 자연에 대한 연구가 객관적으로 수행되기만 한다면 성경과 같은 통찰을 제공하리라는 것이다. 예를 들면 기독교와 윤리, 기독교와 역사 등 '기독교와 무엇'이라는 식의 대비를 통해 기독교가 학문으로부터, 학문은 기독교로부터 무엇인가 얻을 수 있음을 보여 주면 학문은 기독교적이 될 수 있다는 것이다. 그러면 이 견해의 문제점은 무엇인가?

첫째, 이 견해는 기독교와 학문 영역의 분리를 전제로 한다는 데 문제가 있다. 전자에 비해 다소 '기독교적'이라는 말의 범위를 넓히기는 했지만 여전히 이원론의 문제를 내포하고 있다. 소위 기독교와 무엇이라는 식의 사고방식 저변에는 서로 다른 두 가지 실체가 존재하며 이들 사이에 다리가 놓여져야 한다는 전제가 있다. 하지만 '기독교와 생물학' 혹은 '기독교와 경영학'이라고 말하는 것 자체가 기독교와 학문 영역의 분리를 전제하는 것이며, 이러한 분리는 기독교 신앙을 윤리, 사회학, 물리학 등과 동격으로 취급될 때만 일어날 수 있다.

둘째, 이 견해는 학문의 객관성objectivity과 중립성neutrality을 전제한다는 문제가 있다. 이것은 데카르트Rene Descartes 이래 서구 사상에서 필사적으로 입증하려고 노력해 온 것으로서 이성으로부터 신앙을, 과학으로부터 계시를, 지식으로부터 믿음을 제거함으로 학문은 진정한 학문이 될 수 있다는 것이다.30 즉 기독교와 학문은 각자의 본래 영역을 지키며 상대방에게 간섭해서는 안 되며 또 하지 않을 수도 있다는 주장이다. 학문은 중립적이며 객관적인 방법으로 자기 영역 내에서 자율적일 수 있고, 종교는 그 나름의 신앙의 방법을 따를 수 있다고 주장한다.

하지만 학문과 종교의 분리는 창조된 질서와 창조세계를 연구하는 인간의 성품에 대한 바른 설명이 아니다. 앞에서 지적한 것처럼 인간은 가치로부터 자유로울 수 없는 존재이기 때문에 그의 학문도 당연히 가치로부터 자유로울 수 없다. 이러한 점은 세속 과학철학자들에 의해서도 지적되고 있다.

20세기 중엽을 지나면서 과학철학자들은 흔히 객관적이라고 생각한 과학도 강력한 형이상학적 기초 위에 세워져 있음을 지적하였다. 쿤T. Kuhn, 폴라니M. Polany, 가우더A Gouder, 하버마스J. Habermas, 라즈니츠키G. R. Radnitzky 등의 과학철학자들은 과학연구 그 자체가 이미 과학연구 이외의 믿음의 체계, 이데올로기, 개인의 신앙 등에 의해 방향이 결정된다는 것을 보여 준다.

과학적 연구는 전통적 이해와는 달리 가치로부터 자유롭거나 value-free 중립적neutral, 객관적objective이 아니다. 왜냐하면 과학적 연구를 수행하는 인간이 그렇게 될 수 없기 때문이다. 이성은 그 자체로서 활동력이 있는 것이 아니라 반드시 어떤 신앙 위에서만 활동하므로 이성의 자율성에 대한 가정은 일종의 환상이다.[31]

학문에서 사실과 가치를 분리시키는 것은 신앙을 학문 영역 밖으로 축출하기 위해 데카르트와 그의 후계자들이 시도한 것으로서 필연적으로 오늘날의 자연주의적 세계관을 형성하기에 이르렀다. 그러나 학문적 사실은 학문을 하는 인간의 본성 때문에 결코 그 가치로부터 분리될 수 없다. 학문적 사실을 신앙적 가치와 분리시키면 그 학문적 사실은 재빨리 새로운 '종교적' 가치를 부여받는다. 우리는 학문 분야에서 사실과 성경적 가치를 분리시킨 데카르트와 그의 후계자들이 은연 중 학문적 사실에 유물론적 가치를 부여하였음에 유의해야 한다.

셋째, 이 견해는 자율적인 인간의 이성으로 하나님의 조명 없이도 창조의 구조와 질서에 대한 참된 통찰력을 얻을 수 있다고 전제하는 데 문제가 있다. 이성의 자율성을 인정하는 것 자체가 이미 이성에 대한 신앙의 일종이기 때문이다. 인간은 타락으로 인해 이성적 결핍이 왔다. 그래서 이성은 그 자체로서 활동력이 있는 것이 아니라 반드시 어떤 신앙 위에서만 활동한다. 그러므로 이성의 자율성은 일종의 환상이다.

물론 이것은 비그리스도인 학자들이 하나님의 창조의 질서에 관한 '사실'을 발견할 수 없다는 말이 아니다. 그들도 그리스도인 학자들과 같은 실험 장비를 사용하며 같은 실험 결과를 얻는다. 그러나 그들은 그 발견한 사실의 올바른 가치를 이해하지 못하고 다르게 해석한다.[32]

3. 연구 결과가 기독교 신앙의 변증에 도움이 되면 된다.

학문 연구의 결과가 전도에 도움을 주거나 성경적 사실을 변증하는 것 등으로 도움이 될 때 학문은 기독교적인 것이 될 수 있다는 견해다. 여기서의 전제는 모든 학문 연구는 중립적이며 어떻게 사용하느냐에 따라 그 가치가 좌우되므로 기독교적 목표를 위하여 사용하면 기독교적 연구가 될 수 있다는 의견이다.

그러나 이 견해도 이미 앞에서 지적한 바와 같이 사실과 가치의 분리를 전제하는 것이므로 동일한 이원론의 오류를 범하고 있는 것이다. 지난 한 세대 동안 광풍처럼 몰아쳤던 창조과학운동도 단지 성경에 기록된 창조 사실을 변증한다는 측면에서만 가치 있다고 생각한다면 창조론 연구의 본질적 가치의 중요한 부분을 간과한 것이라고 할 수 있다. 자연계에 나타난 하나님의 창조 흔적을 연구하는 것은 그 자체로서 하나님을 기쁘시게 하는 행위이기 때문이다.

이상의 것들을 종합해 볼 때 기독교적 학문 연구에 있어서의 궁극적 한계는 연구의 주제에 의해 결정되는 것이 아니고, 또한 연구의 주제가 기독교 신앙과 양립됨을 보여 주는 것도 아니며, 기독교 신앙의 변증에 도움이 되기 때문도 아님을 살펴보았다.

기독교적 학문 연구

이와같이 기독교적 학문 연구란 기독교 신앙과의 외형적 관련성에 의해 결정되는 것이 아님을 알 수가 있다. 그러면 학문 연구가 기독교적이 되게 하는 최종적인 기준은 무엇인가? 그것은 바로 기독교 세계관이라 할 수 있다. 학문 연구의 전 과정, 즉 학문 연구의 의미, 과정, 방법, 목적, 응용, 심지어 그 동기까지 기독교 세계관의 기초 위에서 이루어질 때 비로소 온전한 기독교적 학문 연구라고 할 수 있을 것이다.[33]

아울러 '모든 진리는 하나님의 진리' 임을 염두에 두어야 한다. 진리란 그것의 본체가 하나님이시기 때문에 비그리스도인들에 의해서 발견되든 그리스도인들에 의해 발견되든, 종교적인 영역에서 발견되든 그렇지 않은 영역에서 발견되든 하나님의 것이다. 특히 학문적 영역에서는 비그리스도인들도 얼마든지 진리를 발견할 수 있다. 그들도 얼마든지 노벨상을 탈 수 있고 대단한 업적을 남길 수 있다. 이는 그들이 인정하든 인정하지 않든 그들도 하나님의 형상을 따라 지음받았기 때문이다.[34]

기독교적 학문은 연구 과정에서 기독교적 세계관이 명시적으로 드러나는 경우도 있지만 묵시적이어서 언뜻 보기에 기독교적인지 아닌지를 판별하기 어려운 때도 있다. 예를 들면 사회과학과 같은 분야는 연구방법에서부터 기독교적인지 아닌지를 판별하기가 비교적 쉽지만 이공계 분야의 연구는 그렇지 않다. 사회과학은 인간의 부패한 본성이 가장 적나라하게 나타나는 분야인데 반해 자연과학 분야에서는 그리스도인 과학자들이라고 하여 비그리스도인 과학자들과 다른 컴퓨터나 실험장치를 사용하지 않기 때문이다.

그러나 기독교 세계관의 입장에서 볼 때 어떤 분야를 연구하든지 먼저 학문 연구가 창조의 다양한 측면들을 연구하는 활동임을 염두에 두어야 한다. 이 말의 의미는 근본에 있어서 창조 질서를 연구하지 않는 학문 연구는 존재하지 않는다는 것이다. 자연과학이나 공학뿐만 아니라 논리적인 세계나 심미적인 세계를 대상으로 하는 인문과학, 인간의 심리나 사회구조를 대상으로 하는 사회과학도 하나님의 창조 질서를 연구하는 분야라고 할 수 있다. "만물이 그로 말미암아 지은 바 되었으니 지은 것이 하나도 그가 없이는 된 것이 없"기 때문이다요 1:3. 그러므로 인문과학 연구도 논리나 심미적인 분야에 대한 하나님의 창조명령을 수행하는 행위이며, 사회과학 연구도 하나님께서 창조하신 사회적 기구들에 대한 질서와 사회적 자원을 지키는 청지기가 되라는 하나님의 명령에 순복하는 것이어야 한다.[35]

근본적으로 연구를 할 수 있는 인간의 능력은 하나님의 형상 중 창조적 속성을 반영하는 것이다. 인간의 학문 능력이 진화의 산물이 아니라 하나님의 형상의 반영이라면 오늘날 인본주의자들이 가정하

는 이성의 자율성과 이에 기초한 학문의 중립성은 잘못된 가정임이 명백하다.36

인간은 하나님의 형상대로 지음받은 존재지만 타락한 존재이므로 바른 학문을 위해서는 성령의 인도를 받는 것이 필요하다. 물론 인간에게 남아있는 하나님의 희미한 형상으로도 여러 가지 피조세계의 '사실들'을 발견할 수는 있지만 성령의 조명이 없으면 학문에 대한 원래의 가치나 바른 조망을 가질 수 없다. 학문은 하나님의 명령에 순종하고 이웃을 섬기기 위해 주어진 것이었다.37

베이컨에 의해 '아는 것이 힘' Knowledge is power이라는 개념이 도입된 이후 학문은 자연을 정복하고 이웃을 지배하기 위한 힘으로서 추구되었으며, 인간의 능력에 의한 유토피아 건설이라는 진보주의 이데올로기의 지배를 받고 있다. 이러한 배도背道의 시대에 살면서도, 그리고 세상의 모든 헛된 학문을 '배설물과 같이' 여기면서도 성경적 세계관에 입각한 바른 학문을 하기 위한 청지기적 역할을 포기해서는 안 된다.38

세상을 하나님의 관점에서 보게 하는 기독교 세계관과 이를 통해 학문을 기독교적으로 연구하는 부분에 대해서는 9장에서 보다 상세히 살펴볼 것이다. 그렇다면 기독교적 학문 연구는 그리스도인들에게 어떤 의미가 있을까? 다음 몇 가지를 살펴볼 수 있다.

기독교적 학문 연구의 의미

하나님은 눈에 보이는 세계뿐만 아니라 눈에 보이지 않는 세계까지 만드셨으며, 그 만드신 만물의 관리를 자신의 형상을 따라 지음받은 사람들에게 맡기셨다. 이것을 받아들인다면 창조 속에는 사실을 추구하는 자연과학과 가치를 추구하는 인문과학 사이의 구분이 있을 수 없다. 그 구분은 연구 대상이 창조 속의 사물들인가 추상적 개념인가에 따른 것인데, 이는 하나님께서 보이는 자연세계 뿐 아니라 보이지 않는 논리의 세계까지 만드셨기 때문이다골 1:15~16. 이상의 사실들에서 학문 활동에 대한 기독교적 견해는 다음과 같이 요약할 수 있을 것이다.

우선 학문 활동은 하나님께서 인간에게 주신 문화명령창 1:28의 일부다. 하나님께서 창조하신 이 피조세계를 잘 다스리고 관리하기 위해서는 피조세계에 대한 지식이 필요하다. 가시적 자연계에 대한 지식과학이나 공학만 필요한 것이 아니라 인간의 내면세계심리학 등, 사회구조사회학, 경제학 등, 심미적 세계예술, 문학 등에 대한 지식도 필요하다. 학문의 대상이 하나님의 피조물이고 하나님 없이 존재하게 된 것이 하나도 없다고 한다면 학문 활동은 모든 하나님의 피조세계를 관리하기 위한 노력이라고 할 수 있다.

또한 학문 활동은 창조주 되시는 하나님을 섬기고 경배하는 예배의 한 형태다. 따라서 주일날 예배당에서 드리는 예배와 연구실에서 드리는 예배학문 활동는 본질적으로 다르지 않다. 학문 활동뿐 아니라 무엇을 하든지 하나님의 영광을 위하여 할 때고전 10:31 그것은 곧 하나님을 예배하는 것이라 할 수 있다. 자신을 '천문학의 제사장'으로 여겼던 요하네스 케플러Johannes Kepler, 1571~1630의 경우가 고전적인 예라고 할 수 있다.[39]

셋째, 학문 활동은 하나님의 형상대로 지음받은 인간을 사랑하는 방법이다. 학문 연구의 결과가 가시적으로 인간의 복리를 위해 사용되거나 질병 치료, 품종 개량, 재해 예방 등 비가시적으로 인간에게 유익을 끼치거나 올바른 사상의 제시, 아름다운 예술품을 통해 메마른 인간의 정서를 순화하는 등 모두 이웃을 사랑하라는 하나님의 명령눅 10:27을 순종하는 것이라 할 수 있다.

넷째, 학문 활동은 하나님을 아는 한 방편이다. 하나님께서는 말씀을 통하여 자신을 계시하실 뿐 아니라 피조세계에 자신의 모습을 희미하게나마 계시해 놓으셨다. 물론 어떤 것들은 신앙적 차원에서 아디아포라의 영역별 상관이 없거나 중요하지 않은 것들에 있는 것들이 있다. 하지만 만물에는 우리가 핑계할 수 없을 만큼 분명하게 하나님의 능력과 신성이 나타나 있다롬 1:19~20. 그러므로 물질세계든 비물질세계든 연구의 대상에 관계없이 학문 연구는 성경연구와 같이 하나님을 아는 한 방법이라 할 수 있다.

시편 기자가 노래했듯이 "하늘이 하나님의 영광을 선포하고 궁창이 그의 손으로 하신 일을 나타내는도다 날은 날에게 말하고 밤은 밤에게 지식을 전하니 언어도 없고 말씀도 없으며 들리는 소리도 없으나 그의 소리가 온 땅에 통하고 그의 말씀이 세상 끝까지 이르도다"시 19:1~4. 이 우주는 하나님이 만드셨고 그가 지금도 이 우주를 운행하고 계신다는 게 모든 그리스도인들의 정직한 고백이며, 또한 고백이어야 할 것이다.

마지막으로 학문 활동은 성경의 진리를 변증하는 실제적인 유익이 있다. 성경의 주요한 진리는 논증이 불가능한 계시적 사실들이지만 그 계시적 사실들을 둘러싸고 있는 여러 주변적 사실들은 역사적, 과학적, 논리적 증명이 필요하다. 그러므로 성실한 학문 활동을 통해 하나님의 말씀이 왜곡되지 않고 전달될 수 있도록 하는 것은 학문의 주요한 역할이 될 수 있다.

공부하는 창조적 능력은 하나님 형상의 반영이다

공부를 하는 것은 결국 하나님께서 창조하신 세계를 연구하는 것이며, 학문을 할 수 있다는 말은 자연이나 논리 세계에 체계와 질서가 있음을 의미한다. 질서와 체계는 우연의 산물일 수 없으며, 창조주의 지혜와 설계임을 받아들여야 한다. 또한 공부할 수 있는 창조적 능력이 인간에게 새겨진 하나님 형상의 반영이라고 한다면 창 1:26~27 공부하는 것은 하나님을 경외하는 것과 직접적인 관련이 있다. 그리고 발견한 지식과 개발된 기술을 자기만을 위해서가 아니라 이웃과 사회를 위해서 사용한다는 분명한 목표를 갖게 될 때 그 공부는 이웃 사랑과도 관련된다. 즉 공부하는 내용 뿐 아니라 공부하는 것 그 자체를 통하여 하나님을 영화롭게 하고 이웃을 사랑함이 드러나야 하는 것이다.

그러므로 대학에서 공부를 열심히 하는 것은 좋은 직장을 얻거나 대학원에 진학하는 것 같은 실용적 대가 때문은 물론 공부 그 자체가 하나님의 명령 창 1:28과 하나님 나라와 의에 마 6:33 관련된 본질적 행위이기 때문이다. 이렇게 본다면 그리스도인이 공부를 열심히 하는 것은 신앙생활의 한 모습이며 그 자체가 하나님으로부터 받은 소명의 일부라고 할 수 있다.

이렇듯 공부를 함에 있어 바른 청지기적 자세를 정립하기 위해서는 역사적 맥락을 이해하는 것이 필요하다. 학문에 대한 무조건적인 적대적 태도는 어제 오늘의 일이 아니라 초대 교회까지 거슬러 올라가는데, 초대 교회 교부의 한 사람인 터툴리안이 말한 바 "예루살렘과 아테네가 무슨 관계가 있는가?"라는 이원론적인 질문은 표현 방법이 다를 뿐 그 정신과 자세는 지금까지 많은 그리스도인들 속에 남아 있다. 그러므로 학문에 대한 바른 청지기적 자세를 계발하기 위해서는 먼저 이원론적 학문관의 역사적 뿌리를 살펴보는 것이 필요하다. 다음 장에서는 역사 속에서 학문과 신앙이 어떻게 뿌리내리는지 살펴볼 것이다.

1. 기독교적 학문의 영역을 종교적 냄새가 나는 영역이나 그 영역과 직간접적인 연관이 있는 영역으로 국한할 때 생기는 궁극적인 문제는 무엇인가?

2. 일반 학자들이 학문의 형이상학적, 신앙적 뿌리를 주장하는 것이 기독교적 학문 연구에 어떤 함의를 갖는가?

3. "기독교와 학문은 본래 모순, 대립관계다"라는 명제에 대한 자신의 생각을 나눠 보자.

4. 그리스도인으로서 자신의 전공 영역이나 직업을 어떻게 기독교적으로 조망할 수 있을지 생각해 보자.

제4장

과거는 현재를 이해하는 열쇠다

모든 직업이 그 자체가 소명이듯 학문 연구도 하나님의 피조세계를 연구하고 그 연구 결과를 이웃을 위해 사용함으로 하나님과 이웃을 섬길 수 있다. 그러나 과거 역사는 신앙을 학문 영역에서 제거함으로 신앙이 학문과 다른 영역이며 서로 충돌한다고 보았다. 물론 무조건적인 학문 연구는 오히려 우상이 될 수도 있으므로 바른 관점으로 연구해야 한다.

역사 속의 학문과 신앙 이야기

앞 장에서 우리는 기독교적 학문 연구의 기준이 기독교 세계관이라는 사실을 다루었다. 그리고 기독교 세계관적으로 학문 연구를 할 때 가장 심각한 문제가 바로 이원론적 세계관임을 지적했다. 이원론은 단순히 하나의 관점으로 남아 있는 것이 아니라 깊은 역사적 뿌리를 가지고 있는데 거슬러 올라가면 인간의 타락한 본성과 연결되어 있다. 그러므로 이원론의 역사적 뿌리를 추적하는 것은 기독교적 학문 연구의 중요한 출발점이 될 수 있으며, 그리스도인 됨의 의미와도 직결되어 있음을 알 수 있다.

그리스도인이 된다는 것은 어떤 종교적 견해를 개인적으로 받아들이는 것이 아니다. 그리스도인이 된다는 사실은 자신의 전 존재를 요구하며, 기독교는 현실의 모든 것을 요구한다는 점에서 극히 포괄적이라 할 수 있다. 그런데 종종 교회 및 선교단체에서 신앙을 너무 좁게 정의하여 개인의 영혼구원만을 지나치게 강조하는 경우가 있었다.

개인전도는 물론 학문 연구나 여타 그리스도인의 사회적 책임은 하나님 경외와 이웃 사랑마 22:37~39이라는 전체적 맥락 가운데 이해되어야 한다. 이를 두고 어떤 사람들은 선교라고 하여 전도와 구별하기도 하지만, 용어를 어떻게 정의하든지 구원의 포괄적 의미와 복음의 전체성을 회복하는 것은 이 시대 우리가 당면한 문제라고 할 수 있다. 이를 위해 기독교와 학문의 역사적 관계를 살펴보는 것은 의미있는 일이다.

학문과 신앙에 대한 역사적 고찰

학문 연구에 대한 그리스도인들의 태도는 시대마다, 사람마다 다양해서 한 마디로 요약하기는 어렵다. 역사적으로 볼 때 2세기 교회에서는 그리스 철학에서 나온 영지주의 등의 이단으로 인해 골머리를 앓고 있을 때여서 전반적으로 그리스 학문을 기독교 신앙에 대한 위협으로 간주하여 배격하였다. 대표적인 예로 터툴리안Tertullian, ca.155-ca.230은 이방 학자들과 이들의 연구를 배격하기 위해 혼신의 힘을 기울였다. 그는 생체 및 사체 해부를 했던 헤로필러스Herophilus를 자연을 연구하기 위하여 수많은 시체를 자르고 지식을 위하여 인간을 저주하는 백정이라고 비난하였다.[40] 또한 그리스 철학을 다음과 같이 비난하기도 했다.

"예루살렘과 아테네가 무슨 관계가 있는가? 아카데미와 교회, 이단과 그리스도인 간에 어떤 조화가 있을 수 있는가? 우리의 가르침은 단순한 마음으로 여호와를 구하는 것을 깨달은 솔로몬의 행각The

Porch of Solomon에서부터 나온다. 기독교를 더럽히는 스토아 철학, 플라톤 철학, 변증법의 모든 시도로부터 떠나라. 우리는 그리스도를 소유한 후에 호기심 어린 논쟁을 원치 않게 되었으며 복음을 맛본 후에 어떤 탐구도 원치 않게 되었다. 믿음faith이 있으므로 우리는 더 이상의 신념belief을 필요로 하지 않는다. 일단 이것을 믿게 되자 우리가 믿어야 할 것 외에는 아무것도 없게 되었다."[41]

그러나 이러한 단호한 터툴리안의 태도에도 불구하고 시간이 지남에 따라 그리스 학문은 점차 기독교 신학 속으로 침투하였다. 그리스도인이 되기 전에 철학자였던 2세기 저스틴 마아터Justin Martyr, 162~168년 사이에 순교는 기독교 신앙과 철학이 양립하지 못할 하등의 이유가 없다고 믿었다. 그는 이성을 하나님의 선물로, 철학을 기독교 신앙을 변증할 수 있는 귀중한 도구로 보았다. 그는 플라톤의 형이상학이나 스토아 학자들의 윤리학 속에도 기독교를 지지하는 바가 있다고 주장하였다.

이러한 저스틴의 견해는 아테나고라스Athenagoras, 클레멘트Clement, 오리겐Origen 등에 의해 계승, 발전되었으며, 이들은 플라톤 사상에서 유일신론이나 영혼불멸설 등이 기독교 신앙을 변증하는데 사용될 수 있다고 보았다. 특히 3세기 초에 활동했던 오리겐은 플라톤 사상을 공부하는 것은 부분적으로 기독교에 대한 예비적 공부가 될 수 있다고 믿었다. 바실Basil은 플라톤의 데미우르게Demiurge를 기독교의 창조주 하나님과 동일시하면서 지상계의 플라톤적인 위계질서를 받아들였다. 바실은 그리스 철학에 의해 압도되지 않으면서도 기본적인 그리스

우주론과 자연철학을 받아들인 것이다.

초대 교회 사도들 이후 기독교 형성에 가장 지대한 영향을 끼쳤다고 평가되는 어거스틴Augustine of Hippo, 354~430은 그 이전의 누구보다 그리스 철학에 친숙한 사람이었다. 그는 덧없는 지상의 일보다 영원한 천상의 일에 우리의 관심을 두어야 한다고 가르치면서도 기독교 교리를 설명하고 성경을 해석하기 위해 자주 자연적 지식이 유용함을 인정하였다. 그는 이방 지식도 하나님을 경배하는 데 필요한 어느 정도의 진리를 포함하고 있다고 말했다.

예를 들면 그리스의 빛과 시각적 지각vision 이론을 사용하여 자신의 신학과 인식론을 발전시켰다. 특히 그는 신플라톤철학의 유출설Doctrine of Emanation을 사용하여 삼위일체의 비밀을 설명하였다. 또한 그의 씨앗원리Seed-like Principle를 사용하여 태초에 하나님께서 자연적 형태의 점진적 발전을 통해 모든 생물들을 창조하였다고 주장하여 현대의 진행적 창조론Progressive Creationism과 유사한 주장을 하였다.[42] 이방 학문에 대한 그의 태도를 "모든 선하고 진실한 그리스도인은 그가 어디서 진리를 발견하든지 그것은 여호와의 것임을 알아야 한다"는 말로 요약하였다.[43]

어거스틴 후에도 여러 사람들에 의해 세속적 지식이라도 거룩한 용도로 사용할 수 있다는 주장이 끊임없이 되풀이되었는데 그 중에서도 영국의 유명론자有名論者 로저 베이컨Roger Bacon의 활약이 두드러졌다. 베이컨은 어거스틴이 성경주해 등에 과학적 지식을 사용할 수 있다는 주장에 동의하는 데 그치지 않고 한 걸음 더 나아가 이방의 자연과학이 교회를 위해 직접적인 도움을 줄 수 있다고 주장하였다.

한 예로 한때 우상에게 제사 지내는 제삿날을 결정하는 데 사용되던 천문학은 달력 제작에 기여하여 교회의 절기를 정확히 아는 데 사용될 수 있다고 했다. 또한 광학은 거울이나 그 외 여러 가지 기구를 제작하여 불신자들에게 공포감을 불러일으킬 수 있을 뿐 아니라 외적의 침입으로부터 기독교 국가를 보호하는 데 사용될 수 있다고 주장하였다. 광학의 유용성과 관련하여 베이컨은 성경에서 빛, 색깔, 시력, 거울만큼 많이 언급되는 것이 없음을 지적하면서 성경주석가들은 반드시 광학Perspectiva 공부를 해야 한다고 강조하였다. 점성술은 미래를 예측할 수 있을 뿐 아니라 복잡한 인체와 질병을 이해하는 것을 돕는다고 보았으며 이 모든 것들이 성경해석을 돕는다고 보았다. 또한 그는 수학이나 '실험과학'도 하나님을 섬기는 데 사용될 수 있음을 강조하였는데, 특히 실험과학은 성경해석과 전도에 유용할 뿐 아니라 교회를 이단과 적그리스도로부터 보호하는 데 사용될 수 있다고 하였다. 사실 베이컨만큼 생생하게 과학적 지식이 교회를 위해 사용될 수 있음을 증명한 사람은 없었다고 할 수 있다.[44]

고대 그리스 사상인 이원론이 철학적 체계를 가지고 정식으로 기독교에 들어온 것은 13세기 이태리 신학자 아퀴나스Thomas Aquinas, 1225-1274에 의해서였다. 플라톤주의자였던 아퀴나스는 플라톤의 이원론적 세계관을 받아들여 그의 신학적 체계를 세웠다. 그는 자연이 하나님의 은총에 의해 완성되는 것처럼 이성은 신앙의 전단계로서 신앙에 봉사하는 것이라 주장해 자연과 은총, 이성과 신앙을 독립된 부분으로 나누었다. 이성은 신앙의 간섭 없이 지상 세계에 관한 한 마음대로 탐구할 수 있으며 신앙 역시 이성의 도움이나 간섭 없이, 학문적 연구결과에 무관하게 초자연적이고 영적인 일들을 다룰 수 있었다. 이러한 주장은 지금까지도 가톨릭의 정통 견해로 받아들여지고 있다.

지금까지 논의한 대부분의 그리스인들은 학문의 가치를 기독교 신앙의 변증을 위하여, 성경의 해석을 위하여, 혹은 교회를 직·간접으로 돕기 위하여 가치가 있다고 보았다. 이에 비해 종교개혁기의 학자들과 이들의 개혁주의적 전통을 이어받은 학자들은 학문이 단지 기독교라는 제도 교회를 돕는 도구로서만 유용한 것이 아니라 학문하는 그 자체가 하나님의 명령이기 때문에 기독교적일 수 있다는, 훨씬 더 개방적인 학문관을 가졌다.

이들에게 있어서 학문 활동이란 넓은 의미에서 하나님을 섬기는 행위요 본질적으로 예배의 한 형태였다. 이들은 "그런즉 너희가 먹든지 마시든지 무엇을 하든지 다 하나님의 영광을 위하여 하라"고전 10:31는 말씀 속에는 분명히 학문적인 활동까지 포함한다고 생각하였다. 더 이상 목회만이 가장 헌신된 자의 표가 아니며 신학만이 의미 있는 학문도 아니었다. 모든 직업은 그 자체가 소명calling이고 학문은 무엇을 연구하든지 하나님의 피조세계를 연구하고 연구된 결과를 이웃을 위해 사용함으로 하나님을 섬기는 행위가 된 것이다.

이러한 학문 및 직업에 대한 견해는 전업으로 교회의 일을 하지 않는 많은 일반 그리스도인들에게 자신의 일에 대한 내적 긍지를 심어주었다. 그들은 자신의 일을 귀하게 생각하게 되었고 나아가 어떻게 일상적인 삶의 모든 영역에서 하나님을 섬기는 자로서의 모습을 드러낼 수 있을지를 생각하게 되었다. 이러한 생각의 변화는 교회와 직접적으로 관련되지 않은 분야에 종사하면서 종교적인 형식에 얽매인 사람들에게 큰 위로를 주었으며 사람들로 하여금 하나님을 섬기는 다양한 방법을 모색하는 데 크게 기여하였다.

갈등의 역사

물론 기독교 역사상 학문에 대한 교회의 태도가 항상 긍정적인 것만은 아니었다. 기독교가 로마 제국의 국교로 채택된 이후 이방 철학자들과 과학자들은 적대적인 환경에 둘러싸이게 되었고 때로는 법적인 제재를 받기도 하였다.

가장 유명한 예로는 플라톤이 세운 아테네의 '아카데미'를 폐쇄하고 이방 학자들이 그곳에서 가르치는 것을 금지한 529년 저스틴 황제의 칙서Justinian's Edict가 아닌가 생각된다. 이 칙서로 인해 이방 학자들은 기독교의 세례를 받지 않으면 유배를 당하거나 재산을 몰수당하는 위험에 처하게 되었다. 그러나 이러한 조치는 흔히 생각된 것보다 가혹하지 않았다. 로이드Geoffrey E. R. Lloyd에 의하면 저스틴 황제의 칙서 이후에도 '아카데미'는 다른 형태로 존속했으며 이방 학자들은 다른 도시에서 계속 가르칠 수 있었다.

또 다른 예는 1272년 파리대학의 모든 교수들Arts Masters에게 이방 철학이나 학문을 가르치거나 논의하지 않겠다는 서약을 하게 한 사건을 들 수 있다. 14~15세기 동안 파리대학 교수들에게 강요된 이 서약은 명백히 파리에서의 학문적 자유에 대한 의문을 제기하였다. 그러나 모든 교수들이 기독교의 기초 교리를 받아들이는 한 기독교 진리와 반대되는 주장들은 "철학적으로 말하자면 …"Speaking philosophically …, 혹은 "자연적으로 말하자면 …"Speaking naturally 등의 말을 붙임으로 얼마든지 논의할 수 있었다.

중세과학사가 그랜트Edward Grant에 의하면 신앙에 관한 교리적 진리를 명시적으로 받아들이고 자연철학이나 과학의 영역에 자신들을 국한시킴으로 파리대학 교수들은 자연에 대한 어떠한 논의도 할 수 있었다. 예를 들면 장 뷔리당Jean Buridan, c.1315~58은 힘을 연구하면서 신학적으로 다루기 어려운 초자연적 가능성을 도입하기보다 자연적 요인에 치중하였다. 그는 대담하게 자연철학에서는 모든 의존성들과 힘의 작용들을 마치 자연적인 방법으로 일어나는 것처럼 받아들여야 한다고 주장하였다.[45]

신앙과 학문의 충돌을 보여 주는 또 다른 예는 1277년 파리 대주교 땅삐에Etienne Tempier가 교황 요한 21세John XXI의 윤허를 얻어 공포한 자연과학에 관한 219가지의 명제를 정죄한 사건이다. 이 때의 금령에 포함된 명제에는 세상의 영원성, 천체의 기동자, 다른 세계의 존재 가능성, 지상사건에 대한 천체의 영향 등이 있었다.

그러나 이러한 정죄에도 불구하고 파리대학 교수들은 금지 명제를 논의하는데 매우 자유스러웠으며 어떤 결론에 이르면 이를 마음대로 표현할 수 있었다. 이 때 파리대학 교수들이 작성한 수백 가지의 질문들이 적힌 리스트가 전해지는 것으로 미루어 당시 파리대학의 학문적 자유가 어느 정도였는지를 짐작할 수 있다. 그랜트가 지적한 바와 같이 '금령'은 도리어 당시 학자들의 지적인 호기심을 자극하는 역할을 하였다.

심지어 프랑스 과학사가 뒤엥Pierre Duhem 같은 학자들은 이 '금령'으로 인해 현대 과학이 탄생했다고 과장하기도 했다. 비록 그의 주장이 과장된 것은 분명하지만 몇몇 명제들은 후대의 학자들로 하여금 과학적 연구에 관심을 갖게 했으며, 또한 과학적으로 커다란 의미가 있었다는 것은 부인할 수 없다.[46] 또한 논리적 비약 없이 어떤 일과 관련지음으로 '금령'은 하나님의 절대적 능력을 다양한 가상적인 자연현상에 적용시킬 수 있었다.[47]

갈릴레오 재판

기독교와 과학에 관한 가장 유명한 예는 갈릴레오 재판이다. 1633년 교황청은 늙고 병든 갈릴레오를 강제로 소환하여 그의 이단적인 지동설 주장을 철회하라고 강요하였다. 근래까지 이 사건은 기독교와 과학의 적대적 관계를 보여 주는 상징적인 사건으로 수없이 많이 인용되어 왔다.

그러나 최근 MIT 교수이자 이태리 출신의 과학사가인 산티아나Giorgio de Santillana의 연구결과는 종래의 주장이 잘못이었음을 보여 준다.[48] 당시 교황청 재판기록을 면밀히 분석한 결과 산티아나는 갈릴레오 재판은 과학과 기독교의 갈등, 즉 지동설 재판이라기보다 오히려 갈릴레오의 논쟁적인 성격, 당시 정치계와 종교계의 보수 세력과 진보 세력 간의 알력 등이 주원인이었음이 드러났다.

실제로 갈릴레오를 재판했던 교황 우르반 8세Urban VIII는 교황이 되기 전 추기경 Cardinal Maffeo Barberini 시절부터 갈릴레오와 가까운 친구였으며 갈릴레오의 활동을 여러 가지 면으로 도와주었다. 그러나 갈릴레오는 자신이 쓴 「두 세계간의 대화」라는 대화 형식의 책에서 자신을 살비아티Salviati로, 아리스토텔레스주의자들을 바보라는 뜻의 심플리치오Simplicio로 출연시켰다. 그러자 즉각 예수회 학자들 주로 로마대학 교수들은 그 아리스토텔레스주의자들이 바로 자기들임을 간파하고 별로 지적이지 못한 도미니칸 출신의 우르반 8세를 끌어들였다. 즉 갈릴레오의 책에서 심플리치오는 바로 교황을 가리킨다고 우르반 8세를 자극한 것이다. 이로 인해 우르반 8세는 격분하였고 급기야는 배은망덕한 행위를 한 갈릴레오를 종교재판에 회부하기에 이르렀다.[49]

산티아나는 갈릴레오 재판이 단지 갈릴레오의 인간관계나 당시의 진보세력과 보수세력 종교적, 사회적 간의 알력 때문에 빚어진 것임을 설득력 있게 제시한다. 우선 코페르니쿠스가 지역 가톨릭 교회의 지도자로서 지동설을 주장했지만 물론 그의 지동설 책은 그의 사후에 출판되기는 했지만 교황청과 아무런 마찰이 없었음을 들고 있다. 사실 코페르니쿠스가 지동설 책을 출판한 1543년 이후 갈릴레오의 1차 재판이 이루어진 1616년까지 여러 사람들이 지동설을 주장했지만 아무도 지동설 주장 그 자체로 교황청과 마찰을 빚은 적은 없었다.

또한 1616년 갈릴레오를 심문했던 교황청 추기경 벨라르민Cardinal Robert Bellarmine이 갈릴레오에게 제의한 바는 더욱 놀랍다. 벨라르민은 갈릴레오에게 지동설을 가르쳐도 좋으나 현재의 지동설에는 많은 문제점들이 있으니 확실히 증명될 때까지는 단지 가설로서만, 혹은 수학적 모델로서만 가르치라고 요청한 것이다. 그러면 교황청에서도 하등의 간섭을 하지 않겠다는 것이었다. 실제로 케플러나 뉴턴 등에 의해 수학적으로 다듬어지기까지 지동설은 천동설의 문제점만큼이나 천체 관측 결과를 설명하는 데 문제가 많았다.[50] 갈릴레오도 바다의 조수 현상이 지구의 자전 때문에 생긴다는 등의 틀린 주장을 했던 것을 기억한다면 갈릴레오의 주장은 모두 맞고 교황청은 모두 틀렸다는 식의 흑백논리적 주장은 잘못된 것이다.

이상의 몇몇 예들에서 볼 수 있는 바와 같이 기독교가 역사적으로 학문적 추구와 본질적으로 갈등관계에 있었다고 주장하는 것은 과장되었거나 실상을 잘못 알았기 때문임을 알 수 있다. 기독교 신앙이 학문적 전통과 전적으로 공명되는 것은 아니지만 그렇다고 불구대천의 원수는 더욱 아니었다. 실제로 과학혁명이 비슷한 정도의 과학수준을 가지고 있던 중국이나 인도, 이슬람 세계에서 일어나지 않고 기독교적인 배경을 가진 유럽에서 일어난 것에 대해 기독교적 관련성을 찾으려는 노력이 근년에 와서 많이 이루어지고 있다.[51]

화란 과학사학자인 호이카스 교수는 자연을 신성시하여 두려워하고 육체적 노동을 경시한 그리스적 사고에서는 과학이 발달할 수 없음을 지적하면서 현대 과학적 정신은 기독교 정신의 발로라는 내용의 주장을 설득력 있게 제시했다. 오히려 미국의 사회학자인 멀톤Robert Merton은 과학혁명 당시 개신교도들, 특별히 청교도들 중에 실험학자들이 많은 것을 육체적인 노동을 신성하게 여기는 청교도적 윤리 때문이라는 멀톤명제Merton Thesis를 주장하여 많은 사람들의 관심을 불러일으켰다.[52]

또한 개혁주의자들은 학문 연구의 대상이 창조주 하나님의 피조세계이며 학문을 할 수 있는 능력을 하나님께서 주신 재능으로 인식하여 도리어 그리스도인들의 학문 연구를 적극적으로 장려하였다. 그러나 이들은 무조건 학문 연구를 장려한 것이 아니라 기독교적 학문 연구를 강조하였다. 기독교적이지 못한 학문 연구는 쉽게 우상숭배나 인간의 자율성 및 교만에 이를 수 있으며, 궁극적으로는 하나님을 섬기기 위한 학문 연구가 우상숭배가 될 수 있기 때문이다.

지금까지 살펴본 것처럼 역사적으로 기독교적 학문활동은 각 시대마다 이를 집요하게 방해하는 많은 요소들이 있었다. 그러므로 분명한 소명의식을 가지고 방해 요소들을 확인하고 극복하려는 그리스도인들의 의도적인 노력이 없이는 기독교적 학문이 이루어질 수 없다.

현대에 있어서 기독교적 학문을 방해하는 가장 중요한 요인 중의 하나는 바로 학문의 지나친 분화, 즉 학문의 파편화fragmentation이다. 학문의 파편화는 하나님의 피조세계에 대한 통합적 조망을 불가능하게 만들기 때문에 그리스도인들로 하여금 자기의 동굴 속에 갇히게 하고, 나아가 이원론적 세계관을 갖게 하는 주범이 되고 있다. 그러므로 기독교적 학문에 대한 논의는 반드시 현대 학문의 파편화를 인식하고 이를 어떻게 극복할 것인가에 대한 논의를 피할 수 없다.

1. 왜 여러 신학적 전통들 중에서 개혁주의자들이 특히 학문적 연구에 대한 긍정적 평가를 했는지를 말해 보자.

2. 갈릴레오 재판이 지난 400여 년 간 과학과 기독교, 나아가 학문과 신앙의 관계에 끼친 부정적 영향을 말해 보자.

3. 학문 활동의 본질적 선함과 하나님의 창조명령을 고려하더라도, 타락한 인간에게 학문 활동이 불러올 수 있는 본질적인 약점이나 함정은 없는가?

제 5 장

하나님의 청지기는
통합적 지식과 안목이 필요하다

모든 피조세계가 하나님의 창조물이므로 학문의 분열은 만유를 통일되게 창조하신 하나님의 뜻과도 맞지 않다. 그러므로 하나님의 청지기로서의 직분을 충성스럽게 감당하기 위해서는 피조세계에 대한 전체적이고 통합적인 지식과 안목을 가지고, 자신의 연구 결과에 책임질 줄 아는 전문가가 되는 것이 필요하다.

등산가형에서 두더지형 조망으로 바뀐 학문

앞에서도 이미 살펴보았듯이 학문學問이라는 한자어는 원래 "모르는 것을 배우고 의심스러운 것을 묻는다"는 역경易經의 "君子學聚之問以辨之"의 구절에서 나왔고, 서양에서는 넓은 의미로 "지혜를 사랑한다"는 의미의 철학philosophy이라는 말이 여기에 해당하며, 근대에 와서 학문에 해당하는 영어로서는 러닝learning이란 말이 많이 사용되고 있다. 어떤 용어를 사용하든지 학문은 진리를 추구하기 위한 활동이라고 할 수 있다.

그런데 근래에 들어와 진리가 무엇이며, 과연 인간이 불변의 진리에 도달할 수 있는가에 대한 회의가 비그리스도인 학자들 사이에서도 폭넓게 제기되고 있다. 원래 학문을 하는 것은 진리를 추구하는 것으로 생각되었지만 학문을 깊이 연구하면 할수록 진리에 도달하는 것은 너무나 먼 일임을 깨닫게 된 것이다. 그래서 학문 연구를 진리에 도달하는 어떤 완성된 의미로 받아들이기보다는 진리에 도달하기까지의 지적인 훈련 과정으로 보려는 경향이 많다. 이 장에서는 학문에 대한 다양한 정의와 구분부터 논의를 시작해 본다.

학문 분야 구분

일반적으로 학문은 자연과학, 사회과학, 인문과학으로 나뉜다. 사전적인 정의를 보면 자연과학이란 인간의 목적이나 가치와 관계없이 자연 현상, 그것의 법칙을 탐구하는 개별과학으로서 '자연현상을 과학적인 인식방법으로 다루는 학문' 이다[53]. 여기서 "자연이라 함은 인간의 목적이나 가치의식과는 관계 없으며, 더구나 인간의 사회 현상을 제외한 모든 객관적인 경험의 대상 전체를 의미한다. 즉 자연과학은 자연에 관한 사실의 진리를 통찰하는 것을 임무로 하고 있다. 따라서 사실에서 출발하여 사실로 돌아가야 하는 것이다."[54]

자연과학은 공학을 통해 기술이나 산업과 연관되어 있는데 최근에 와서는 많은 영역에서 공학적 요소들을 포함하고 있고, 공학 역시 자연과학적 방법을 많이 사용한다. 이러한 경향은 점점 더 심화되는 추세다. 그러므로 자연과학은 인식認識, 즉 에피스테메episteme를, 공학은 기예技藝, 즉 테크네techne를 중시한다는 원론적 차이가 있음에도 불구하고 여기서는 자연과학과 공학의 연구 대상과 방법론이 유사한 점이 많으므로 구별하지 않고 자연과학이란 말로 통일하여 사용하고자 한다.

그러면 인문과학은 어떤가? 일부에서는 인문과학이란 '이데올로기 및 문화에 관한 학문 영역' 으로서 '인간을 대상으로 하는 학문, 즉 사회, 경제, 역사, 인문지리, 법률, 종교, 교육 등에 관한 학문 및 철학의 총칭'이라고 정의하여 사회과학 영역에 속하는 학문까지 포함한다.[55]

그러나 사회학, 경제학, 정치학, 심리학, 법학 등의 사회과학은 상당 부분 인문과학과 공통적인 부분이 없는 것은 아니지만 인간과 사회를 연구 대상으로 삼고 연구하는 방법이 인문과학과 판이하므로 인문과학에 포함시켜서는 안 된다고 생각한다. 사회과학은 인간의 상태, 혹은 인간과 인간 사이의 역동적 관계를 주요 연구대상으로 삼는데 비해 인문과학은 인간의 마음이나 정신을 주요 연구대상으로 삼는다. 이러한 인문과학에는 역사학, 철학, 신학, 언어학, 문학, 예술 등이 있다.

사회과학의 경우는 자연과학과 인문과학의 중간에 있다고 할 수 있다. 사회과학의 연구 대상인 인간과 사회는 한편으로는 인문과학의 대상이 되기도 한다. 그러나 근대에 들어서면서 자연과학적 방법의 눈부신 승리에 매료된 나머지 인문과학에 비해 비교적 자연과학적 방법, 즉 계량적 방법을 도입하기 쉬웠던 사회과학은 재빨리 자연과학의 방법을 도입, 활용하기 시작했다. 계량경제학, 교육공학, 심리검사 등은 자연과학적 방법을 차용한 대표적인 사회과학의 영역이라고 할 수 있다.

어떤 사람은 과학을 대별하여 자연과학, 인문과학 두 가지로 분류하기도 한다. 자연과학이 자연 현상을 연구하는 데 반해 인문과학은 인간 현상을 연구하는 과학이다. 천문은 자연 현상을 의미하는데, 인문은 인간 현상을 의미한다. 그래서 인문과학이라는 말이 널리 사용되기 전에는 자연과학에 대립하여 문화과학, 정신과학, 사회과학 등의 말이 사용되었다. 어감으로 본다면 정신과학은 너무 좁은 감이 있고 문화과학이라는 말은 너무 넓다. 자연과학의 영역도 문화에 포함되기 때문이다. 또 사회과학이라는 말은 개인 문제가 포함되지 않을 우려가 있다. 이상과 같은 의미에서 자연과학 이외의 일체의 과학을 인문과학이라고 하는 것이 큰 무리가 없다고 생각된다.[56]

등산가형 조망에서 두더지형 조망으로

이러한 관점에서 볼 때 고대와 중세는 물론 적어도 근대 초기까지는 인문과학과 자연과학이 크게 분리되지 않았다고 할 수 있다. 그 이유는 지식의 절대적 양이 적었을 뿐 아니라 무엇보다 자연과학자와 인문과학자가 같은 사람이었기 때문이다. 흔히 고대의 자연철학자들은 동서양을 막론하고 자연과학자면서 철학자, 즉 자연철학자였다. 또한 학문을 연구하는 방법에 있어서도 자연과학이나 인문과학이 크게 다르지 않았다.

앞에서 언급한 것처럼 고대 그리스인들에게 학문의 일차적인 동인은 지혜 그 자체를 사랑하는 것이었다. 학문 연구를 통해 눈에 보이는 가시적이고 실용적인 이익을 얻기 위함이 아니었다. 다시 말해 학문 연구를 통해 삶을 편리하게 하고, 이를 통해 부를 축적하려는 자본주의적 정신이나 남을 지배할 수 있는 힘을 얻으려는 근대적 동인이 없었다.

이러한 학문의 이상은 근대 초기까지도 부분적으로 지속되었다.

갈릴레오나 뉴턴, 케플러 등 과학혁명의 주역들은 자신들의 연구가 실용적인 목적을 위해서라기보다 하나님을 아는 지식으로서 가치가 있다고 믿었다. 뉴턴이 일생 동안의 자신의 연구에서 자연과학에 바친 시간보다 신학과 성경 연구에 더 많은 시간을 할애했다는 것은 유명한 얘기다. 갈릴레오는 비교적 신학적인 논쟁에 개입하지 않으려고 노력했지만 자신의 연구가 하나님을 아는 한 방법이라는 사실에 큰 확신을 가지고 있었다. 이들에 비해 케플러는 더욱 자신의 연구를 신앙적인 문제와 연관 지은 사람이었다. 그는 자신을 '천문학의 제사장'이라고 하면서 자신의 연구를 성직자의 소명과 같은 것으로 생각했다.

이들 모두에게 지식의 실용성이 중요하지 않은 것은 아니지만 어디까지나 그것은 이차적인 관심이었다. 이들은 명백한 자연과학자면서도 다른 한편으로는 명백한 인문학자로서의 면모도 보여 주었다.

그러나 이러한 조화는 근대로 진입하면서 점차 분리 양상을 띠다가 18, 19세기를 지나면서 '조직적인' 분열의 양상을 보이기 시작했다. 그나마 19세기까지는 대화 속의 분열이었으나 20세기에 들어서면서부터 분열은 가속화되어 지금은 완전한 분열 양상을 보이고 있다. 학자들 간의 의사소통이 막히고 대화의 통로가 막히면서 이전의 '등산가형 조망' Mountaineer's Perspective은 '두더지형 조망' Digger's Perspective으로 변질되기 시작했다.[57]

즉 이전에는 한 분야에서 전문가가 되면 다른 분야에 대해서도 어느 정도의 식견을 가졌었다. 높은 산 한 곳에 올라가면 올라가 보지 않은 다른 산에 대해서도 어느 정도 알게 되었다. 그러나 학문 연구가 두더지형으로 바뀐 지금은 자신이 전공하는 한 분야를 깊이 파고들어

가기 때문에 그 분야에서는 노벨상을 탈 정도로 대단한 전문가지만 다른 분야는 거의 문외한에 가까운 무식함을 보여 주는 경우가 있다. 그래도 사람들을 그것을 전문화의 불가피한 결과라고 생각하면서 그렇게 부끄러워하지 않는다.

왜 학문 세계가 이처럼 심각한 분열 양상을 띠게 되었을까? 이것은 내면적인 원인과 표면적인 원인으로 나누어 생각해 볼 수 있다.

학문의 파편화가 생기는 내면적 원인

학문의 파편화fragmentation가 생긴 내면적 원인은 현대 학문 정신에서 찾을 수 있다. 현대 학문 정신의 여러 가지 특징들 중에서 가장 두드러진 것은 불변의 절대 진리 개념을 포기한 것이다. 사람들이 하나님을 떠나 변화무쌍한 인간 중심, 구체적으로 이성 중심의 세계관을 갖게 되자 절대적인 것이 없어지고 모든 것이 인간과 더불어 변화하게 되었다.

이에 대해 쉐퍼는 "우리 문화는 대체로 상대주의relativism와 궁극적인 무의미함meaninglessness이라는 특징을 갖고 있다"고 지적하고 있다.[58] 절대적인 보편자 혹은 하나님을 찾으려는 노력을 포기하고 모든 것을 상대적으로만 파악하려 할 때는 불가피하게 다음과 같은 선택을 할 수밖에 없게 된다.

첫째, 사람들은 불변하는 진리보다 새 것을 추구한다. 어쩌면 이것은 절대적 진리를 포기한 현대인들의 불가피한 선택이라고 할 수 있다. 특히 자연과학이나 공학 분야에서는 새 것이 가져다주는 엄청난 물질적 동인이 사람들로 하여금 더욱 더 새 것을 추구하게 만들고 있다. 자본주의 사회에서의 새로운 발견이나 발명, 특허나 판권이 각종 상이나 상금, 연구비 등 막대한 사회적 보상과 연관되면서 학자들로 하여금 새로운 것, 최초의 것을 최고의 것으로 인식하게 한 것이다. 그래서 "아무도 2등은 기억하지 않는다"는 구호가 버젓이 신문 광고란을 장식하고 있다.

이러한 정신은 어제오늘의 이야기가 아니라 이미 고대 그리스 시대부터 있어 왔다. 예를 들면 아덴을 방문한 바울에게 그곳 사람들은 진리에 대한 관심이 있어서가 아니라 지금까지 자신들이 들어보지 못한 새 것을 전하기 때문에 모여들었다. "모든 아덴 사람과 거기서 나그네 된 외국인들이 가장 새로운 것을 말하고 듣는 것 이외에는 달리 시간을 쓰지 않음이더라"행 17:21. 현대에 와서 새로운 것에 대한 보상이 훨씬 더 많아졌지만 진리보다 새로운 것을 추구하는 것은 예나 지금이나 인간의 속성의 한 부분이라고 할 수 있다.

둘째, 사람들은 규범적이기normative보다는 기술적인descriptive 것에 집중한다. 절대 진리에 대한 개념을 포기하자 사람들은 윤리나 도덕 및 초월적인 가치나 의미보다는 단순한 기술description에 만족할 수밖에 없게 되었다. 절대 규범은 절대 진리에서 나오는데 절대 진리를 포기하고 나니 남는 것은 사물이나 현상을 '중립적으로' 기술하는 것밖에 남는 것이 없어진 것이다.

원래 이것은 자연과학이나 공학에서 많이 사용하던 것인데 지금은 과학주의의 영향을 받은 인문과학이나 사회과학, 심지어 예술이나 문학에서까지 그러한 경향이 나타나고 있다. 이에 대하여 쉐퍼는 "이들은 의미와 목적을 다루지 않고서 용어를 주의깊게 정의만 하고 있었다"고 지적한다.[59] 그러다 보니 이들은 "… 모두 같은 방향으로, 즉 진리도 도덕성도 없는 사상을 향하여 움직이고 있다."[60]

셋째, 사람들은 전체적인 것보다 파편적인 것에 관심을 갖는다. 사람들이 전체를 아우르는 진리에 대한 가능성을 포기하자 자연스럽게 총체적인 것보다는 파편적인 것에 관심을 갖게 되었다. 즉 총체적 진리보다는 개별 사물에 관한 파편적인 사실에 관심을 갖게 된 것이다. 즉 진리 개념을 포기한 현대인들은 결국 "… 지식과 삶에 대한 합리적인 통일적 해답을 얻으려는 모든 희망을 포기 …"한 것이라고 할 수 있다.[61]

이상의 것들을 기독교 세계관적 관점에서 조망한다면 학문의 파편화는 인간의 타락에 기인한다고 할 수 있다. 타락은 근본적으로 대화의 단절을 의미한다. 인간과 하나님과의 대화 단절이 가장 근본적인 것이었으며, 이에 근거하여 인간과 인간의 대화, 나아가 학문과 학문의 대화도 단절된 것이다. 하나님과의 관계, 즉 영적인 관계가 깨어지므로 인간의 영안이 어두워지게 되었고, 어두워진 영안은 학자들 간의 단절, 학문들 간의 단절을 초래하게 되었다. 결국 타락은 인간이 자기 우물에 빠진 것을 의미하며, 이것은 모든 우상화의 기초가 되었다.

학문의 파편화가 생긴 표면적 이유

다음에는 학문이 파편화된 표면적 이유에 대해서 살펴보자. 현대 학문 분야들이 파편화된 배경에는 다음과 같은 몇 가지 표면적인 이유들도 생각해 볼 수 있다.

첫째, 모든 분야에서 일어나고 있는 폭발적인 지식의 축적이다. 과거에는 인류가 쌓아올린 지식의 절대량이 많지 않았다. 그래서 어느 한 좁은 분야로 파고들어갈 지식의 분량도 많지 않았을 뿐더러 그렇게 할 수 있는 사람들도, 경쟁자들도 그렇게 많지 않았다.

그러나 지금은 상황이 전혀 다르다. 독일의 철학자이자 수학자인 라이프니쯔Gottfried Wilhelm von Leibniz, 1646~1716 같은 사람은 자신은 그때까지 출판된 모든 책아마 독일어나 라틴어 등 주요 학문 언어로 된 책들에 한정되었겠지만을 읽었다는 얘기를 할 수 있었다. 이것은 그가 공부를 많이 했다는 의미기도 하지만 그때는 출간된 책이 많지 않았음을 의미하기도 한다. 사실 지금은 어느 누구도 일생동안 전 세계적으로 하루에 출판된 모든 책을 다 읽을 수 있는 사람이 없을 정도로 많은 책들이 출판되고 있다.

지식의 폭발적인 증가는 지식의 확산 속도와도 밀접한 관련이 있다. 지식이 구전으로만 전해지던 시기에는 학문의 발달이 빠르게 이루어질 수가 없었다. 학문이 인간 활동의 으뜸 자리를 차지한 것은 동양이나 서양이나 모두 글자가 생긴 이후부터라고 할 수 있다. 그러나 글자가 복잡하고 난해할 때는 글자 그 자체를 익히는 데 너무 많은 시간을 소모했기 때문에 소수의 전문가들만이 학문을 독식했다. 하지만 편리하고 읽기 쉬운 글자가 발달하면서 글자를 매체로 하여 깊은 지식을 배우고 익히며 전달하는 행위가 점점 활발해지게 되었다. 즉 글자에 의해 지식이 축적되고 전달되는 가운데 학문의 진보가 이루어진 것이다.

근래에 와서는 편리한 문자에 더하여 각종 지식을 전달하는 다양한 매체들이 등장하면서 지식은 한층 더 빠른 속도로 전달되고 있다. 지식을 전달하는 방법 중 가장 중요하고 오래된 것은 서적이나 서신이었고 그 뒤를 이어 학술지와 논문 등이 등장하였다. 지난 100여 년 동안에는 전신, 전화, 방송 등이 등장하면서 지식의 전달 속도는 한층 빠르게 되었다. 더욱이 정보화 혁명이 일어났던 지난 20여 년 동안에는 이메일, 인터넷 등이 지식의 확산속도를 눈부시게 향상시켰다. 그 외에도 도서관 등에서 사용하는 각종 데이터베이스들도 지식의 눈부신 확산에 기여하고 있다.

둘째, 학문 활동 인구의 폭발적인 증가다. 과거에는 지식의 축적 속도도 느렸지만 학문 활동이 보편화되지 않았기 때문에 학문을 하는 인구가 절대적으로 적었다. 그때는 학문 활동이라는 것이 생업과 직접적인 관련이 없었기 때문에 시간이 많은 사람, 여가가 많은 사람들, 다시 말하면 노동이나 생산 활동에 종사할 필요가 없는 사람들을 중심으로 학문 활동이 이루어졌다. 한국의 양반 계급, 중국의 사대부, 서양의 승려나 귀족 등 주로 지배계급 등의 소수 사람들에 의해 학문 활동이 이루어졌다. 이것은 학문이 백성들을 지배하는 데 필요한 지식을 전달해 주었기 때문이라고도 할 수 있지만 그보다는 여가가 많은 사람들에 의해 학문이 이루어졌음을 보여 준다.

대표적인 예로서 진화론을 주창했던 다윈Charles Robert Darwin, 1809-1882을 들 수 있다. 다윈은 당시 영국의 전형적인 '신사' 계급에 속하는 사람이었다. 당시 영국에서 신사gentleman란 생업을 위해 유급 직업을 갖지 않아도 될 만큼 충분한 부가 있는 사람을 지칭했다. 그는 그 지방의 존경받는 의사인 부모로부터 많은 재산을 물려받았기 때문에, 그리고 사촌 여동생이자 아내였던 엠마 다윈도 대단한 부자였기 때문에 일생 동안 한 번도 돈 버는 일을 하지 않고도 유족한 생활을 할 수 있었다.

이에 비해 다윈과 동시대에 살면서 유전법칙을 발견했던 멘델Gregor Mendel, 1823-1884은 일생 동안 가난과 싸우면서 연구를 했다. 그는 수도원장이라는 직업을 가지고 있으면서 한 평생 자신의 생활은 물론 본가 가족들의 생계 때문에 고민하면서 틈틈이 직업과 무관한 유전학 연구를 했다.

그러나 현대로 들어오면서 학문 활동의 출발점이 되는 고등교육 인구가 급증하기 시작하면서 학문 활동이 보편화되었다. 정부는 조직적으로 국민 교육에 힘을 쏟았고, 특히 교육과 연구가 국력의 바탕이 된다는 점을 들어 학문을 전업으로 하는 사람들이 대거 배출되기 시작하였다. 또한 오랫동안 학문 영역에서 배제 당했던 방대한 여성 인력들이 학문계로 들어오기 시작했고, 가난한 사람들도 고등교육의 혜택을 받을 수 있는 기회가 많아졌다. 이제 고등교육은 일부 계급의 전유물이 아니다.

셋째, 학문의 동기가 '봉사동인' 혹은 '애지동인' 愛知動因에서 '지배동인'으로 바뀌었다는 사실이다. 근대로 들어서면서 사람들은 진리에 대한 열정보다 새로운 것에 대한 선취권 경쟁, 선취권에 따른 막대한 물질적, 사회적 보상과 영예에 눈을 돌리게 되었다. 그리고 지식은 가상적 힘이 아니라 가장 강력한 실제적인 힘의 형태가 되었다. 특히 다른 사람들이 소유하지 못한 전문적인 지식을 선취하는 것이 신무기를 개발하는 것처럼 큰 힘으로 등장하기 시작한 것이다. 이제 사람들이 전문적인 지식을 얻는 가장 중요한 동인은 바로 힘을 얻기 위함이었고, 따라서 전문적인 지식을 쟁취하기 위한 공격적이고 투쟁적인 자세가 등장하게 되었다.

끝으로, 자연과학적 방법의 승리를 들 수 있다. 사람들은 과학혁명을 통해 자연과학적 방법이 인문과학적 방법들에 비해 훨씬 더 우수하다는 생각을 갖게 되었고 급기야 자연과학적 방법으로 연구되지 않은 연구들을 무시하기에 이른다. 어떠한 연구 결과도 과학적으로 증명되었다고 말할 수 있을 때 비로소 올바른 지식으로서의 가치를 지닐 수 있다고 생각하기 시작했다.

심지어 도무지 자연과학적 방법으로는 연구될 수 없는 것들조차도 사람들은 '과학적'이 되기를 강요했다. 이처럼 자연과학자들이 승리감에 도취되어 다른 학문적 방법과 결과들을 무시하는 오만함을 보이자 자연과학과 인문과학 간의 학문적 괴리는 점점 더 깊어갔다. 그러면 자연과학과 인문과학의 괴리가 왜 문제가 되며, 왜 이들은 통일되어야 하는가?

통합연구가 이루어져야 하는 이유

그러면 지식의 지나친 분화가 가져오는 폐해는 어떤 것이며, 왜 성경적 관점에서 지식의 통일을 위해 노력해야 하는지 살펴보자.

첫째, 하나님은 통일적인 분이시고, 피조세계를 통일된 존재로 만드셨기 때문이다. 하나님은 "하늘에 있는 것이나 땅에 있는 것이 다 그리스도 안에서 통일되게" 하셨다엡 1:10. 또한 한 분이신 하나님은 "만유 위에 계시고 만유를 통일하시고 만유 가운데 계시"는 분이시다 엡 4:6. 하나님께서 만물을 창조하셨고, 만유를 통일하시려는 분이라면 그분 안에서 피조세계는 통일된 구조를 갖고 있을 것이 분명하다. 그러므로 피조세계에 대한 바른 조망을 갖기 위해서는 바른 통일된 조망을 가져야 한다. 타락하기 전의 피조세계는 분열되지 않았다. 보시기에 좋았던 에덴동산의 모양은 분열되지 않은 모습이라고 할 수도 있다. 결국 현재와 같은 학문의 분열은 인간의 타락이라는 태생적 배경을 갖고 있는 것이다.

하나님은 보이는 세계만 만드신 것이 아니라 보이지 않는 세계까지 만드신 분이다. "만물이 그에게서 창조되되 하늘과 땅에서 보이는 것들과 보이지 않는 것들과 혹은 왕권들이나 주권들이나 통치자들이나 권세들이나 만물이 다 그로 말미암고 그를 위하여 창조되었고 또한 그가 만물보다 먼저 계시고 만물이 그 안에 함께 섰느니라"골 1:16~17. 그러므로 학문이 파편화되어 있는 한 피조세계에 대한 바른 조망을 할 수 없다.

하나님은 자연과학의 연구의 대상이 되는 물질적 세계뿐만 아니라 인문과학의 대상이 되는 보이지 않는 세계, 즉 논리적인 세계나 심미적인 세계, 직관적인 세계까지도 창조하셨다. 물질세계의 객관적 사실에 대한 지식을 추구하는 자연과학이나, 사실에 대한 가치를 추구하는 인문과학이나 모두 하나님의 피조세계를 연구 대상으로 한다. 그러므로 창조주의 능력과 신성을 바르게 이해하려면 두 분야의 연구가 상호 협력 내지 보완되어야 한다.

둘째, 하나님이 통일적인 분이시고, 또 진리의 근원이시라면 진리의 본성은 파편화된 것이 아니라 통일적인 것이어야 하기 때문이다. 사람들이 통일적인 진리에 이르지 못하는 것은 일종의 '우상' 때문이다. 르네상스 말기 영국이 낳은 최대의 사상가 베이컨Francis Bacon, 1526~1626은 자연을 연구하는 사람들이 바른 관찰과 결론에 이르는 것을 방해하는 편견을 우상idola이라는 말로 표현했다. 그는 1620년에 출간된 「신논리학」Novum Organum 제1부에서 네 가지 우상으로 종족種族의 우상Idola Tribus, 동굴洞窟의 우상Idola Specus, 시장市場의 우상Idola Fori, 극장劇場의 우상Idola Theatre을 제시했다. 베이컨의 기준에 의하면 자연과학의 오만은 일종의 '극장의 우상'으로서 사람들이 참된 진리에 이르는 것을 방해한다. 즉 자연과학적 방법에 대한 지나친 신뢰는 일종의 새로운 형태의 '종족의 우상' 내지 '동굴의 우상'이 되어 바른 진리에 이르지 못하게 한다는 것이다.

셋째, 피조세계에 대한 충성된 청지기 직분을 감당하려면 학문 간의 대화와 협력과 보완이 필수적이기 때문이다. 사실과 가치는 하나의 대상에 대한 서로 다른 면이라고 할 수 있다. 그런데 피조세계의 물질적인 면만 가치 있다고 생각하는 것은 과학에 대한 지나친 신뢰에서 나온 큰 착각이요 교만이다.

히브리서 기자가 말한 것처럼 "보이는 것은 나타난 것으로 말미암아 된 것이 아니니라"히 11:3b는 말씀은 보이는 세계와 더불어 보이지 않는 세계에 대한 관심이 균형을 이룰 때 바른 피조세계에 대한 조망을 갖는다는 의미다. 성경은 보이는 세계를 무시하지는 않지만 일관되게 영원한 것은 보이지 않음을 지적한다. "우리의 주목하는 것은 보이는 것이 아니요 보이지 않는 것이니 보이는 것은 잠깐이요 보이지 않는 것은 영원함이라"고후 4:18. 환경오염은 자연과학과 인문과학의 괴리에서 파생된 부산물의 한 예라고 볼 수 있다.

끝으로 학문의 지나친 분화는 인간의 자폐증적 교만을 가져올 수 있기 때문이다. '학문적 자폐증'academic autism은 영적인 현상이며 인간의 타락과 직접적으로 관련되어 있다. 그러므로 이것을 치유할 수 있는 유일한 길은 성경적 세계관 위에서 모든 학문 분야가 겸손히 대화하는 길뿐이다. 하나님 안에서는 인문과학과 자연과학의 분열이 있을 수 없으며 모두가 하나님의 피조세계의 선한 청지기가 되며, 나아가 창조주 하나님을 섬기는 서로 다른 방법에 불과하다는 사실을 기억해야 한다.

이상의 내용을 세계관적 입장에서 살펴보면 학문에 대한 통합적 조망의 개발은 창조의 근본에 해당하는 과업이라고 할 수 있다. 태초에 하나님께서 천지를 만드실 때는 보시기에 좋도록, 다시 말해 다양한 실재의 아름다운 총합으로 만드셨다. 그러므로 에덴의 선한 청지기가 되려면 통합적 지식과 안목이 필요하다. 에덴의 아름다운 통합적 실재는 하나님의 속성과도 직결되어 있다. 하나님은 통합적이고 일관된 분이기 때문이다. 그렇다면 어떻게 통합할 것인가? 성경적인 통합 방법은 어떤 것들이 있는가?

학문의 파편화를 극복하는 방법

현재와 같은 학문의 파편화 현상이 인간의 타락 때문에 생겨난 것이라면 이것을 어떻게 극복할 수 있을까? 학문이 파편화된 원인이 인간의 타락된 본성 때문이라면 학문 통합 방법의 출발점은 바른 창조신상을 회복하는 것에서 시작해야 한다. 이를 위해 몇 가지 가능한 방법들을 살펴보자.

우선 우리는 하나님의 피조세계에 대한 다른 측면의 조망들을 연습할 필요가 있다. 이것은 네덜란드의 철학자 도여베르트Herman Dooyeweerd가 제안한 것으로서, 피조세계의 대상들을 여러 양상으로 나누어 보는 것이다. 허만은 도여베르트 철학에 근거하여 다양한 학문 분야들의 방법론적 차이, 대상과 소재의 차이를 극복할 수 있는 실제적인 방안을 제시한다.

구체적으로 허만Kenneth Hermann은 각 학문에 대해서 형용사적 명칭과 정의를 사용할 것을 제안한다. 그는 기독교적 조망을 위한 구체적인 제안의 하나로 학문 연구를 창조의 다양한 측면들을 연구하는 활동으로 보는 법을 배워야 한다고 말한다. 즉 물리학, 사회학, 문학, 역사학이라고 부르는 대신 창조의 '물리학적' 차원, '사회학적' 차원, '문학적' 차원, '역사적' 차원으로 부르자는 것이다. 이렇게 함으로써 첫째, 모든 학문의 초점이 하나님의 창조세계임을 분명히 할 수 있으며, 둘째, 학과목들의 독립성을 박탈함으로써, 셋째, 모든 학과목을 기독교 세계관과 관련짓고 교과목의 가속적인 분열을 막을 수 있으며, 넷째, 풍요로운 하나님의 피조세계가 어떤 한 차원으로 환원되는 것을 방지할 수 있고, 다섯째, '기독교와 무엇'이라는 식의 이원론을 극복할 수 있다는 것이다.[62]

근본에 있어서 창조의 질서를 연구하는 학문으로 물리, 화학, 생물, 지학 등의 자연과학만 있는 것이 아니라 모든 인문과학, 사회과학도 여기에 포함된다. 왜냐하면 인문과학과 사회과학도 하나님께서 창조하셨고, 사회적 기구들에 대한 하나님의 질서와 세상의 자원을 지키는 청지기가 되라는 하나님의 명령을 연구하는 것이기 때문이다.

물론 각 학문 분야에 대한 성경적이며 통일된 기독교적 조망을 가지기 위해서는 스터디 그룹이나 학회 등을 결성하여 부가적인 노력들을 해야 한다. 그리스도인들은 자신들의 전문 분야 연구와 더불어 자신의 연구를 하나님의 전체적인 피조세계 속에서 조망하는 훈련을 하는 것이 필요하다. 기본적으로 자신의 학문 분야에 대한 통일된 조망을 가지려는 노력은 인문학적인 노력이므로 이를 위해 자신의 연구 분야와 관련된 모임에 소속해 그런 조망들을 개발해 나가는 것이 필요하다. 기독교세계관학술동역회나 기독학문학회, 밴쿠버기독교세계관대학원Vancouver Institute for Evangelical Worldview, VIEW은 바로 이런 목적을 위해 설립된 기관이라고 할 수 있다.

전체적인 조망과 책임을 지닌 전문가가 되자

만물을 만드신 하나님은 한 분이시고, 또한 그분은 통일적 존재시다. 그리고 인간은 하나님의 형상대로 지음받은 존재로서 그의 통일된 성품과 같이 통일된 피조세계에 대한 조망을 가질 때 평안함을 느낀다. 그런데 현대의 학문은 끝없는 파편화를 향해 달려가고 있다.

파편화는 전문화라는 말과 일견 공통적인 부분도 있지만 똑같은 말은 아니다. 한 분야에 대해 전문적인 지식을 갖는 전문화는 피조세계에 대하여 선한 청지기가 되라는 하나님의 부름에 대한 응답일 수 있다. 팔방미인이 결코 성경적이라고 볼 수 없다. 그러나 파편화는 전체적인 조망과 책임감을 갖지 못한 전문화를 일컫는 말이다. 날줄과 씨줄이 거미줄처럼 얽힌 하나님의 피조세계에 대한 직조구조織造構造를 파악하지 못한 채, 자신의 좁은 분야의 지식에만 집중할 때 우리는 그것을 전문화professionalization라고 하기보다 파편화fragmentation라고 할 수 있다.

학문을 하는 데 있어서 왕 같은 제사장이 된다는 것은 파편화된 지식을 가지고 특정한 영역의 전문가 되는 것을 의미하는 것이 아니다. 오늘날 현대 학문이 직면한 대부분의 문제는 바로 기독 전문가들이 기독교 세계관에 입각한 통합적 사고를 하지 못하고 파편적 기능에 만족하고 있기 때문에 생겼다고 할 수 있다. 그리스도인은 피조세계에 대한 전체적인 조망과 책임을 가진 전문가가 되어야 한다.

1. 학문의 파편화는 자연과학이나 공학 분야에서 특히 심각하다. 혹 어떤 분야의 전문가로 알려진 그리스도인이 신앙과 전공의 조화를 잘 이루며 연구하는 분이 있다면 나누어 보자.

2. 모든 그리스도인들은 전공분야에 관계없이 어느 정도의 인문학적 훈련, 즉 자신의 전공 영역을 성경적 관점에서 조망하기 위한 세계관적 훈련이 필요함을 제안하고 싶다. 이에 대한 의견을 나누어 보자.

3. 각 학문 분야를 한 창조세계의 다양한 측면들을 연구하는 노력으로 보고 학문의 이름을 명사가 아닌 형용사형으로 부르자는 허만의 제안이 갖는 한계와 문제는 없을까?

제 6 장

기독교적 사고의 부재는 **학문의 세속화**를 초래한다

현대 학문은 돈과 권력, 힘을 얻기 위한 수단으로 전락했다. 학문의 결과에 대해 책임질 사람도 없고, 포스트모더니즘의 등장으로 절대 진리가 부정되므로 살아남기 위해 새로운 것을 추구하는 경향이 짙어졌으며, 무엇보다 논리성이 진리의 기준이 되었다.

학문 활동의 방향을 결정하는 정신

앞 장에서 우리는 파편적 사고의 문제점에 대해 생각해 보았다. 통합적인 사고를 하지 못하는 것은 다만 특정한 영역의 지식을 갖추지 못하거나 불충분하게 가지게 된다는 의미가 아니라 아예 기독교적 사고를 할 수 없게 만든다. 또한 기독교적 사고를 하지 못하게 되면 학문의 세속화가 가져올 수 있는 온갖 폐해가 광범위하게 나타날 수 있다.

오늘날 학문은 과거 어느 때보다도 인류 문화에 많은 영향을 끼치고 있다. 그리스도인들은 학문이 지배하는 문화 속에서 살고 있으며 또한 스스로도 학문 활동에 참여하고 있다. 그러므로 학문 활동은 그리스도인들에게 매우 중요한 활동이며, 또한 기독교적인 조망이 이루어져야 하는 분야다.

여기서는 학문 활동의 근저에는 어떤 정신들이 있으며, 특히 파편화로 특징지워지는 현대 학문 정신의 문제들은 무엇인지 기독교 세계관에 근거하여 살펴보자.

힘으로서의 지식

기독교 세계관적으로 볼 때 현대 학문 정신의 가장 큰 문제는 학문이 힘을 얻기 위한 수단으로 전락했다는 사실이다. 고대 그리스인들에게 학문의 목적은 앎 그 자체였다. '지혜를 사랑함'이 곧 학문의 목적이었다. 이들에게 힘으로서의 학문 개념은 없었다. "페르시아의 왕이 되기보다는 차라리 원인론aetiology을 발견하는 것이 더 큰 수확이다"라고 한 데모크리투스Democritus는 이러한 그리스인들의 생각을 대변한다고 할 수 있다. 그리스인들은 객관적 즐거움, 고양된 통찰력, 적극적인 성취의 경험을 지식의 이상으로 삼았다.

이러한 학문이상은 중세에서도 크게 다르지 않았다. 사실 중세까지만 해도 학문이라는 것 자체가 하나의 덕이요, 인간 완성의 길이었다. 동양의 사서삼경에 해당하는 서양의 三學trivium: 문법, 수사학, 논리학과 四學quadrivium: 수학, 음악, 기하학, 천문학은 실용적인 학과보다는 다분히 교양과목liberal arts 중심이었다.[63]

이러한 학문의 이상이 변질된 것은 근대로 들어오면서부터였다. 지식을 힘으로 이해한 첫 번째 근대인은 프란시스 베이컨Francis Bacon이었다. "아는 것이 힘이다"Knowledge is power라고 주창한 그의 지식관은 근대과학의 탄생과 더불어 시작되었다. 힘으로서의 지식은 18세기 산업혁명을 거치면서 실제적인 힘으로 나타나기 시작하였다. 학문 활동주로 과학연구을 통해 얻은 지식은 곧바로 지식을 갖지 못한 사람들을 지배하기 위한 힘으로 동원되어 서구인들의 제국주의가 시작된 것이다. '정의가 힘이다'Right makes might라는 기독교적인 정신은 사라지고

'힘이 정의다' Might makes right라는 강자의 논리가 세계를 지배하기 시작하였다.

책임질 사람이 없는 연구

현대 학문의 두 번째 문제는 지식의 파편화fragmentation다. 과거 동양의 사서삼경이나 서양의 삼학과 사학은 세상과 인간, 나아가 창조주 하나님 물론 여호와 하나님이 아닌 경우도 있었지만에 대한 폭넓은 이해와 안목을 갖는 것을 목적으로 하였다.

또한 모든 지식은 상호 유기적인 관계를 유지하였기 때문에 한 분야의 지식을 알면 다른 분야의 지식도 저절로 어느 정도 알게 되었다. 마치 하나의 높은 산에 오르면 올라가 보지 않은 주변의 작은 산들에 관해서도 어느 정도 알 수 있는 것과 같았다. 춘추전국 시대의 제자백가諸子百家에 속한 학자들이나 우리나라의 이퇴계, 이율곡, 그리스의 플라톤, 아리스토텔레스를 비롯하여 초대 교회의 어거스틴, 중세의 로저 베이컨, 심지어 근대의 라이프니쯔, 괴테 등도 일종의 만물박사들이었다.

이에 비해 최근의 학문 추세는 폭발적인 지식의 증가와 극단적인 분화의 결과로 아무리 세계적인 석학이라도 자신의 좁은 전공 분야가 아니면 상식 이상의 지식을 가지기 어렵게 되었다. 이제 대학은 박사博士가 아니라 '협사' 狹士만을 양산하고 있을 뿐이다. 앞장에서 언급한 것처럼 이제 더 이상 산을 오르는 등산가형 학문은 존재하지 않으며,

땅을 파고 들어가는 두더지형 학문이 판을 치고 있다. 오늘날 우리는 깊이 땅속으로 파고 들어간 전문가의 말이 큰 설득력을 가지는 시대에 살고 있다. 사람들은 통합적인 권위를 가진 목사님이나 신부님의 말보다 전문적인 권위를 가진 과학자의 말을 더 신뢰한다.

그렇다면 두더지형 학문의 문제는 무엇인가? 땅을 파고 들어갈수록 자신의 전문 분야는 더 깊이 알게 되겠지만 다른 사람들이 어떤 연구를 하고 있으며, 현재 자신이 연구하는 분야가 다른 사람들의 연구와 어떤 관계가 있는지, 나아가 자신의 연구가 인류와 사회에 어떤 영향을 줄 것인지 알 수 없게 되었다. 자신의 연구가 전체 인류문화 속에서 어떤 위치에 있으며 어떤 가치를 가지는지 알지 못하는 사람에게, 아니 알려고도 하지 않는 사람들에게 책임 있는 연구를 기대할 수 없는 것은 당연한 일이다.

다음으로 두더지형 학문은 학문에 종사하는 사람의 부품화를 초래하였다. 이것은 특히 자연과학 분야의 연구에서 두드러지게 나타난다. 사실 근대과학의 탄생 이전까지만 해도 많은 학자들이 개인적인 취미로 연구를 하는 경우가 대부분이었다. 연구 규모가 작았기 때문에 연구자가 연구 내용을 처음부터 끝까지 알 수 있었고, 심지어 자신의 연구결과가 어떻게 사용되는지도 알았으며 영향력을 행사할 수도 있었다. 연구하는 데 필요한 재정도 스스로 혹은 개인적인 후원자들의 도움으로 해결하는 경우가 많았다.

그러나 근대로 들어오면서 연구의 규모가 커지고 전문화됨에 따라 취미로 연구를 하는 딜레땅뜨dilettante와 전문가가 뚜렷이 구별되어 갔다. 연구 규모가 커짐에 따라 전문가들은 연구에 필요한 자금을 정부나 대기업체들에게 지원받지 않을 수 없게 되었으며, 자동적으로 연구에 종사하는 과학자들의 신분은 과거의 자유인에서 고용인 신분으로 전락하였다. 따라서 고용인화된 과학자들은 자신의 연구결과에 책임감이 없어지게 되었다.

또한 연구 규모가 커짐에 따라 여러 분야의 전문가들의 협력이 불가피해졌는데 심지어 한 연구 프로젝트 내에서도 역할을 자세히 분담하지 않을 수 없게 되었다. 특히 제2차 세계대전을 전후하여 등장한 국가 주도의 슈퍼 프로젝트들은 규모가 너무나 방대하여 연구의 처음부터 끝까지 모조리 아는 사람은 아무도 없는 아이러니컬한 상황이 나타났다.

원자탄을 만들었던 맨하탄 프로젝트, 대규모 입자가속기 건설과 이를 이용한 실험, 우주개발 프로젝트, 차세대 항공기 개발 프로젝트, 흔히 별들의 전쟁이라고 하는 SDI Strategic Defense Initiative 프로젝트들은 모두 천문학적인 예산과 수천, 수만 명의 과학자들이 동원된 대표적인 수퍼 프로젝트라고 할 수 있다. 이런 대규모 프로젝트 내에서 과학자들은 자신이 연구하는 것이 인류사회와 관련하여 어떤 의미가 있는지 알기 어렵게 되었다.

그렇다면 이처럼 연구자가 부품화된 연구에 대하여 어떤 기독교적인 조망을 할 수 있을까? 하나님의 형상대로 지음받은 인간이 자기 반성력과 판단력을 상실했거나 가지고 있어도 사용하지 못하고 비인간화되어가는 것을 그리스도인들은 어떻게 볼 것인가? 과연 대형 프로젝트 연구의 결과를 응용하는 문제에 대해서는 누가 책임을 질 것인가? 이러한 질문들은 모든 그리스도인들의 고민이 되고 있다.

진리의 상대화

기독교적인 입장에서 볼 때 현대 학문이 제기하는 또 하나의 문제는 절대 진리에 대한 개념이 사라지고 있다는 것이다. 고대 그리스나 중세 유럽, 고대 인도나 중국 등과 같이 비교적 단일 가치관에 의해 지배되던 시대의 학자들은 어느 정도 절대 진리에 대한 이상을 가지고 있었다. 그러나 근래 포스트모더니즘이 각 분야에 확산되면서 기독교를 비롯한 주요 종교들이 단순히 문화적 한 양상으로 이해되고 있다.

종교가 사람들의 사고체계에 지배적인 위치를 상실해 가면서 사회는 점점 다양한 가치들에 의해 지배되고 있다. 단일 가치관의 지배를 받던 시기의 사람들은 비교적 쉽게 통일된 의견을 가질 수 있었지만 다양한 가치가 경쟁하는 사회에서는 학문 이론에서도 일종의 적자생존의 원리가 적용되고 있다. 따라서 학문적 이론에서도 무엇이 진리인가보다 무엇이 적자의 조건인가를 중시하게 되었다.

사실 오늘날의 학문 정신은 근본에 있어서 유대-기독교적이라기보다 다분히 그리스적이라고 할 수 있다. 다시 말하면 학문 정신은 직관적, 통합적, 유기체적, 계시적인 유대-기독교 정신에 근거한다기보다 논리적, 분석적인 그리스 정신에 근거해 있다. 따라서 학문의 이상도 다분히 그리스적이라고 할 수 있다. 한 때 어떤 주장의 진위를 가름하는 기준으로 사용되던 성경은 학문의 세계에서 발붙일 근거를 잃어가고 대신 진리의 기준은 논리성으로 대치되었.

절대 진리는 존재하지 않고 단지 설득력 있는 논리를 가진 이론이 더욱 설득력 있는 논리가 나올 때까지 잠정적인 진리가 될 뿐이다.

포퍼Karl Popper가 모든 진리는 반증될 때까지의 잠정적인 진리일 뿐이라고 주장한 것도 이와 비슷한 맥락에서 이해될 수 있다. 비슷한 논리적 설득력을 가진 주장이 있다면 상반되는 주장이라고 하더라도 둘 다 잠정적인 진리로 받아들여지는 것이다. 이러한 진리의 복수성은 현상의 기술, 예측에 관심이 있는 자연과학보다 인간과 인간사회를 다루는 인문·사회과학에서 두드러지게 나타난다.

한 예로 역사를 생각해 보자. 역사적 사건에 대한 바른 이론은 누가 더 설득력 있는 설명을 제공하느냐에 달려 있다. 한때 바른 이론이라고 받아들여진 이론이라도 더 나은 논리로 설명하는 이론이 나오면 과거의 진리는 거짓이 되고 새로운 주장이 진리가 되는 것이다. 실제 역사 속에서 어떤 일이 왜 일어났는가 하는 것보다 누가 더 설득력 있는 논리를 세우느냐가 중요하게 되었다.

오늘날 역사가 서구 중심의 역사로 받아들여지는 이유는 과거 세계에서까지 서구인들이 실제로 역사의 주인공이었기 때문이라기보다 이들이 자신들의 역사를 더 많이 연구하여 설득력 있는 논리를 많이 세워 놓았기 때문이라고도 할 수 있다. 건국 역사 200여 년에 20세기 이전까지 세계 과학사에 거의 기여할만한 업적이 없던 미국의 과학도 수많은 미국 과학사가들이 엄청난 연구비를 받아 그럴듯한 미국 중심의 세계 과학사를 꾸며 놓으니 그것이 역사의 진실인 것처럼 받아들여지고 있는 것이다.

반면에 수천 년의 역사를 가진 한국 과학사의 경우는 수많은 발명과 발견들이 있지만 그것들을 설득력 있는 논리로 세워 놓지 않으니 없는 것과 진배없는 것이다. 아무리 우리의 선조가 세계에서 가장 먼저 금속활자를 주조하여 사용했다고 주장해 봐야 이를 논리적으로 설득력 있게 제시하지 못하는 한 그 공로는 구텐베르크에게 돌아갈 수밖에 없다. 세계 최초의 발명문자 국가로서 아무리 한글의 우수성을 자랑해도 이를 다른 글자들과 비교하여 왜 우수한지에 대한 논리를 만들지 않는 한 공염불이 되고 마는 것이다.

또한 오늘날 일본의 역사 교과서 왜곡도 한 예가 될 수 있다. 역사를 왜곡한 일본인들의 행위는 우리의 민족감정과 특별한 관계가 있기 때문에 우리를 더 분노케 하는 것일 뿐이다. 이와 비슷한 왜곡들이 강자들에 의해 세계 도처에서 일어나고 있다. 오늘날 논리를 세울 수 있는 학자들과 돈이 있고 이를 선전하는 데 필요한 힘이 있는 나라의 역사가 과거에도 역사의 헤게모니를 가졌던 것처럼 둔갑하고 있다.

이런 의미에서 역사는 과거를 더듬어가는 학문이라기보다 현재의 힘power으로 과거를 재구성하는 작업이라고 할 수 있다. 절대 진리에 대한 이론가의 보편주의적 이상이 깨지고 어떤 이론이라도 새로운 이론에 의해 뒤집혀질 수 있다는 역사가의 상대주의가 이기게 된 것이다.

인문·사회과학에서 진리의 잠정성과 복수성밖에 찾을 수 없자 사람들은 절대 진리 대신 비교적 불변의 사실fact을 발견할 수 있는 자연과학 내지 자연과학적 방법론으로 눈을 돌리게 되었다. 인문·사회과학의 자연과학화 추세는 17세기 근대과학의 출현과 더불어 시작되었으나 특별히 금세기 후반에 들어와 학문의 제 분야에서 자연과학적 방법론이 맹위를 떨치고 있다. 그 이유는 근대과학의 발생 이후 지난 수백 년 간 자연과학 분야에서 정량적, 수리적, 실험적인 방법을 도입함으로 이룩한 눈부신 성과에 대한 매력 때문이었다고 할 수 있다. 사람들은 가치나 지혜와 같은 정량화할 수 없는 형이상학적인 요소들을 추구함으로 끝없는 논쟁에 휘말리기보다는 정량화할 수 있고 경험할 수 있는 자연과학적 사실과 같은 형이하학적인 요소에 집중하여 학문의 콘센서스를 만들어 내고 이를 진리와 동일시하고 있다.

인간의 이성에 근거한 논리성이 진리와 비진리를 판가름하는 기준으로 받아들여짐에 따라 논증이 가능하면 진리가 되고 그렇지 못하면 비진리가 되는 오늘날의 세대에서 과연 기독교적인 의미의 절대 진리와 진리의 기준이 가능한가? 또한 절대 진리의 존재를 믿는 그리스도인들이 잠정적 진리 내지 현상의 진술만으로 만족할 수 있을 것인가? 학문적인 진리와 종교적인 진리는 구분되는 것인가? 이러한 근본적인 질문들이 그리스도인들에게 끊임없이 던져지고 있다.

학문의 해방적 기능

학문의 해방적 기능이 지나치게 넓게 정의되고 있다. 과거 인류 문명이 발달하지 않았을 때 사람들은 천둥, 번개와 같은 자연현상이나 일식, 월식, 천체의 합合, conjunction과 같은 천체현상을 신들의 진노로 보고 경외감과 공포심을 가졌다. 고대와 중세의 점성술, 연금술, 신비술, 카발라cabala: 숫자를 가지고 점을 치는 유대인들의 점술의 일종 등은 과학이 발달하기 이전 사람들의 자연관을 보여 주는 몇몇 예라고 할 수 있다.

그러나 인지人智가 증가하고 문명이 발달함에 따라 인간은 이러한 자연의 공포로부터 점점 해방되었다. 과거 신비롭게 여겨졌던 여러 현상들이 자연적 현상으로 해석될 뿐 아니라 나아가 이러한 현상들을 예측할 수 있게 되었으며 최근에는 인간이 조절할 수 있게 된 경우인공강우, 유전자 조작 등도 있다. 이런 의미에서 학문은 어느 정도 해방적 기능을 가지고 있으며 또한 가지고 있어야 한다.

그렇다면 학문의 해방적 기능이 기독교 신앙과 관련해서는 어떤 의미를 가지는가? 기독교적인 관점에서 볼 때 이러한 해방적 기능은 인간을 하나님으로부터 해방시키는 도구로 사용된다는 데 문제가 있다. 인간 사회나 개개인에 대한 하나님의 섭리와 인도를 구속拘束으로 보고 여기서 인간을 해방시키는 것을 학문의 한 목적으로 삼은 것이기 때문이다.

학문이 인간 정신을 자유케 한다는 사상은 고대 그리스 때부터 존재했지만 학문이 기독교 신앙과 관련하여 본격적인 반동으로 등장한 것은 18세기 후반 계몽시대부터였다. 이때부터 신학은 물론 학문의 제 분야에 이르기까지 자유주의 정신이 팽배하기 시작하였다. 신학에서 슐라이에르마흐E. Schleiermacher의 성경 해석학hermeneutics, 영국의 자연신학natural theology, 독일의 고등비평higher criticism 등은 현대 자유주의 신학의 뿌리로 작용하였다. 성경도 고대인들이 남긴 다른 많은 서적들과 똑같이 하나의 고전으로 해석됨에 따라 계시와 신적 영감의 요소들이 성경에서 제거되었고 절대 진리에 대한 개념은 점차 상대화되기 시작하였다.

이렇듯 신학이 다른 학문과 더불어 인간을 자유롭게 하는 하나의 학문으로 전락하자 자유주의 신학일수록 더욱더 학문적인 듯이 보이고진리인가와는 무관하게 자유주의 신학교일수록 새로운 연구업적들이 많이 나오는 듯이 보였다. 이런 의미에서 자유주의 신학은 현대 학문 정신을 가장 잘 반영한다고 할 수 있다.

그러나 기독교 세계관에서 볼 때 하나님으로부터 인간을 해방시키려는 학문의 역할은 에덴동산에서 아담과 하와에게 하나님으로부터의 가상적 해방을 약속한 사탄의 유혹과 같은 맥락에 있다고 볼 수 있다. 인간은 피조물로서 본질적으로 의존적인 존재이므로 아무로부터도 제약을 받지 않는 상태에 있을 수 없다. 하나님으로부터의 해방이란 곧 사탄에게로의 이적 移籍을 의미할 뿐이다.

새로운 것의 추구

끝으로 현대 학문 정신의 문제점은 학문이 진리를 추구하기보다 앞 장에서 언급한 것처럼 새로운 것을 추구한다는 것이다. 새로운 것의 추구는 새로운 발견에 대한 개인적 희열과 더불어 첫 번째 발견자에게 주어지는 커다란 경제적, 사회적 보상이 주요 인센티브로 작용한다. 자연과학에서 새로운 것의 발견은 노벨상을 비롯한 수많은 물질적 보상과 영예가 따라오고 인문·사회과학에서는 학파 형성과 더불어 수많은 출판물의 보상이 따라온다.

그러나 아무리 굉장한 업적이라도 두 번째 발견자에게는 커다란 보상이 따라오지 않는다. 이것은 진리를 추구하기보다 새로운 것을 추구하는 학문 정신을 반영하는 것이다. 바울 사도가 "모든 아덴 사람과

거기서 나그네 된 외국인들이 가장 새로운 것을 말하고 듣는 것 이외에는 달리 시간을 쓰지 않음이더라"행 17:21고 한 것으로 미루어 새로운 것을 추구하는 학문의 정신은 예나 지금이나 다름이 없는 것 같다.

새로운 것을 추구하는 학문 정신은 절대 진리의 이상을 가진 기독교 신앙과 많은 갈등을 야기할 소지가 있다. 자유주의 신학을 비롯한 세속 학문에서는 전통적인 기독교 신앙에 반하는 정도가 클수록 더욱 더 센세이션을 불러일으키고 커다란 학문적 족적足跡으로 인정된다. 그러므로 어떤 의미에서 현대 학문, 특히 인문·사회과학에서는 종래 인간에게 굴레가 되었다고 생각하는 종교나 여타 미신, 특히 기독교의 굴레를 타파할 수 있는 이단적이고 새로운 이론을 고안하는 경쟁을 한다고도 할 수 있다. 과거 한양대학교의 민희식 교수가 '예수는 석가의 제자'라고 주장한 것이나 마광수 교수가 「나는 야한 여자가 좋다」라는 책을 낸 것은 수필집에 불과하지만 이러한 학문 정신의 한 예로 볼 수 있다.

지금까지 우리는 현대 학문 정신의 대표적인 몇 가지를 살펴보았다. 학문은 신성하다는 일반인들의 통념과는 달리 학문에도 제국주의적, 자폐증적 현상들이 곳곳에서 나타난다. 학문을 인간 완성의 길로 본 그리스인들이나 고대 동양인들의 이상과는 달리 이제 학문은 힘을 얻기 위한 수단으로 전락했다. 특히 자본주의 사회에서 학자는 임금 노동자로 전락했고 학문은 직장, 돈, 명예 때로는 권력을 얻기 위한 수단이 되고 있다.

고대의 학문 이상과는 판이한 현대의 학문 정신! 어떤 의미에서

136 그리스도인으로 공부를 한다는 것은

학문적인 활동도 경제적인 동인이 가장 큰 것으로 보인다. 물질주의 사회에서 학문적인 열정은 돈 버는 열정과 본질적으로 크게 다르지 않다. 물질욕과 지식욕의 차이가 없다는 의미다. 실제로 돈을 벌기 위해 학문을 하는 사람들의 수요가 많은 데도 많은 사람들이 학문은 본래적으로 고상한 것이라는 그리스 사상의 최면술에서 깨어나지 못하고 있다.

이러한 타락한 학문관이 지배하는 시대에 살면서 그리스도인 학생들이나 학자들은 어떻게 하나님께 대한 순종으로서 학문 활동을 할 수 있을 것인가? 어떻게 제사장적 소명을 감당할 수 있을까? 먼저 현대 학문의 문제를 가장 극명하게 드러내고 있는 과학의 영역에서 제사장 됨의 의미를 살펴보는 것이 자연스러운 순서일 것이다.

1. 고대에서부터 현대에 이르는 동안 학문의 동인에 대한 역사적 변천에 대해 논의해 보자. 그리고 이들을 기독교적 관점에서 어떻게 평가할 수 있을까?

2. 학문의 파편화는 학문의 특성이 누적적이고 분석적인 자연과학이나 공학 분야에서 더 심각하다. 이들 분야에서 나타나는 파편화의 문제점들을 말해 보자.

3. 진리보다 새로운 것을 추구하려는 경향은 자연과학이나 공학 분야보다 인문·사회과학 분야에서 두드러지게 나타난다. 그 이유는 무엇이라고 생각하는가?

4. 물질욕, 명예욕, 권력욕, 식욕, 성욕 등은 지식욕과 비교하여 어떤 점이 같으며 어떤 점이 다른가?

제7장

과학 연구도 하나님의 **거룩한 소명**이다

눈부신 과학의 발달로 오늘날 과학자의 말이 성직자의 말보다 더 신뢰감을 갖는 과학 시대가 되었고 과학은 우상이 되었다. 그러나 자연은 하나님의 피조세계이므로 자연을 연구하는 과학 또한 자연에 나타난 하나님의 능력과 신성을 발견함으로서 하나님을 영화롭게 하고 하나님을 아는 지식이 되므로, 과학 연구도 하나님의 거룩한 소명이 될 수 있다.

과학 연구 능력은 하나님의 형상[64]

인류 역사상 지금처럼 과학이 높은 신뢰와 권위를 부여받은 적은 없었다. 요즘 사람들은 과학적으로 증명되었다고 하지 않으면 믿지를 않는다. 화장품의 효능도, 유리 겔라의 초능력도, 사후 세계도 과학적으로 증명되었다고 말해야 믿는다. 실제로 우리는 말의 진위에 관계없이 성직자들보다 과학자들의 말이 더 권위를 갖는 불행한 시대에 살고 있다. 과거 성직자나 교육자가 가졌던 통합적 권위comprehensive authority보다 과학자들의 전문가적 권위expert authority가 더 설득력을 얻고 있는 것이 현실이다.

 도대체 과학이 무엇이기에 이처럼 대단한 신뢰를 받고 있는가? 그리고 과학이 누리고 있는 지금의 신뢰는 정당한 것인가? 그리고 그리스도인들은 과학을 어떻게 보아야 하는가? 현대 사회에서 과학은 어떤 위치를 점하고 있으며 이와 같은 과학과 과학의 발달, 그 영향력의 증가를 기독교 세계관적으로는 어떻게 보아야 할 것인가?

과학의 시대를 살고 있는 현대인

어느 시대를 막론하고 그 시대를 특징짓는 말이 있다. 한 시대를 표현하는 말은 그 시대 사람들이 공유했던 가치관이나 세계관을 나타내기 때문에 그 시대의 정신을 분석하고 이해하는 데 매우 중요하다. 그렇다면 우리가 살고 있는 지금 이 시대는 어떻게 표현할 수 있을까? 아마 이 시대를 표현하는 말들 중에는 '과학의 시대'라는 말이 역사가들이나 대중에게 가장 넓은 공감을 얻고 있다고 할 수 있다.

지난 한 세기 동안 과학의 발달은 가히 현기증을 일으킬 정도로 엄청났다. 6천 년의 인류 역사를 돌이켜 볼 때 현재 우리들이 알고 있는 대부분의 과학 지식들이 지난 수 세기 동안 발견되었다고 할 수 있을 정도로 과학은 눈부신 속도로 진보하고 있다. 인쇄술이 발견되기 이전인 15세기까지만 해도 유럽 전역의 도서 출판량이 연간 1,000권을 넘지 못했으나 오늘날은 하루에도 수천 종의 책들이 출판되고 있으며, 과학 문헌만도 연간 약 1억 페이지 이상 출판되고 있다. 과학혁명이 일어난 지는 400여 년이 되었지만 현대적 의미의 과학이 본격적으로 발달하기 시작한 것은 불과 지난 100여 년 동안의 일이다. 인류 역사상 지금까지 살았던 모든 과학자의 90%가 현재에 생존하고 있다.[65]

미래학자 핼러시는 과학 기술 정보량의 증가 추세를 그래프로 나타낼 때 문명의 여명에서부터 1945년까지 그은 곡선을 10센티 높이로 표현한다면 그때부터 불과 15년 뒤인 1960년에는 13층 고층 빌딩 높이로 곡선을 그어 올려야 한다고 했다. 그가 1968년에 예측한 2001년의 모습을 보면 가히 공상적이라는 느낌을 넘어 황당하다는 생각까지 들

지만 21세기에 들어선지 수년이 지난 현재로서는 그의 예측의 상당 부분이 사실로 드러나고 있다.66

이처럼 급격하게 발달하고 있는 과학이 개인과 사회에 미치는 영향도 방대하여 개인의 사고와 사회 구조에 일대 전환을 일으키고 있다. 이러한 과학의 급속한 보급으로 사람들은 서슴지 않고 이 시대를 가리켜 '과학의 시대'라고 부르게 되었다.

우상으로서의 과학

과학의 급속한 발달과 그 엄청난 영향력으로 사람들은 과학에 대해 무조건적인 신뢰를 보낸다. 이러한 인간의 과도한 기대는 과학의 이데올로기화를 부추겨 이제 사람들은 모든 것을 과학으로 해결하려고 하고 과학적인 방법으로 얻은 지식만이 믿을 만하다는 생각하게 되었다.

이처럼 과학의 이데올로기화를 촉진시킨 또 하나의 요인은 지나치게 분화된fragmented 과학과 다원화된 사회 구조를 들 수 있다. 과학의 분화와 사회 구조의 다원화로 인해 현대인들은 자신이 종사하는 지극히 좁은 영역만을 알 뿐 자기 분야에서 한 발자국만 밖으로 나가도 거의 상식 정도의 지식만을 가지고 있을 따름이다.67

이러한 과학에 대한 무지는 경외감을 일으키고, 경외감에서 공포가 나오며, 공포심에서 우상숭배가 시작된다. 과학에 대한 일반인들의 무지는 그것에 대한 경외감을 불러일으켜 과학은 우상으로, 과학을 조정할 수 있는 과학자들은 이 시대의 새로운 제사장으로 등장하고 있다. 과학의 우상화는 이미 오래 전에 일반 학자들 사이에서도 지적되어 왔다. 우크머와 고피나탄은 "과학은 숭배되는 새로운 신이기도 하고, 또한 교만의 원천이기도 한 하나의 우상이며, 요한계시록에 나오는 제5의 기수요, 득의양양하고 냉담하기 때문에 모든 것 중에서 가장 위험한 것이다"라고 지적했다. 그들은 과학을 통하여 '사납고 탐욕스러우며 약탈적인 살인자요 파괴자'가 된 인간을 호모 푸리아Home furia, 즉 '미친 인간' furious human이라고 부르면서 이것은 단순히 과학의 속성이나 과학자 개개인이나 연구실이 악하기 때문이 아니라 '인간 본질의 깊은 암흑' 때문임을 지적하였다.68

이와 같은 현실 속에서 어떻게 하나님의 우주적이며 통합적인 권위를 세우며, 땅 위에서 이를 대리하는 하나님의 백성들은 하나님의 권위를 문화의 전 영역, 특히 과학의 영역에서 어떻게 지키며 세워나갈 수 있을까? 성경적으로 과학은 무엇이며 과학의 연구 대상이 되는 자연은 무엇인가?

성경의 자연관

이를 위해 먼저 성경의 자연관을 살펴보자. 기독교에서는 다른 고대 종교들과는 달리 자연계가 하나님의 솜씨를 드러내는 것을 찬양하지만 결코 자연 그 자체를 숭배하지는 않는다. 웅장한 자연 앞에서 인간은 경외감을 느끼지만 이는 자연 그 자체의 위엄에 대한 경외감이 아니라 이를 지으신 창조주 하나님에 대한 경외감이다.

자연계에 관한 한 하나님은 인간으로 하여금 "바다의 물고기와 하늘의 새와 가축과 온 땅과 땅에 기는 모든 것을 다스리게" 하셨다 창 1:26. 하나님은 자신이 창조하신 자연을 인간이 숭배하는 것을 가장 가증한 죄로 정하셨다. 자연을 인간이 조작할 수 있는 대상으로, 즉 인간의 지배 하에 두었다는 성경의 가르침은 근대과학이 출현할 수 있는 정신적 기초가 되었음은 부인할 수 없다.[69]

또한 기독교 세계관에서는 이러한 자연을 연구하는 과학 그 자체를 무조건 부정적으로 보지는 않는다. 오히려 자연을 정복하고 다스리라는 하나님의 문화명령 창 1:28의 일부로서 생각한다. 자연을 신성시하여 자연과 인간의 상호 작용을 터부시한 고대 동양이나 그리스 사상에 비하여 성경은 자연을 피조세계의 일부로, 인간은 그 자연을 다스리고 가꾸는 청지기로서 본다.

그러나 여기에 대해 문제를 제기하는 사람들도 있다. 대표적으로 화이트Lynn Townsend White, Jr.와 같은 사람은 현대 기술의 발달로 인한 자연의 황폐를 기독교의 잘못된 자연관 탓으로 돌린다. 그는 1966년 미국과학진흥협회 AAAS 초청강연에서 "생태계 위기의 역사적 뿌리"라는 유명한 논문을 발표하는데, 자연에 대한 인간의 우위를 주장하는 유대-기독교적 정신 때문에 자연을 착취하지 못하게 하는 마지막 보루가 무너져 버렸다고 주장하였다 이를 흔히 Lynn White Syndrome이라 한다. 즉 자연이 신성시되었을 때는 보호되었으나 이 신성함이 제거되자 지구에 대한 인간의 약탈이 시작되었다는 것이다.[70]

물론 그리스도인들이 신앙생활의 일부로서 하나님께서 맡기신 자연을 잘 관리하지 못하였기 때문에 기술적 진보와 함께 자연의 파괴가 일어났다는 비난은 피할 수 없다. 그러나 성경의 근본정신 때문에 그런 일이 일어났다는 주장은 옳지 않다. 오히려 오늘날 기술 문화의 부정적 요소는 르네상스 때부터 싹트기 시작하여 계몽시대를 지나면서 형성된 이기적이고 인본주의적인 자연관 때문이라고 보는 것이 타당하다. 자연이 인간의 것이기 때문에 인간이 마음대로 할 수 있다는 생각 때문에 오염되고 황폐해지기 시작한 것이다.

자연을 하나님의 피조세계로, 그리고 하나님의 형상대로 지음받은 인간이 그 피조세계의 관리자요 청지기라는 성경의 자연관은 여러 가지 면에서 다른 종교나 민족의 자연관과는 구별된다. 성경에서 보여주는 자연에 대한 인간의 우월성은 자연적 형상이나 대상을 우상으로 숭배할 필요가 없다는 것을 가르치는 것이지, 그것을 자기 소유인 것처럼 마음대로 해도 된다는 의미는 아니다. 자연을 연구 대상으로 하는 과학의 목적이나 역할은 자연에 대한 이해 증진과 보존 및 건설적인 조절을 통해 자연을 다스리는 데 그치는 것이 아니다. 한 걸음 더 나아가 자연에 나타난 하나님의 능력과 신성을 발견함으로써 하나님을 영화롭게 하고, 또한 자연에 대한 과학적 연구 결과가 하나님의 형상을 따라 지음받은 인간의 복리를 위해 사용됨으로써 이웃 사랑이 이루어지게 해야 한다는 의미다.

자연에 대한 긍정적이고 적극적인 견해는 특히 칼빈주의자들에게 두드러졌다. 카이퍼는 「칼빈주의 강좌」Lectures on Calvinism에서 과학 연구에서 칼빈주의의 사상을 이렇게 요약한다. "… 칼빈은 많은 신학자들처럼 자연을 단순히 부속물로 취급하지 않았으며, 대신 성경을 자연이라는 책 속에 하나님이 기록하신 하나님의 생각들을 다시 해독할 수 있게 해 주는 안경으로 비유하는 데 익숙하였다. 그래서 자연 연구에 열중했던 사람들이 헛되고 무익한 것들을 추구하면서 자신의 능력을 허비하고 있을지도 모른다는 모든 불안감이 사라졌다."[71]

기독교의 이상과 과학의 이상

과학에 대한 기독교적 조망에서 빼놓을 수 없는 또 하나의 사실은 근대 과학의 발흥이라고 할 수 있는 16~17세기 과학혁명의 기본 정신이 성경 정신과 밀접한 관계가 있다는 점이다. 멀튼의 이름을 따서 '멀튼 명제' Merton Thesis라고 부르는 주장에 의하면 청교도의 윤리관이 과학혁명기에 영국에서 실험 위주의 과학이 발전하는 데 기여했다고 한다.[72] 네덜란드의 과학사가 호이까스도 하나님은 무슨 일이나 마음대로 일으킬 수 있다고 믿는 '주의론적 신관' Voluntarism이 자연세계에 일어나는 현상은 그대로 받아들여야 한다는 경험주의적 자연관을 낳게 했다고 주장하였다.[73]

성경의 정신과 경험주의적 과학관은 여러 가지 면에서 통하는 점이 있다. 전능한 신은 인간의 합리적 사고의 수준을 넘는 일도 얼마든지 일으킬 수가 있으므로 경험할 수 있다면 비합리적인 듯이 보이는 것조차도 받아들여야 한다는 경험주의적 사고로 이어진다. 실제로 예수님의 제자들은 그들에게 합리적으로 보인 것들을 전한 것이 아니라 그들의 눈으로 보고 손으로 만져 본 것들을 주장하였다 요일 1:1. 인간의 이해나 논리의 한계를 넘어서는 현상이라도 경험한 것이라면 받아들일 수 있다는 것은 기독교의 가장 기본적인 정신의 하나이며 과학혁명의 직접적인 기초가 된 경험주의와 상통한다.

또한 원래의 학문 목표는 기독교적 이상과 일치한다. 근대적 과학 정신은 부분적으로나마 자연을 인간의 연구 대상으로 파악하고 이들에 대한 연구를 통해 하나님의 창조 섭리를 발견하고 나아가 연구 결과를 피조계 관리와 이웃 사랑에 사용하려는 기독교적 이상과 일치한다. "아는 것이 힘이다"라고 하여 최초로 힘으로서의 지식관을 표현했던 프란시스 베이컨Francis Bacon은 단순히 앎 그 자체를 중시했던 주지주의적主知主義的 그리스 이상을 탈피하고 새로운 기독교적 지식의 이상을 표현했다고 할 수 있다.74

베이컨은 지식의 힘을 '건전한 이성과 올바른 신앙에 의해서' 옳게 사용만 한다면 인류의 고통은 덜어질 것이라고 하였다. 인간은 원래 하나님의 형상대로 지음받은 특별한 존재였지만 타락함으로써 여자들에게는 해산의 고통이, 남자들에게는 땅의 저주가 임하였다창 3:16~19. 베이컨에게 학문 혁신의 중심적인 목표는 학문의 힘으로 이러한 인류의 비참함을 덜어 주려는 것이었다. 그의 사상은 "지식을 인류의 행복을 위하여!"로 요약된다. 비록 베이컨의 사상이 모두 기독교적이라고 할 수는 없지만 근본에 있어서 그의 학문혁신론은 기독교적 세계관이나 인간관과 일맥상통하며 결국 기독교적 인류애에서 출발한 것이라고 할 수 있다.75

과학 연구 능력은 하나님의 형상

과학 연구에 대한 기독교적 기초는 자연을 연구할 수 있는 인간의 모든 능력이 하나님께서 주신 것이라는 사실이다. 필자가 「기독교적 세계관」 5장 "인간-훼손된 하나님의 형상"에서 언급한 것처럼 인간이 하나님의 형상대로 지음받았다는 말에는 하나님께서 자신의 창조적인 능력을 인간에게 주셨다는 의미도 포함되어 있다. 인간에게 창조적인 능력이 있는 것은 인간이 그것을 감지하든 못하든, 인정하든 하지 않든 하나님이 인간을 자신의 형상으로 만들었기 때문이다. 그러므로 과학을 연구하고 기술을 개발하는 인간의 활동도 하나님의 창조적 능력의 발현이라 할 수 있다.[76]

근대 초기의 과학자들이 하나님에 관한 지식을 비단 자연과 하나님을 주목함으로써만 얻은 것은 아니었다. 이들은 자연계를 연구하는 인간의 모습을 통해서도 하나님이 어떤 분인지에 관한 지식을 얻을 수 있다고 생각했다. 그들은 인간이 하나님의 형상대로 지음받았기 때문에 인간에게는 하나님의 형상이 남아 있으며 자신이 자연을 연구할 수 있는 것은 하나님이 주신 재능 때문이라고 믿었다. 이들은 자신들의 창의성과 독창성이 바로 인간에게 남아 있는 하나님의 형상의 반영이라고 생각했다 창 1:26~27.[77]

또한 인간이 자연에 질서가 있는 것을 발견할 수 있다고 생각한 것은 인간의 내면에 자연의 질서에 공감할 수 있는 질서에 대한 선천적 감각이 있다고 믿었기 때문이었다. 이 선천적 감각은 곧 하나님 형상의 흔적이다. 질서에 대한 내적 감각에 대하여 화이트헤드 Alfred North

Whitehead는 "'만물의 질서', 특히 '자연의 질서'가 존재한다는 '본능적인' 신념이 없다면 산 과학은 존재할 수 없다"고 하면서 자연의 질서에 대한 인간의 선험적 확신을 본능이라고 표현하였다.[78]

그러나 기독교적 인간관에서 볼 때 이 '본능'은 말할 필요도 없이 인간에게 남겨진 하나님의 형상이다. 하나님의 질서의 성품이 그의 형상대로 지음받은 인간에게 남아 있으며, 자연의 질서는 인간에게 있는 이 질서감각과 공명함으로 밝혀지는 것이다.

하나님을 아는 지식으로서의 과학

또한 과학은 하나님을 아는 지식의 일부다. 근대 과학을 만든 주역들은 자연을 연구하는 것이 하나님의 말씀인 성경을 연구하는 것과 같은 차원이라고 보았다. 그들은 과학적 연구를 통해 자연이 하나님의 피조세계임을 드러낸다고 믿었다.

과학혁명의 주역인 갈릴레오는 우리에게는 두 권의 '성경'이 있는데, 첫 번째 성경은 우리가 흔히 성경이라고 부르는 것이고, 두 번째 성경은 자연이라는 책이라고 하였다. 그래서 그는 하나님 자신과 그분의 뜻을 알기 위해서는 이 두 권의 책을 모두 읽어야 한다고 하였다.[79] 당시 갈릴레오의 가장 중요한 후원자 중의 한 사람이었던 토스카나 대공의 모친인 크리스티나 대공비大公妃에게 보낸 편지에서 이 사실을 알 수 있다. "성경도 자연현상도 다 같이 하나님의 말씀에 유래하고 있습니다. 전자는 성령의 명령을, 후자는 하나님의 말씀을 충실하게 집행

하는 것으로서 말입니다."⁸⁰

이러한 갈릴레오의 견해는 성경을 '하나님의 말씀을 기록한 책'으로, 자연과 우주를 '하나님의 솜씨를 기록한 책'으로 본 베이컨의 견해와 같다.⁸¹ 뉴턴 역시 「프린키피아」 Principia에서 천지만물은 하나님의 피조물이며 자연을 연구하는 것, 즉 우주라고 하는 책을 연구하는 것은 마치 제2의 성경을 연구하는 것과 같음을 분명히 하였다.⁸²

자연을 연구하는 것과 기독교 신앙과의 긍정적인 관계는 그 후에도 볼 수 있다. 1713년 영국 왕립협회회원으로 선출된 마써는 목사가 되고자 하는 사람들은 자연과학과 수학을 공부하도록 강력하게 권했다.⁸³ 또한 1721년에 출판된 「기독교 철학자」 1장 첫 부분에서는 하나님께서 창조하신 '자연의 책' The Book of the Creatures을 배우는 것은 '성경의 책' The Book of Scriptures을 이해하는 데 매우 유익하다고 말했다.⁸⁴

자연을 하나님의 작품으로 생각하고 연구하는 사람들은 과학적 연구를 통해 하나님이 어떤 분인지 알 수 있다고 생각했다. 자연을 연구할 수 있다는 말은 자연에 질서가 있고, 이 질서는 바로 질서의 하나님의 성품을 반영한다고 믿었던 것이다. 근대에 들어와 자연의 질서에 대한 확신은 신플라톤주의 Neo-Platonism라는 이름으로 기독교 과학자들의 마음을 사로잡았다. 아리스토텔레스적인 사고가 지배적이던 중세 교회에 플라톤의 이원론적 우주관과 피타고라스의 수리적, 기하학적 우주관이 결합한 신플라톤주의가 소개되자 새로운 과학의 기운에 고무된 당시 경건한 그리스도인 과학자들은 대부분 이 사상을 받아들였다.⁸⁵

예를 들면 코페르니쿠스나 갈릴레오, 케플러, 뉴턴 등은 우주를 아리스토텔레스적이 아닌 신플라톤주의적 사고방식으로 이해하려고 했다. 코페르니쿠스는 관측에 근거한 것이 아니라 프톨레마이오스의 주전원설周轉圓說: 지구는 우주의 중심에 있어 움직이지 않으며, 그 둘레를 달, 태양, 다섯 행성이 각기 고유의 천구를 타고 공전한다는 천동설의 한 견해이 하나님의 창조질서에 위배된다는 사실 때문에 천동설을 배격하고 지동설을 주장하였다.[86] 케플러는 행성의 궤도를 기하학적 도형과 음악의 화성으로 표현하고자 했고[87] 갈릴레오는 성경이 라틴어로 쓰여져 있기 때문에 당시는 모두 라틴어 성경을 사용하고 있었다 라틴어를 배워야 성경을 읽을 수 있는 것처럼 우주는 수학이라는 언어로 기록된 책이므로 수학을 공부하지 않으면 우주를 이해할 수 없다고 주장하였다. 자연의 언어로서 수학의 중요성을 제창한 갈릴레오에 이어 뉴턴은 물체의 운동과 행성 궤도, 중력의 법칙을 수학적으로 정식화하였다.

이들이 자연의 수리적 질서에 대한 확신을 갖게 된 근거는 말할 것도 없이 하나님이 질서의 하나님이라는 확신이었다. 하나님이 이 세계를 수학적으로 만드셨다는 신플라톤주의적 확신은 그리스의 아리스토텔레스적 자연철학을 극복하고 근대과학을 탄생시키는 데 결정적인 역할을 하였다.[88]

소명으로서의 과학 연구

과학 연구가 하나님을 아는 방법이라고 생각하는 사람들은 과학 연구를 성직과 같이 하나님으로부터 받은 소명이라고 생각한다. 과학 연구를 소명이라고 생각한 많은 과학자들 중에서 고전적인 예는 케플러 Johannes Kepler다. 그는 행성의 궤도를 다섯 개의 정다면체를 사용하여 표현할 수 있음을 발견한 후,[89] 그에게 지동설을 가르쳐 준 매스틀린 Michael Mastlin 교수에게 이 사실을 다음과 같이 편지하였다. "저는 이것을 발표하려고 생각합니다. 자연이라고 하는 책 속에서 인정되기를 바라시는 하나님의 영광을 위하여. … 저는 신학자가 될 생각이었습니다. 그러나 이제야말로 천문학에서도 하나님께 영광을 돌릴 수가 있음을 알았습니다."[90] 그는 천문학자들이 자연이라는 책에 대한 하나님의 사제로서, 자신의 지성의 영광을 위해서가 아니라, 무엇보다도 먼저 하나님의 영광을 염두에 두어야 한다고 말했다.[91]

천문학을 연구하는 케플러의 동기는 신학을 공부하는 동기와 다르지 않았다. 그에게 시편 19편은 천문학 연구의 확고한 동기를 제공하였다. "하늘이 하나님의 영광을 선포하고 궁창이 그의 손으로 하신 일을 나타내는도다 날은 날에게 말하고 밤은 밤에게 지식을 전하니 언어도 없고 말씀도 없으며 들리는 소리도 없으나 그의 소리가 온 땅에 통하고 그의 말씀이 세상 끝까지 이르도다"시 19:1~4.

극한 가난과 처참한 30년 전쟁의 소용돌이 속에서, 페스트로 아내와 자식을 잃는 비참한 현실 속에서도 케플러로 하여금 일생 천문학자로서의 길을 걷게 한 것은 자신의 연구가 하나님을 영화롭게 한다는 확신 때문이었다. 그는 성직자들이 성경을 연구하여 하나님의 뜻을 발견하고 사람들에게 전해 주는 것처럼 자신은 천체의 운행을 연구하여 거기에 나타난 하나님의 뜻과 솜씨를 사람들에게 증거하는 천문학의 제사장이라고 생각했다.

이러한 경향은 특히 칼빈주의자들에게 뚜렷이 나타났다. 칼빈주의자들은 모든 분야에서 하나님의 선지자, 제사장, 왕이 되어야 한다고 생각했으며, 특히 문화명령에 의해 문화와 과학의 방법을 사용하여 피조세계에 숨겨진 잠재적 능력들을 개발해야 할 책임이 있다고 생각했다. 그러므로 칼빈주의 과학자들에게 과학 연구는 하나님이 부여하신 거룩한 소명이었다. 테일러가 지적한 것과 같이 "청교도적 칼빈주의자의 시각에서는 문화와 과학은 그리스도의 교회를 섬기는 성직과 똑같이 진실된 소명이 되었다."[92]

이러한 칼빈주의 사상은 현대에도 전해지고 있다. 특히 네덜란드 개혁주의자들이나 이들의 영향을 받은 사람들 중에 과학적 연구를 소명으로 생각한 사람들이 많다. 미국 웨스트민스터신학교의 변증학 교수였던 넛슨Robert Knudsen은 1983년 총신대학 초청으로 내한하여 강연을 하면서 과학에 대한 개혁주의자들의 견해를 잘 대변했다.[93]

"나는 과학을 문화명령에 복종하는 많은 분야 중 하나로 이해한다. 과학은 하나님께서 그의 영광을 위해 우주의 잠재 능력을 개현시키고자 우리에게 주신 많은 방법 가운데 하나이다. … 만일 누군가가 과학의 영역에서 일한다면, 그는 과학이 하나님께 받은 소명이라는 의미를 깨닫고 일해야 할 것이다. 그리고 그는 일을 할 때 그가 활동하고 있는 과학이라는 영역의 성격에 따라 일해야 할 것이다. … 과학자의 작업은 매우 어렵다. … 그러나 만일 과학의 소명을 깨달은 사람이라면 분명한 의식을 가지고 그의 과업을 충실히 수행해야 할 것이다."

과학 시대에서의 선한 청지기

과학에 대한 소명을 이해하기 위해서 우리는 먼저 현대인들의 마음속에 과학이 어떠한 위치를 점하고 있는지 알아야 한다. 오늘날 인류는 공산주의보다 더 강한 과학 이데올로기가 지배하는 시대에 살고 있다. 하웃츠바르트가 지적한 바와 같이 이데올로기에 의한 지배가 곧 우상숭배 때문이라면 우상숭배를 가장 싫어하는 그리스도인들은 이 시대를 어떠한 자세로 살아가야 하는가? 과학 그 자체를 악이라고 보아야 하는가?[94]

앞에서 지적한 바와 같이 성경은 그렇지 않다고 가르친다. "만일 그리하려면 너희가 세상 밖으로 나가야 할 것"이기 때문이다 고전 5:10. 문제는 우리가 과학을 원래 하나님이 의도하셨던 방향대로 잘 관리하지 못한 데 있을 뿐, 하나님은 천연자원과 함께 과학을 연구할 수 있는 능력도 우리에게 맡기셨다. 그렇다면 우리는 당연히 선한 청지기로서 이들을 잘 관리해야 할 것이다. 그러면 어떤 사람이 선한 청지기인가?

첫째, 선한 청지기는 과학을 우상화하여 섬기는 이 시대의 죄악에 자기 자신도 공범자임을 받아들여야 한다. 사실 과학 이데올로기는 세속화된 진보주의가 만들어낸 당연한 결과다. 역사를 돌이켜 볼 때 진보주의적 사관은 다른 종교보다는 기독교에서 유래한 것이다. 고대 중국의 회귀적 사관, 고대 그리스의 순환적 사관, 인도의 윤회적 사관 등은 진보주의와는 거리가 멀다. 그러므로 이 시대의 인본주의적 진보주의는 기독교의 진보적 사관이 세속화되어 생겨난 것이라 할 수 있다. 뿐만 아니라 과학 이데올로기의 모판이며 이 시대의 지배적 세계관인 자연주의, 무신론적 실존주의도 결국 기독교적 세계관이 세속화된 것이다. 그러므로 선한 청지기는 하나님께 대한 이 시대의 반역에 대하여 책임 의식을 가져야 한다.

둘째, 선한 청지기는 과학을 숭배하고 인간의 이성을 절대화하는 이 시대를 향하여 담대히 말할 수 있어야 한다. 과학이 가치중립이라는 주장은 인간의 본성으로 볼 때 거짓임을 말해야 한다. 사탄은 사람들에게 과학은 가치중립이라고 속삭이면서 은밀하게 하나님을 반역하는 가치를 과학에 부여하고 있다. 과학은 하나님의 형상대로 지음받은 가치적 인간이 수행하는 작업이기에 본성적으로 가치중립일 수 없다.[95]

셋째, 선한 청지기는 하나님께서 맡기신 과학과 기술의 바른 사용과 자연 관리를 위해 작은 일이라도 성실하게 노력해야 한다. 과학은 불가피한 것이 아니라 하나님의 형상대로 지음받은 인간의 구조물이며, 인간의 활동임을 선포하고, 경직된 이데올로기로서 군림하는 현대 과학이 인간의 관리와 통제를 받는 본래의 위치로 돌아가도록 노력해야 한다. "과학으로 하여금 제자리에 있게 하라"는 말이 모두의 목표가 되어야 할 것이다.

허만Kenneth Hermann이 지적한 것처럼 그리스도인이라는 신분이 우리들의 다른 여러 신분들예를 들면 아버지, 학생, 회사원 등과 같은에 추가되는 또 하나의 신분이 아님을 받아들인다면 우리의 그리스도인으로서의 정체성identity이 과학 연구를 포함하는 생활 전 영역에서 나타나야 할 것이다.[96]

과학과 더불어 우리의 성실한 청지기직을 기다리는 영역은 기술 영역이다. 어떤 의미에서 기술은 과학의 줄기에 핀 꽃이지만 과학보다 더욱 더 깊숙이 현대인들의 삶과 의식 속에 영향을 미치고 있다. 그리고 기술은 과학보다 우상으로서의 모습이 더 노골적으로 드러나는 분야다. 과학에서 시작된 그리스도인의 청지기적 논의를 현대 기술 영역에 어떻게 적용할 수 있을지 다음 장에서 살펴보도록 하자.

1. 여러 학문의 방법론 중에서 유독 과학적 방법론이 승리하게 된 이유는 무엇인지 논의해 보자.

2. 그리스도인은 무기 연구, 맥주효모 연구 등의 연구에 참여해야 하는가?

3. 과학에 대한 기독교적 논의는 과학의 가치중립을 부정하는 것에서부터 시작된다. 그 이유는 무엇인가?

4. 우리에게 두 권의 성경, 즉 성경책과 자연이라는 책이 있으므로, 하나님과 그분의 뜻을 알려면 이 두 권의 책을 모두 읽어야 한다는 갈릴레오의 말에서 느낀 생각을 나누어 보자.

제 8 장

하나님보다 **더** 신뢰하는 것이 **우상**이다

컴퓨터를 비롯한 현대 기술의 출현과 발달은 가히 혁명이라 할 만큼 사람들의 삶과 사회의 모습을 바꾸고 있다. 그러나 인간을 편리하게 하고 인간을 섬기던 기술이 오히려 인간의 모든 문제를 해결할 수 있다는 생각을 심어 주며 우상숭배의 자리에 이르렀고 아울러 자원고갈, 식량부족, 환경문제 등을 유발하고 있다. 그러므로 피조세계를 다스리며 지키라고 주신 기술을 청지기적 자세로 잘 사용하는 것이 필요한 시점이다.

현대 기술에 대한 청지기적 자세[97]

10여 년 전 많은 돈을 들여 컴퓨터를 한 대 산 적이 있다. 집에 데스크탑 컴퓨터가 있었지만 새로 일하는 학교 연구실에서 사용할 컴퓨터가 마땅찮아 고민하다가 멀티미디어 기능이 있는 괜찮은 노트북 컴퓨터를 하나 장만한 것이다. 가격이 가격이니 만치 컴퓨터를 사기 위해 오랫동안 주도면밀하게 시장조사를 했다. 그때 가장 큰 고민은 소프트웨어는 점점 더 대용량화되어 가고, 컴퓨터는 하루가 멀다 하고 자꾸만 가격이 떨어지면서 동시에 급속도로 성능이 향상되고 있으니 도대체 언제쯤 사야 적절한지를 분간하기가 힘들다는 것이었다.

많은 사람들이 '이것보다 더 좋은 컴퓨터야 나올 수 있을까? 떨어져 봐야 조금 더 떨어지겠지'라고 생각하면서 컴퓨터를 산다. 하지만 얼마 지나지 않아 가격은 추풍낙엽처럼 떨어지고, 동시에 입을 벌리게 만드는 각종 새로운 하드웨어 사양들이 추가된다. 이런 컴퓨터의 발달을 보면 시원하다 못해 허탈한 생각까지 들곤 한다. 불과 두 세대 전에 발명된 컴퓨터, 아직 30년도 안 된 PC의 출현을 생각할 때 컴퓨터의 발달은 폭발적인 현대 기술의 발달을 상징한다고 볼 수 있다.

이처럼 급격히 발달하는 기술을 보면서 많은 사람들이 기독교가 제시하는 구원, 영생보다 기술이 약속하는 눈앞의 편리함과 물질적 부요함에 더 관심이 있는 듯 보인다. 또한 기독교가 제시하는 천국보다 기술이 약속하는 테크노피아에 더 관심이 많아 보인다. 그렇다면 이러한 기술 사회에 사는 그리스도인들은 현대 기술을 어떻게 보아야 할 것인가? 먼저 기술의 발달과 이것이 가져온 기술문명의 그늘을 살펴본 후 마지막으로 기독교적 기술관을 살펴보고자 한다.

엄청나게 빨라진 기술의 진보

인류의 에너지 소비량을 보면 서기 원년에서 18세기 중엽까지 한 세기당 0.5Q(1Q는 석탄 330억 톤을 태워서 얻는 에너지)에 불과했으나 18세기 중엽부터는 한 세기 동안은 1Q를 썼고 지난 한 세기 동안에는 무려 10Q를 소비했다고 한다. 이것은 전 세계가 산업 사회로 급변하는 모습을 보여 주는 것이다. 또한 산업혁명의 상징이랄 수 있는 증기 기관차가 나오기 전까지 인간의 이동 속도는 시속 16Km에 불과했다. 그런데 1880년대에는 증기 기관차로 시속 160Km를 넘었고 1903년 비행기의 출현으로 시속 640Km를 넘었으며 1960년대 로켓으로는 시속 30,000Km 이상의 속도로 달렸다. 이러한 변화는 바로 지난 백 년간 일어난 것들이다.[98]

금세기에 들어와 기술은 더욱 더 가속도를 더했는데 그 중에서도 컴퓨터를 비롯한 정보화 기술의 출현은 세계의 모습을 바꾸고 있다. 한 예로 컴퓨터의 기억장치를 생각해 보자. 1980년대 초 출판된 「로마 클럽 제8차 보고서」에는 첨단기술의 상징으로 당시에 출시된 256킬로바이트 D램 사진이 실렸다. 그런데 삼성전자는 이미 2006년에 세계에서 처음으로 50nm 선폭線幅을 채용한 1기가바이트 D램을, 2007년에는 64기가바이트 D램을 개발하는 데 성공하였다고 발표했다.[99] 기가 10^9는 메가 10^6의 천 배, 메가는 킬로 10^3의 천 배임을 생각한다면 불과 30년도 안 된 사이에 D램의 집적도가 수십만 배가 높아졌음을 의미한다.[100]

　기억장치와 더불어 CPU와 컴퓨터 시스템도 엄청나게 발전했다. 계산기는 기원 전 3000년경부터 사용된 주판珠板에서 시작하여 17세기 파스칼의 계산기계, 자동계산기의 시대를 연 '하바드 마크1' 등을 거쳐 1940년대 후반에는 펜실베니아 대학에서 최초의 컴퓨터 ENIAC으로 발전하였다.[101] 18,000개의 진공관과 700만개의 저항으로 만들어진, 넓이 45m의 거대한 ENIAC은 1959년 미 국방성에서 소형 전자병기를 위해 개발한 IC집적회로 기술의 발달로 오늘날에는 손바닥에 들어갈 정도로 소형·경량화되었다. 1971년에 불과 2,300개의 트랜지스터를 가진 4비트 칩 '인텔 4004'가 등장한 이래 25년이 채 되지 않은 1995년 후반에 인텔사는 550만 개의 트랜지스터가 집적된 200MHz "펜티엄 프로 200" 프로세서를 발표하기에 이르렀다.[102] 하지만 21세기에 들어선 지금은 Intel이나 AMD에서 만든 2GHz 이상의 속도를 자랑하는 CPU 칩들이 가정용 컴퓨터에 사용되고 있는 형편이다. 사람들은 이 칩들의 속도가 눈이 핑핑 돌 정도로 빠르다고 극찬하지만 이것도 5년만 지나면 찬밥 신세를 면치 못할 것이다.[103]

이러한 기술의 발달은 인간에게 안락함과 더불어 전무후무한 물질적 부를 가져다 주었다. 예수님 시대에는 동양에서는 한漢나라가, 서양에서는 로마 제국이 1억 정도의 인구로 세계를 지배하며 최대의 번영을 누렸다고 하지만 당시 1인당 연간 GNP는 1,000불을 채 넘지 못했다고 추산된다. 오늘날로 치자면 가장 가난한 나라의 수준에 불과한 것이다. 오늘날 선진국의 GNP는 30,000불이 넘고 우리나라도 한때 경제위기를 겪기는 했으나 이미 20,000불을 넘어섰다.

전자기술의 신시대, 제2차 산업혁명

현대 산업기술은 전 분야에 걸쳐 눈부시게 발전하고 있으며, 어떤 분야든 컴퓨터와 통신의 직접 혹은 간접적인 지원을 받지 않는 경우는 별로 없다. 현재 컴퓨터와 통신 분야를 중심으로 산업 전 분야에서 진행되고 있는 제2차 산업혁명은 18세기 후반 영국에서 와트James Watt, 1736-1819의 증기기관과 아크라이트Richard Arkwright, 1732-1792의 방적기 발명을 필두로 시작된 제1차 산업혁명보다 훨씬 더 빠르게, 그리고 전 지구적으로 확산되고 있다.[104]

　　미국국립과학원National Academy of Science에서도 "전자기술의 신시대는 제2의 산업혁명이라고 널리 알려져 있다. 사회의 충격은 제1차 산업혁명의 그것보다도 커질 것이다"라고 예측하고 있다.[105] 실제로 우리는 역사상 가장 빠른 속도로 사람들의 삶과 사회의 모습이 바뀌고 있는 시대에 살고 있다. 폭발적으로 일어나는 기술혁명이 인간의 삶을 어떻게 바꾸고 있으며 21세기에는 어떤 모습으로 사회가 변화될 것인가?

우선 공간의 개념이 변하고 있다. 뉴턴의 절대무변의 공간 개념은 아인슈타인의 상대성이론에 의해 크게 수정되었다. 그러나 이것도 물리적 공간에 대한 기존의 이해가 발전된 것에 불과했지만 컴퓨터와 통신의 발달은 그 기존의 물리적 공간의 개념에 가상공간이라는 새로운 차원의 공간을 창출했다. 이제 아이들은 모래와 그네, 미끄럼틀이 있는 놀이터보다 가상공간에서 통신이나 게임으로 보내는 시간이 점점 더 많아지고 있다. 바로 인근에 살아도 전혀 모르며 살 수 있지만 전자통신이나 인터넷으로 실시간 통화를 하는 사람들끼리는 지구 반대편이라도 이웃처럼 이야기를 나누면서 살아갈 수 있는 것이다. 거리에 의해 이웃이 결정되던 시대는 지나가고 이제는 컴퓨터와 통신에 얼마나 잘 접근할 수 있느냐에 의해 새로운 이웃을 만드는 시대가 도래했다.

노동과 직장의 개념도 달라지고 있다. 하늘을 찌르는 수많은 오피스 빌딩이 주를 이루던 대도시 도심의 모습은 점차 사라지고 재택근무가 보편화될 것이다. 집에서 모든 업무를 처리함으로 출퇴근 시간을 줄이고 사무실 공간을 절약할 것이다. 공장의 생산 시스템이 자동화되어감에 따라 무인공장無人工場이 보편화되고, 남는 인력은 서비스 산업인 3차 산업으로 투입될 것이다. 산업의 축이 제조업 중심의 2차 산업에서 서비스업 산업 중심의 3차 산업으로 이동하는 모습이 이미 곳곳에서 나타나고 있다.

노동 생산성을 기초로 이룩된 제1차 산업혁명은 생산량 증가를 목표로 하였지만, 제2차 산업혁명은 필요한 정보의 즉각적인 검색과

활용에 근거하여 일어나고 있다. 제1차 산업혁명은 근육노동을 증기 기관으로, 다음에는 전기 기계로 바꾸었지만 제2차 산업혁명은 기계와 생산 시스템에 컴퓨터로 정보와 지능을 도입하였다. 물론 인간이 살아있는 동안 근육노동은 언제라도 필요하지만 불원간에 그러한 노동의 대부분을 로봇이 담당하는 날이 올 것이다.

가상공간의 개념이 생기고 사회가 요구하는 직업적 기능이 변화되면 교육에 대한 패러다임도 변할 것이다. 인지능력, 정보획득의 능력을 높이는 것에 집중하던 학교교육이 미래에는 정보검색 능력의 배양이 점점 더 중요한 과제로 떠오를 것이다. 현재 곳곳에서 실험적으로 이루어지고 있는 가상대학, 가상도서관은 오래지 않아 캠퍼스 없는 대학, 혹은 최소한의 공간만을 가진, 그러면서 위성통신을 이용하여 전 세계의 학생들을 대상으로 교육하는 새로운 교육기관으로 등장하게 될 것을 예고하고 있다. 국경과 인종을 초월하여 지구 전체가 교실로, 온 세계 사람들을 상대로 교육할 날이 올 것이다. 인터넷의 발달은 이제 인간의 지적 지평을 상상할 수 없을 정도로 넓힐 것이다. 오늘날 인터넷 웹 사이트 디자이너가 가장 각광받는 직종의 하나로 부상하는 것을 보면 우리는 이미 가상공간의 시대로 들어서고 있다 하겠다.

컴퓨터와 통신 기술의 발달로 이뤄진 급속한 사회 변화는 필연적으로 교회에도 여러 가지 변화를 불러오고 있다. 교회 관리를 위한 다양한 소프트웨어와 수많은 성경사전과 주석들이 CD롬으로 제작되어 쏟아져 나오고 있으며, 많은 교회들과 선교단체들이 자체 홈페이지를 만들어 다양한 선교 자료를 제공하고 있다. 아예 컴퓨터 통신만을 전문으로 하는 선교단체들도 많다. 또한 성경의 여러 이야기들은 컴퓨터

애니메이션을 통해 아름다운 만화영화로 제작되어 어린이들의 신앙 교육에 큰 보탬이 되기도 한다.

나를 파송한 복음주의 기독 지성 단체인 기독학술교육동역회 DEW: 2009년 5월 DEW와 기학연이 통합하여 기독교세계관학술동역회가 되었다도 홈페이지www.dew21.org.를 만들어 운영하고 있다. 이 홈페이지를 통해 월보나 강의 노트뿐 아니라 다양한 세계관 강좌를 세계 어디서나 리얼 오디오로 들을 수 있게 하고 있다. 인터넷을 통한 강의는 실감이 덜하고 강사와 실시간 피드백이 쉽지 않다는 단점이 있지만 그래도 문자화된 자료들보다 훨씬 더 생생하다. 또한 많은 사람들에게 편지를 보내기보다 홈페이지 게시판이나 대화방 등에 글을 올리면 언제라도 사람들이 읽고 또한 회신을 보낼 수 있다. 나 또한 한국과 지구 반대편이라고 할 수 있는 캐나다 밴쿠버에 있으면서도 한국을 비롯한 전 세계의 동역자들과 늘 긴밀하게 접촉하고 있다.

우상화된 기술에 대한 무한한 신뢰

그렇다면 기술 사회로의 진입은 긍정적인 측면만 있을까? 그렇지 않다. 기술 문명의 첫 번째 그림자는 영적인 면이다. 편리하고, 또 금방이라도 천국을 만들어낼 것 같은 기술 사회지만 여기서도 인간의 타락한 죄성은 여실히 드러난다.

오늘날 사람들이 인류의 문제를 해결하기 위하여 개발한 과학 기술 때문에 문제 해결은 커녕 더 큰 문제에 봉착한 이유를 한 마디로 표현한다면 과학의 이데올로기화 때문이라 할 수 있다. 이전 장에서 언급한 바와 같이 이데올로기는 자기 목적에 봉사하는 것이 선이요 정의요 사랑이라고 규정하기 때문에 처음부터 종교적 특성을 가진다.

하웃츠바르트는 이데올로기가 우상 숭배에서 발생한다고 했다. 여기서 우상이란 나무나 돌, 강이나 산, 천체 등과 같이 가시적인 것만을 의미하지는 않는다. 하나님 이외에 자신의 현실적 삶과 궁극적 운명에 대한 신뢰감을 갖게 해 주는 모든 것이 우상이다. 우상 숭배에서는 공포심이 중요한 역할을 한다. 공포란 우상과 그것을 섬기는 사람의 위치가 점차로 바뀌면서 발생하는데, 이런 점에서 현대 기술은 우상으로서 모든 특성을 골고루 갖추고 있다. 기술에 대한 현대인의 숭배는 자연계의 가시적 대상에 대한 원시적 우상 숭배와 여러 면에서 점점 일치해 간다.[106]

눈부신 기술의 발달은 사람들로 하여금 기술에 대한 무한한 신뢰를 만들어냈다. 그래서 사람들은 기술이 전능한 것이며 인간의 모든 문제를 해결할 수 있다고 생각하게 되었다. 부지중不知中에 기술에 대한 경외 내지 숭배가 많은 사람들의 마음속에 스며들고 있다. 이와 같이 기술에 대한 지나친 신뢰는 이 시대가 당면한 가장 심각한 우상숭배 행위다. 오래지 않아 "예수 그리스도의 이름으로"가 아닌, "컴퓨터의 이름으로"In the name of computer 기도하는 날이 올지도 모를 일이다.

오늘날 기술은 많은 부분에서 인간과 주객전도가 되었다. 모든 우상이 그러하듯이 처음에는 주인인 인간에게 편익과 안전을 약속해 주는 듯했지만 인간의 과도한 기대에 힘입어 생명력을 부여받으면서부터 인간을 협박하고 속박하기 시작했다. 한 예로 핵무기나 컴퓨터를 생각해 보자. 처음에는 가장 확실한 평화의 보증으로 생각되던 핵무기가 이제 전 인류의 생존을 위협함에 따라 인류는 전대미문前代未聞의 군비 경쟁에 휘말려들고 있다.

컴퓨터는 어떠한가? 인간의 골치 아픈 문제들에 대한 가장 확실한 해결사로 갈채를 받으며 갖가지 기능으로 편리함을 주며 등장한 컴퓨터가 이제는 인간이 컴퓨터에 맞추어지기를 강요하고 있다. 현대인들이 직면한 스트레스의 가장 큰 주범이 바로 컴퓨터 사용과 관련된 것이라는 통계가 이를 말해 주고 있다. 또한 컴퓨터가 동원된 생산 과정의 자동화로 수많은 근로자들은 실직 공포에 전전긍긍하고 있다.

기술 사회의 어두운 그림자, 환경문제

다음으로 기술 사회의 어두운 그림자를 가장 심각하게 느끼는 영역은 바로 환경문제다. 환경파괴는 기술 사회로 진입할수록 인간의 죄성이 점점 더 적나라하게 드러나는 영역이다. 이것은 기독교적 관점에서만 문제되는 부분이 아니고 모든 사람들에게 동일하게 다가오는 문제다.

오늘날 대부분의 새로운 기술 개발은 주로 인간의 풍요와 편의성을 극대화하기 위해 이루어지고 있다. 더 많이 벌어 더 많이 소비하고 더 편하고 더 풍요롭게 살려는 욕망에 의해 이루어지는데, 그 결과 대량생산과 대량소비라는 악순환이 계속되고 그 틈바구니 속에서 하나님의 피조세계는 질식해 가고 있다.

하나님을 떠난 인간의 탐욕은 한계가 없다. 아무리 많이 벌어도 더 벌어야 하고, 아무리 편해도 더 편해지려는 것이 인간의 죄악된 본성이다. 그러나 하나님이 만드신 피조세계의 자원은 인간의 생존을 위해서는 충분하지만 끝없는 인간의 탐욕을 만족시킬 수 있을 만큼 유여裕餘하지는 않다. 인간의 탐욕으로 인한 생태계 파괴와 자원고갈, 농토의 황폐화 등은 기술 사회의 어두운 뒤안길이다. 세속학자들조차 현재와 같은 대량생산과 대량소비의 악순환이 계속되면 인류의 문명은 21세기 중반에 이르기 전에 내리막길을 갈 것이라고 경고하고 있다.

이미 1969년 우탄트 유엔 사무총장은 "유엔 사무총장으로서의 정보력으로 내가 과장하지 않고 내린 결론은 유엔 회원국이 과거의 다툼을 잊어버리고 subordinate, 무기 경쟁을 억제하며, 인간 환경을 개선하고, 인구폭발을 극복하며, 개발에 필요한 힘을 얻기 위해 전 지구적 협력을 시작하기 위한 시간은 아마도 앞으로 10년밖에 남지 않았을 것이라는 점이다. 만약 향후 10년 동안 전 지구적 협력을 만들어낼 수 없다면 내가 언급한 문제들은 너무나 심각해져서 staggering proportions 우리의 제어능력을 벗어나게 될 것이다"라고 경고했다.[107]

또한 로마 클럽은 1972년 1차 보고서를 통해 인류가 가지고 있는 사용 가능한 자원과 인구, 군비, 자본, 농업 및 공업생산성 등을 전지구적으로 파악하여 인류의 미래를 예측하는 모델을 제시하였다.[108] 이 보고서에서는 유한한 자원과 환경오염 등을 고려할 때 인류문명은 21세기 중반 이전에 내리막길로 치달을 것이라고 경고하였다. 로마 클럽 1차 보고서가 발표된 이후 지난 26년 간 세계적 변화들을 살펴보면 약간의 오차는 있지만 거의 보고서에 예측된 대로 따라가고 있기 때문에 우리는 그 보고서에 담긴 경고에 유의해야 한다.[109]

이러한 지적에 따라 1960년대 후반부터 선진국 주도로 환경을 보호하기 위한 각종 조치들이 취해지고 있지만 실제 상황은 전혀 개선될 기미가 보이지 않는다. 오히려 선진 공업국과 후발 공업국들 사이의 갈등만 심해지고 있다. 후진국이나 개발도상국들은 이미 환경을 파괴하면서 경제성장을 이룩한 선진국들이 이제 와서 자기들에게 환경보호를 요구한다는 것은 부당하다고 항의한다.[110]

각국의 경제주권이 강화되고 자국 이익의 극대화가 최우선 과제가 되고 있는 국제적 현실에서는 지구의 허파와 같은 수많은 열대 우림을 소유한 인도네시아나 브라질 등에서 무차별 삼림을 훼손하는 것을 금지할 방법이 없다. 유일한 방법은 선진국들이 이들의 삼림보존을 보상할 수 있는 경제적 지원을 해 주어야 하는데 현재로서는 그럴 가능성도 거의 없다. 물질주의와 진보주의 이데올로기에 의해 드라이브되고 있는 작금의 국제적 추세를 감안할 때 기술이 진보할수록, 그로 인해 물질적 삶이 더욱 더 편리하고 풍요로워질수록 인간의 미래는 더욱 어두워질 뿐이다.

환경파괴는 과학과 기술이 더욱 발전하면 해결될 것이라는 과학주의의 주장은 잘못된 것이 분명하다. 그러한 견해는 이미 제1차 산업혁명이 일어난 200여 년 전에 등장했는데 그 당시와는 비교할 수도 없을 만큼 과학과 기술이 발달한 오늘날 그 기술의 발달은 생태계 파괴를 더 심화시켰을 뿐이다. 기술이 생태계를 구원하리라는 믿음은 단순한 환상에 불과하다는 것이 명백해졌다. 과학과 기술의 발달로 인간이 스스로 유토피아를 만들 수 있으리라는 환상도 금세기 들어 일어난 비극적인 두 차례의 세계대전으로 산산조각이 났다.

그러므로 21세기 고도 기술 사회에 대한 현재의 패러다임을 수정하지 않으면 인류가 기술 사회에 기대하는 순진한 장밋빛 꿈은 자칫 지구 역사 이래 가장 비극적인 악몽이 될 수 있다. 기술의 그늘을 모르고 그것이 약속하는 달콤함에만 취해 있다가는 과거 지구를 휩쓸었던 대재앙의 비극이 도적과 같이 임할 것이다. 사실 이미 여러 가지 재앙의 징조가 곳곳에서 나타나고 있다.

가장 피부로 느낄 수 있는 예는 기온의 변화다. 아마 대부분의 사람들이 감지하듯이 지난 한 세대 동안 일어난 기온의 상승은 그 이전 수천 년 인류 역사에서 일어난 것보다 더 심각해 보인다. 바다가 넓기 때문에 아직 남북극의 빙산이 녹아 해수면이 높아진다는 뚜렷한 징조는 보이지 않지만 현재와 같이 온실효과 물질의 방출이 계속된다면 그러한 현상이 일어나기 시작하는 것은 시간문제일 뿐이다. 그때가 되면 지구를 구출하기 위해 인간이 할 수 있는 일은 거의 없다.

시스템적 세계관

환경오염, 자원고갈, 식량부족 등 오늘날 인류가 직면한 위기에 대하여 라즐로 같은 학자는 전 지구를 하나의 시스템으로 보고 그 안에 있는 모든 정보를 통합적으로 관리하는 소위 시스템적 세계관을 제시한다. 종래의 '원자론적 사고'의 한계와 위험을 지적하면서 시스템적 세계관으로 인류가 직면한 딜레마를 해결할 것을 제시하는 라즐로의 주장은 놀라운 혜안이기는 하지만 새로운 것은 아니다. 이미 고대인들이나 동양인들에게는 오랫동안 익숙한 것이었다. 물론 고대나 동양의 그것에 비해 라즐로의 주장은 현대 과학의 다양한 결과들을 포함하고 있기 때문에 상당한 체계와 논리가 있다.[111]

그러나 라즐로가 주장하는 이론의 가장 큰 맹점은 현실성이다. 앞에서 언급한 우탄트나 로마클럽의 학자들도 시스템적 세계관에 근거한 주장을 한 것이라고 볼 수 있는데 이들 모두가 문제를 진단하는 것은 정확했지만 문제를 해결하는 데는 별 소용이 없었다. 아무리 온 세계의 모든 정보를 처리할 수 있는 수퍼 컴퓨터가 등장해도 자신의 것을 기꺼이 다른 사람들, 다른 국가들과 나누려는 사랑의 마음이 없는 한 시스템적 세계관은 별 소용이 없다. 이는 현재의 상황을 봐도 알 수 있는데, 일부 선진국에서는 곡물이 남아서 고민인데 북한을 비롯한 많은 나라들에서는 수많은 사람들이 굶주림으로 죽어가고 있다. 어디에서 누가 죽어가고 있다는 정보가 부족해서가 아니라 기꺼이 자기의 것을 나누려는 마음이 부족해서 이와 같은 현상이 일어나는 것이다.

사회주의자 마르크스가 그러했던 것처럼 라즐로도 인간의 죄성을 너무 과소평가했다. 우리의 마음속에 자기의 것을 다른 사람과 기꺼이 나누고자 하는 마음만 있다면 이미 우리는 그것을 위해 충분할 정도의 정보와 기술, 그리고 자원을 가지고 있다. 아무리 좋은 시스템도 그것이 성령의 지배하에 있지 않으면, 하나님의 뜻을 기꺼이 순종하려는 사람들에 의해 운영되지 않는다면, 시스템 철학은 사람들을 헷갈리게 하는 또 하나의 인본주의적 유토피아주의에 불과할 뿐이다.

"자연으로 돌아가자?"

사람들이 한 쪽 극단으로 몰리면 그 다음에는 다른 극단으로 몰리는 현상이 일어난다. 기술 문명의 폐해가 심각해지면서 이에 대한 반작용으로 "자연으로 돌아가자"는 구호 아래 도피적인 삶을 주장하는 사람들도 이런 관점에서 이해할 수 있다. 이것은 서구 사회에서는 최근의 현상이지만 동양에서는 이미 오래 전부터 있던 사상이었다.

이미 2500여 년 전, 중국의 노장사상에서는 공자와 맹자의 예치주의禮治主義나 명가名家와 묵가墨家의 변론적 지식에 반대하여 자연의 도道, 즉 자연법칙을 따르는 삶을 주장하였다. 특히 장자는 자연계에는 시비是非와 진위眞僞가 없고 생사生死가 동등하며 만물이 일체를 이룬다고 보면서 자연으로 돌아갈 것을 주창하였다. 그는 인간은 욕심을 버리고 자연법칙에 동화하여 자연으로 돌아갈 때 비로소 안심입명安心立命하고 건강장수健康長壽한다고 보았다. 현실 비판에서 출발했지만 결국에는 관념적 자유를 추구하면서 현실로부터 도피한 것이다.[112]

인간 사회의 시비를 떠나려고 했던 동양의 자연 회귀주의자들과는 달리 현대 과학과 기술을 만들었던 서구인들 중에는 기술 문명 그 자체에 대한 염증과 한계를 느끼면서 자연으로 도피하려는 사람들이 있다. 그리스도인들 중에도 현대의 기술 문명을 거부하는 재세례파의 아미쉬Amish Acre나 몇몇 공동체들이 있다. 이러한 서구인들의 기술 문명 도피사상을 대변한 영화가 바로 래필Stewart Raffill이 감독한 〈황야 가족의 모험〉The Adventures of the Wilderness Family이다. 로스앤젤레스에서의 혼잡한 도시 생활에 염증을 느낀 한 가족이 아무런 문명의 때가 묻지 않은 황야로 나가 통나무집을 짓고 살면서 온갖 모험을 하며 자연과 친해지는 과정을 그린 이 영화는 기술 문명에 지친 현대인들의 도피심을 대변해 준다고 할 수 있다.[113]

그러나 영화 속에서는 몰라도 현실적으로 시간을 돌려 과거의 사회로 돌아간다는 것은 불가능한 일이다. '황야 가족'도 아무도 접근할 수 없는 곳에 들어가 살기 위해 작은 수륙양용 비행기의 도움을 받아야 했다. 만일 비행기로 공수空輸되지 않았다면 그들은 황야로 나갈 수도 없었을 뿐 아니라 비행기로 편지와 보급품이 공급되지 않았다면 그곳에서 살 수도 없었을 것이다. 기술 문명을 벗어나기 위하여 기술의 도움을 받지 않을 수 없는 것이 아이러니컬한 우리의 현실이다. 도시에 사는 현대인들에게 전기나 자동차가 없는 세상에 사는 것은 불가능한 일이다. 예수를 믿는 사람이건 아니건 이미 기술은 그것을 무시하면서 살기에는 우리의 삶에 너무 깊이 들어와 있다.

기술에 대한 바른 청지기적 자세는?

기술 문명을 피할 수 없다면 그리스도인들은 이 기술 문명을 어떻게 보아야 하며 무엇을 해야 하는가? 기술 사회, 특히 고도 정보기술 사회로의 진입에 대하여 그리스도인들은 어떤 태도를 가져야 하는가? 엘룰처럼 기술 문명 자체를 악이라고 보아야 하는가? 우상의 제물을 먹는 문제와 관련하여 사도 바울이 말한 바 "만일 그리하려면 세상 밖으로 나가야 할 것이라"고전 5:10고 한 것은 기술 문명에 대한 그리스도인의 자세에도 적용될 수 있을 것이다. 그러면 기술에 대한 바른 청지기적 자세는 무엇일까?114

우선 물질주의와 진보주의가 결탁하여 만든 기술 이데올로기의 교만을 극복할 수 있는 유일한 길은 하나님께로 되돌아가는 길밖에 없음을 기억해야 한다. 온 세계를 하나로 묶는 컴퓨터와 통신 기술도 하나님의 말씀에 의해 통제받지 않으면 사탄이 역사하는 통로요 새로운 바벨탑이 될 수 있다. 21세기 고도 기술 사회가 도래해도 인간은 여전히 죄인이며 하나님의 사랑이 필요한 존재다. 피조물인 인간은 여전히 창조주 하나님께 의존적이라는 점도 불변이다. 기술은 인간의 궁극적인 피난처가 아니며 인간은 예수 그리스도를 통한 구원이 아니고는 도무지 소망이 없는 존재다.

둘째, 더 이상의 첨단기술에 대한 우상숭배를 버리고 이의 '도구적 가치'를 회복해야 한다. 기술은 자충족적自充足的인 힘을 발휘하는 성스러운 존재가 아니다. 기술은 이웃 사랑을 실현하기 위해 우주의 잠재 능력을 개현시키라는 하나님의 소명에 대한 반응이며, 기술을 개발할 수 있는 인간의 능력은 인간에게 남아 있는 하나님의 형상의 일부임을 기억해야 한다.115 현대의 첨단기술도 인류의 구세주가 아니라 피조세계를 "다스리며 지키게"창 2:15 하라는 하나님의 명령을 수행하는 도구임을 인식할 때, 또한 "네 이웃을 네 자신과 같이 사랑하라"마 19:19고 하신 예수님의 말씀을 실천하는 도구임을 인식하고 21세기를 맞을 때 인류에게는 소망이 있다.

기술은 하나님의 뜻을 행하는 여러 분야 중 하나의 수단에 불과하다. 그릇된 기술은 프랑켄슈타인괴물, Frankenstein이 되어 결국 자기를 만든 인간을 죽이는 괴물이 되고 말 것이다.[116] 과학의 절대화로 생긴 '성부' 과학주의Scientism, 과학주의가 낳은 '성자' 기술주의Technicism, 물질적 부요라는 영감으로 과학주의와 기술주의를 가속화시키는 '성령' 경제주의Economism가 삼위일체를 이루어 현대 문화의 특징을 형성한다. 우리는 이러한 과학과 기술과 경제의 관계를 직시하여야 할 것이다.[116]

셋째, 그리스도인들은 기술로부터 도피하려는 자세에서 벗어나 적극적으로 기술 분야에서 선한 청지기가 되려고 노력해야 한다. 이것은 현대 기술의 반역성을 고발하는 것과 더불어 성경적인 기술을 개발하려는 적극적인 자세까지 포함한다. 우리는 기독교적인 이해를 가지고 기술을 대해야 한다. 특히 산업 및 공학 분야에서 일하는 지도자들은 기독교적 세계관을 가지고 하나님의 선한 목적에 어울리는 사회를 구성하기 위해 노력해야 한다.[118] 산업기술의 발달로 인한 피조세계의 신음소리가 커질수록, 기술 사회의 그늘에서 고통당하는 이웃들의 신음소리가 커질수록, 그리스도인들은 이웃을 사랑하고 피조세계에 대한 충성된 청지기가 되려는 노력을 배증해야 할 것이다.[119]

기술의 문제는 현대인들이 당면하고 있는 수많은 문제 중의 하나일 뿐이다. 이것은 여러 학문적 영역에 대한 중요한 이슈의 하나일 뿐이다. 근본적으로는 오늘 우리가 당면한 문제들을 해결하기 위해서는 모든 학문의 영역에서 말씀에 기초한 제사장적 소명을 회복하는 것이 필요하다. 그렇게 본다면 기독교적 학문 연구란 다만 학문을 전업으로 하는 그리스도인 학자들만의 전유물이 아니라 모든 그리스도인 학생들은 물론 나아가 모든 그리스도인들의 과업이라고 할 수 있다.

1. 현대 기술이 가진 우상적 특성의 배경에 도사리고 있는 이데올로기들로는 어떤 것이 있는지 말해 보자.

2. 그리스도인들만이 아니라 불신자들도 환경문제를 중요하게 생각하면서 이를 해결하기 위한 노력에 뛰어들고 있다. 환경문제에 대하여 그리스도인들과 비그리스도인들의 차이는 무엇이라고 할 수 있는가?

3. 기술에 대한 청지기적 자세 혹은 제사장적 소명을 가지기 위해 그리스도인들이 할 수 있는 일은 어떤 것이 있는지 말해 보자.

제 9 장

학문 세계에서
그리스도인의 주권을 회복하라

그리스도인이 된다는 것은 삶의 전인격적인 변화를 의미한다. 우리가 하는 모든 활동의 중심에 그리스도께서 계신 것이다. 그러므로 교회와 관련된 영역뿐만 아니라 인간 생활의 모든 영역이 성경적이어야 한다. 특히 기독교적 학문 활동은 세상 문화와의 전투에서 원리를 제공하기 때문에 중요한 영역이다. 학문 세계에서 그리스도의 주권을 회복해야 한다.

기독교적으로 공부함이란

하나님은 성경을 통하여 그리스도인들에게 크게 두 가지 명령을 하고 있다. 하나는 우리에게 익숙한 전도 · 선교 명령이다.[120] 흔히 대위임령至上命令, The Great Commission으로 알려진 전도 · 선교의 필요성과 중요성에 대해서는 이미 충분히 지역 교회에서나 기타 기독교 단체에서 강조하고 있으므로 여기서는 더 이상 언급하지 않겠다.[120]

다른 하나는 흔히 개혁주의 신학자들이 문화명령The Cultural Mandate 혹은 창조명령The Creation Mandate이라고 부르는 것이다. 네덜란드의 변증학자이며 칼빈주의 문화이론의 대가인 스킬더Klaas Schilder는 "하나님은 인생의 모든 영역을 다스리시며 그 모든 영역 안에서 그리스도는 세상에 있는 만물을 완성한다. 하나님의 모든 피조물은 세상과 더불어with 있고 세상 안에in 있기 때문이다. '여기'와 '지금'은 결국 문화의 세계다. 그리스도는 세상을 이기시고 그 문화를 거룩되게 한다"고 했다.[122]

그러나 그리스도께서 문화를 거룩하게 하는 작업은 인간을 통해서 이루어진다. 하나님께서 자기의 형상Imago Dei을 따라 사람을 만드시고창 1:26~27 이들에게 자신이 만든 세계에 충만하고 땅을 정복하며 모든 생물을 다스리라고 명령하신 것이다창 1:28. 우리는 하나님의 청지기로 부름받았다.

그런데 하나님이 창조하신 세계를 잘 관리하는 청지기로 부름받았다는 것은 학문적 소명과도 연결된다. 피조세계에 대한 이해 없이는 청지기적 소명을 잘 감당할 수 없기 때문이다. 이것은 일차적으로 공부를 직업으로 삼은 사람들에게 해당되지만 넓게는 모든 그리스도인들에게 해당된다. 하나님의 피조세계에 대한 청지기적 소명은 좁게는 그리스도인 학자, 즉 학문의 제사장으로 부름받은 사람들을 향한 것이지만 넓게는 그리스도인 됨의 의미와 직결되어 있는 말이다.

그리스도인 됨의 의미

예수를 구주로 받아들인다는 것은 의지적 결단을 포함하는 말이기는 하지만 세상의 수많은 학문적 이론이나 사상, 주장, 이데올로기 등을 받아들이기로 결단 내리는 것과는 근본적으로 다르다. 예수를 믿는 것은 자신의 전 존재와 인식의 근본적인 변화를 요구하는 것이며 전 인격적인 변화를 포함하는 것이기 때문이다.[123] 그러므로 그리스도인이 된다는 것은 우리에게 주어진 수많은 신분이나 자격에 추가된 또 하나의 신분 혹은 자격이 될 수 없다. 즉 '나는 한 아내의 남편이며, 네 아이의 아버지이며, 테니스와 탁구를 즐기는 사람이며, 그리고 그리스도인이다'라는 식으로 우리의 그리스도인 됨을 설명할 수 없다.

언젠가 한국을 방문한 바 있는 허만Kenneth Hermann 교수의 표현에 의하면 그리스도인이 된다는 성경적 견해는 우리가 인간이 된다는 말과 동등한 표현이다.124 그리스도인으로서 하나님을 섬기라는 부름은 우리의 여러 가지 생활 영역에 첨가된 또 하나의 영역이 될 수 없다. 하나님은 우리를 몸과 마음과 영혼의 힘을 다하여 하나님을 섬기도록 부르셨으므로, 그리스도인으로서 하나님의 부르심은 자신의 전 존재와 행하는 모든 일을 대표하고 규정하며 특징지워야 한다.125 자신의 인간 됨person-ness이 자신의 모든 일을 특징짓는 것처럼 그리스도인이 된다는 것은 자신의 모든 행위를 특징짓는다.

그리스도인이 된다는 것이 또 하나의 신분이 추가되는 것이 아니라 인간 됨과 같은 의미라면 당연히 그리스도인 됨을 특징짓는 행위는 성경공부, 예배, 전도, 헌금, 설교 등의 영역에서만 나타나는 게 아니라 직장생활, 취미생활, 가정생활, 공부 등 생활의 모든 영역에서 나타나야 한다. 그래서 바울 사도가 "그런즉 너희가 먹든지 마시든지 무엇을 하든지 다 하나님의 영광을 위하여 하라"고전 10:31고 권면한 것은 먹는 일이나 마시는 일이나 그 외 무슨 일이든지 하나님의 영광을 위해 할 수 있으며 또한 마땅히 그래야만 한다는 의미가 내포되어 있다. '무엇을 하든지'라는 말 속에는 우리의 모든 문화적 활동이 포함되며 문화적 활동의 중심으로서 공부도 당연히 포함된다. 학문 활동은 모든 문화적 활동의 근간을 이루기 때문에 기독교적 학문 활동은 세상 문화와의 전투에서 원리를 제공할 수 있다.

화란의 카이퍼Abraham Kuyper, 1837~1920가 인본주의와의 전투에 영예롭게 임하고 승리의 소망을 가지려면 '원리를 이길 원리' beginsel tegen beginsel를 정비해야 한다고 말한 바와 같이 세상 문화와의 전투에서 승리하기 위해서 그리스도인들은 무엇보다도 먼저 문화의 원리를 만드는 학문 활동에서 승리해야 한다.126 그래서 일찍이 웨스터민스터신학교를 설립한 변증학자이자 신약학자인 그레샴 메이첸John Gresham Machen, 1881~1937은 오늘날 기독교가 당면한 가장 큰 문제 중의 하나는 지식과 신앙의 관계, 다시 말해 문화와 기독교와의 문제라고 설파했다.127 그렇다면 기독교적으로 공부함이란 무엇이며, 이것의 기초가 되는 기독교 세계관은 무엇인가?

기독교적 학문과 기독교 세계관

앞에서 기독교적이라는 말의 의미가 삶의 특정한 부분에만 제한되거나 종교적, 신학적, 윤리 도덕적 차원과 동일시되어서는 안 된다고 말했다. 그렇다면 왜 학문에 있어서 기독교적 조망이 필요한가?128

학문에 대한 기독교적 관점을 발전시키는 것은 적극적인 측면에서 볼 때 블레마이어스Harry Blamires가 소위 '기독교적 지성' Christian mind이라고 부른 것을 확장, 발전시킴으로 계몽시대 이래로 세속세계에 주도권을 넘겨 준 학문 분야에서 그리스도의 주 되심을 탈환하기 위해 필수적인 것이다.129 또한 소극적인 측면에서는 세속사회에서 기독교 신앙을 변호하고 세속사상으로부터 그리스도인들을 보호하기 위하여 기독교적 학문 연구가 필요하다. 기독교적 학문은 기독교적 지성, 기독교적 사유, 나아가 성경적인 행동을 위한 선결조건이 된다. 그러면 성경적 근거에서 학문 연구란 무엇이며, 어떻게 가능한지를 살펴보자.130

자연과학이나 공학뿐만 아니라 논리적인 세계나 심미적인 세계를 대상으로 하는 인문과학, 인간의 심리나 사회구조를 대상으로 하는 사회과학도 하나님의 창조 질서를 연구하는 분야라고 할 수 있다.

학문이란 근본적으로 하나님의 피조세계를 연구하는 것이므로 학문적 연구를 창조의 다양한 측면을 연구하는 활동으로 보는 법을 배우는 것이 필요하다. 앞의 3장, 5장에서도 언급했듯이 근본에 있어서 창조의 질서를 연구하지 않는 학문 연구는 존재하지 않는다. 물리, 화학, 생물, 지구과학, 천문학 등과 같이 자연세계를 직접 다루는 자연과학뿐만 아니라 인간과 사회구조 및 심리나 심미적인 세계를 연구하는 인문·사회과학 또한 하나님이 창조하셨고, 사회 기구들 속에 존재하는 하나님의 질서와 세상을 지키고 관리하는 청지기가 되라는 하나님의 명령을 연구하는 것이기 때문이다.

이것의 또 다른 의미는 창조 속에는 사실을 추구하는 자연과학과 가치를 추구하는 인문과학 사이에 구분이 없다는 것이다. 그 구분은 연구대상이 창조 속의 사물들인가 추상적 개념인가에 따른 것인데, 하나님께서는 보이는 물질세계만이 아니라 보이지 않는 논리의 세계까지 만드셨기 때문이다 골 1:15~16.

이상의 것들을 종합해 볼 때 유한한 인간은 자기를 초월한 어떤 존재에 대한 믿음 없이는 살아갈 수 없을 뿐만 아니라 그 존재에 의해 자신의 모든 것, 공부의 영역까지 지배받는다고 할 수 있다. 이것은 어떤 학문적 연구에 드러나는 궁극적인 한계가 연구의 주제나 형태에 의하여 결정되는 것이 아니라 각 연구 분야의 조망을 형성하는 개개인의 세계관에 의해 결정된다는 의미다. 그렇다면 학문이 기독교적인지 아닌지 여부를 결정하는 준거틀Reference frame이 되는 기독교 세계관은 무엇인가?

세계관은 그 정의부터 사람마다 차이가 있을 뿐 아니라 세계관의 범주에 어떤 것이 포함되어야 하는가 하는 문제도 상당한 견해 차이가 있다. 그러나 기독교 세계관의 중심적인 뼈대를 창조–타락–구속의 틀로 보는 데는 대부분의 그리스도인들이 동의한다. 만물의 기원을 설명하는 창조는 원래의 창조세계가 어떠했는지를 말해 주고, 타락은 '보시기에 좋았던' 원래의 피조세계가 왜 오늘날과 같이 피폐하게 되었는지, 다시 말해 현실 세계를 진단할 수 있는 근거를 제시해 주며, 구속은 기독교 세계관의 지향점을 보여 준다.

세계관을 알아보는 다섯 가지 질문

이러한 세계관의 기본적인 틀을 근거로 미국 IVCF 순회 강사인 사이어James Sire 박사는 기독교적 학문 연구의 실제적인 기초가 될 수 있는 몇 가지 중요한 질문을 제시한다. 사이어는 세계관이란 '이 세상의 근본적 구성에 대해 우리가 의식적으로든 무의식적으로든 견지하고 있는 일련의 전제나 가정들'이라고 정의하면서 이 세상의 근본적인 구성 요소란 다음 다섯 가지 질문에 대한 답으로 구성되어 있다고 하였다. 기독교 세계관은 이 다섯 가지 질문에 대하여 자연주의, 이신론, 허무주의, 실존주의, 동양 범신론 등의 세속적 세계관과는 근본적으로 다른 대답을 하고 있음을 지적한다.[131]

1. 우주의 참된 최고의 실재는 무엇인가?

이 질문에서 혹자는 물질, 여러 신들, 사물들 속에 깃들어 있는 신성 등 다양한 대답을 할지 모르지만 기독교 세계관에서는 하나님이라고 말한다. 이 하나님은 여러 신들 가운데 있는 또 하나의 신이 아니라 전지전능하시고 인격적, 초월적, 내재적, 주권적이시며 만물을 창조하셨고 또한 유지하시는 유일하신 분이다.

2. 인간이란 무엇인가?

이러한 인간관의 질문에 대해 유물론적 세계관에서는 매우 정교한 전기 화학적 기계라고 한다. 그러나 기독교 세계관에서는 하나님의 형상대로 창조된, 그래서 인격과 자기 초월성, 지성, 도덕성, 사회성, 창조성 등을 가진 존재라고 본다. 비록 타락으로 인해 하나님의 형상이 많이 훼손되었지만 그리스도의 구속 사역을 통해 회복 가능한 존재다.

3. 인간이 죽을 때 어떤 일이 일어나는가?

이러한 사망관의 질문에 대해 혹자는 개체성과 인격의 소멸, 다른 형태로 탄생하기 위해 잠시 쉬는 단계 등으로 생각한다. 그러나 기독교 세계관은 죽음이란 하나님과 영원한 천국의 복락을 누리는 생명의 문이든지 하나님과 분리되어 영원한 형벌에 처하게 되는 사망의 문이든지 둘 중의 하나라고 본다.

4. 도덕의 기초는 무엇인가?

이 질문에 대해 혹자는 문화적, 육체적 생존을 향한 동력, 혹은 인간에 대한 긍정이라고 할 것이다. 그러나 기독교 세계관에서 도덕은 초월적인 것으로 하나님의 영원불변한 선한 속성이 세상의 모든 도덕적 기준들을 평가하는 기준이 되므로 상황윤리를 부정한다.

5. 역사의 의미는 무엇인가?

이 역사관의 질문에 대해 혹자는 지상낙원을 이룩해 나가는 과정, 신들의 계획을 실현시켜 나가는 과정, 끝없이 순환하는 수레바퀴 등 다양한 의견을 제시할 것이다. 그러나 기독교 세계관에서 역사는 직선적인 것으로 인간에 대한 하나님의 계획을 성취시켜 나가는 의미 있는 사건들의 연속이라고 본다. 즉 역사는 인간의 사건들에 대한 하나님의 개입과 관심의 기록이며 하나님의 신적인 계획이 구체적으로 나타난 것이다.

기독교 세계관으로 조망해 본 전공 분야들

이러한 기독교 세계관에 근거한 기독교 학교의 목표는 무엇이어야 하는가? 대부분의 기독교 교육 철학자들이 지적하는 바와 같이 기독교 학교는 인간에게 있어서 하나님의 형상을 회복하는 것을 목표로 삼아야 한다. 육체적이면서 동시에 영적인 인간은 타락으로 훼손되기는 했으나 여전히 사고하고 선택하고 창조하는 독특한 능력을 가지고 있다. 인간은 개별성을 가지면서도 한편으로는 사회적 관계 속에서 하나님께서 맡기신 피조세계에 대한 청지기적 사명을 감당하는 존재다. 그러므로 기독교 학교에서는 학생들에게 인간의 타락한 성품을 억제하고 하나님의 형상이 발현되는 것을 도와야 한다. 아울러 이러한 과정 속에서 지적 성장과 신앙적 성숙, 삶의 변화가 일어나야 할 것이다.[132]

그렇다면 기독교 세계관에 기초하여 구체적으로 각 전공 분야에서 어떤 일을 할 수 있는지 예를 들어 살펴보자. 아래에서 예를 든 몇몇 분야는 그 동안 주로 기독학술교육동역회DEW의 연구회에서 공부한 분야 중에서 선택했으며 분야마다 특히 기독교적 조망이 요구된다고 생각되는 주제를 중심으로 생각해 보겠다.

1. 역사_ 기독교는 역사적인 종교다

역사학은 현재의 세계를 설명할 수 있는 원리를 찾고, 나아가 미래를 예측하기 위해 과거를 의미 있게 재구성하는 노력이라고 할 수 있다. 그러므로 역사 연구에는 과거에 무슨 일이 일어났는지 기술하는 일뿐만 아니라 왜 그런 일이 일어났는지를 설명하는 창조적인 과정도 포함되고 때로는 미래를 예측하는 과정도 포함된다. 과거에 일어난 사건을 기술한다는 점에서 역사는 과학이라고 할 수 있지만 그 사건이 일어난 이유를 창조적으로 설명하고 미래를 예측한다는 점에서는 예술적, 문학적 측면도 있다. 그러면 이러한 역사는 기독교와 어떤 관계가 있는가?[133]

기독교는 역사적인 종교이기 때문에 기독교 역사관은 일반 연구에서 파생된 이차적 요소가 아니라 기독교 신앙의 심장부라 할 수 있다. 그러므로 기독교적 역사해석은 기독교 신앙과 불가분의 관계를 형성한다. 개인이 기독교를 신앙하기 시작한다는 말은 의식적이든 무의식적이든 그 속에 포함된 역사관까지 신앙한다는 말이다.

기독교 역사관은 하나님의 계시에서 출발한다. 따라서 기독교적 역사해석은 그리스도인들의 지적 노력에 의해 만들어진 철학적인 사변이 아니라 기독교 계시가 드러낸 골격이요 의미다. 기독교 역사관은 피조세계를 통한 자연계시뿐 아니라 하나님의 직접계시까지 포함하므로 기독교적 역사해석은 기독교 밖의 역사해석과 근본적인 차이가 있다. 세속 역사학에서는 신적 자기계시가 결여되어 있어 근본적으로 인간의 추론과 시간 내적 경험의 한계를 극복하지 못하는 데 반해 기독교적 역사해석은 신적 계시에서 출발하므로 인간의 추론과 시간 내적 경험의 한계를 초월한다.

또한 기독교 역사관은 아담의 범죄 이후 범죄한 인간에 대한 하나님의 사랑과 은혜를 중심으로 형성되어 있다. 역사 속에 계획된 하나님의 구속의지가 곧 역사의 동력이며, 구속 계획의 전개가 곧 역사의 구조를 형성한다. 따라서 기독교 역사관의 기초는 성육신이다. 성육신은 인류사의 분기점이며 역사 의미의 열쇠가 된다. 인류사는 인간의 창조와 함께 시작되어 타락한 인간을 구속하시기 위해 하나님이 성육신하심으로 절정에 이르며 예수님의 재림과 택한 자의 영화로 그 대단원의 막을 내린다.

구속사적 입장에서 볼 때 이러한 기독교 역사관은 크게 세 가지 특성을 갖는다.[134] 즉, 신적 간섭divine intervention, 방향성directionality, 종말 사상eschatology이 그것이다.[135] 하나님께서는 그 말씀의 능력으로 만물을 붙들고 계실 뿐 아니라히 1:2 친히 인간 역사에 간섭하셔서 인간을 향한 자기의 사랑을 확증하신다. 그러므로 삼위 하나님께서 간섭하지 않으시면 자연도, 역사도 있을 수 없다. 이러한 하나님의 간섭은 끝없이 반복되지 않고 특정한 방향성을 가지고 진행한다. 그리고 특정한 방향성을 가지고 정해진 한 목표를 향해 가므로 목표에 도달하면 역사는 더 이상 진행하지 않는다. 기독교 신앙은 그 자체가 종말론적 구조를 가지고 있으므로 기독교 신앙에 기초한 역사도 종말론적 구조를 가지는 것이다. 그러므로 만일 종말론적 구조를 부인한다면 아무리 그럴듯한 역사관이라도 기독교적이라 할 수 없다.

이러한 기독교적 역사관에 비해 기독교 밖의 역사관, 즉 고대 세계에 보편적이던 주기적 역사관, 18세기 계몽주의 시대의 진보주의 역사관, 19세기 마르크스주의 역사관 등은 근본적인 역사관의 차이를 보여 준다. 특히 서부 유럽이 세계의 헤게모니를 잡기 시작하면서 생긴 진보주의 역사관은 순수한 세속주의적 산물이 아니라 전통적 기독교 역사관이 세속화 된 것이기 때문에 기독교 내에 깊숙이 침투해 있다. 진보주의 역사관에서는 역사에 대한 통찰을 얻는 데 신적 계시의 필요를 부인하고 역사의 의미를 발견하기 위해서는 이성의 빛만을 따라야 한다고 주장한다. 더욱이 진보주의 역사관은 근대에 와서 자연과학의 눈부신 발달에 힘입어 더욱더 그 영향력의 깊이와 넓이를 더해 가고 있다.

기독교 역사관이 소수파minority 의견으로 몰려 있는 현시점에서 기독교 역사학자는 일차적으로 역사에서 그리스도의 주 되심을 세우기 위해 진력해야 할 것이다. 이것은 구속사적 측면에서 역사를 재조망하는 것을 포함하며 세계사의 통사적 측면에서뿐만 아니라 시대사나 지역사, 각 분야의 역사에서도 주 되심Lordship을 확립하는 것을 의미한다.

아울러 역사의 주관자가 무시되고 있는 세속 역사관의 결론에 대해 예언자적인 경고를 쉬지 말아야 할 것이다. 대개 어떤 사건에 대한 왜곡은 그 사건에 대한 역사의 왜곡에서부터 시작된다. 그러므로 올바른 역사관의 확립과 확산은 복음에 대한 크고 작은 왜곡으로부터 복음을 변증한다는 측면에서도 매우 중요하다.

2. 문학_ 상상을 통해 하나님의 세계를 탐구하다[136]

키에르케고르Soren Kierkegaard는 문학이 실존적으로 선과 진리를 구현하기 위해 노력하지 않고 상상을 통해 거기에 접근하고자 하는 죄악이며 기독교적 견지에서 볼 때 시인의 존재는 죄악의 존재라고 말함으로써 문학을 기독교 신앙과 양립할 수 없는 것으로 보았다.

그러나 성경이 문자적으로 쓰여졌고, 경험적이고 구체적인 인간의 이야기를 문학적 형식을 빌어 기록했을 뿐 아니라 성경기자들이 문학가와 문학가의 글을 인용하고 인정했다는 점에서 기독교와 문학이 무관하다고 보는 것은 편견이다.[137] 좀 더 나아가 인간 경험을 그 내용으로 하는 문학은 고전주의든, 낭만주의든, 모더니즘의 하나이든 인간에 의해 인식, 평가, 경험되어지는 실체를 구상화하여 제공함으로 복음 선포의 대상이 되는 인간 상황을 정화된 형태로 표현한다는 점에서 문학 그 자체에 대한 기독교적 의미와 필요성을 찾을 수 있다.

문학의 실재는 인간 안에 있으며 상상을 통하여 현존하는 인간의 가치과 동경, 열망을 정확하게 보여 준다. 그러므로 상상적 문학의 세계를 탐구하는 것은 물리적 세계를 탐구하는 것과 꼭 같이 하나님께서 창조하신 실체의 일부를 탐구하므로 인간의 행복과 하나님의 영광에 필요한 것들을 발견해 낼 수 있다. 그리스도인들은 문학적 상상의 세계를 지적, 윤리적으로 모두 다 승인할 수는 없지만 인간의 본성과 현실 세계의 창구로서, 즉 인간 내면에 있는 것을 보여 주는 매체로서 발견할 수 있어야 한다. 이러한 문학적 소재에 대한 기독교적 조망에서 볼 때 기독교 문학비평도 문학 속의 세계관을 분별하고 그 사상이 하나님으로부터 비롯된 것인지 아닌지를 검토하는 하나의 방법으로 보아야 할 것이다.

문학 작품에 대한 기독교적 의미에서 한 걸음 더 나아가 그러면 무엇이 문학을 기독교적으로 만드는가를 생각해 보자. 먼저 문학 속의 기독교적 요소는 형식이나 소재에 있지 않다. 기독교적 관점에서 볼 때 모든 인생이 하나님께 속해 있다면 문학의 소재는 삶의 전 영역, 즉 인간 경험의 전 영역을 포함해야 할 것이다. 따라서 문학을 기독교적으로 만드는 것은 그 형식과 소재에 있다기보다는 그것들을 해석하는 기독교적 관점, 즉 기독교 세계관에 있다.

마찬가지로 그리스도인 작가는 그가 택한 소재나 형식 때문에 기독교적이 되는 것이 아니라 그 소재를 이용하여 결론을 내리는 작가 자신의 세계관 때문에 기독교적이 되는 것이다. 이렇게 볼 때 그리스도인 작가는 문학과 예술의 세계에 있어서 기독교적 사물관의 대변자라 할 수 있다. 따라서 기독교 작가는 기독교적 세계관에 기초하여 기독교 신앙을 문학의 기독교적 접근방법 속으로 옮기기 위해 끊임없이 노력해야 할 것이다.

3. 심리학_ 인간 이해를 위한 바른 전제조건이 필요하다

철학의 분과로 존재하던 심리학은 19세기 후반부터 본격적으로 독립 학과로 등장했는데 이때부터 이미 자연과학의 방법론을 그대로 받아들이기 시작했다. 자연과학의 방법론은 환원주의Reductionism, 실험주의, 인과적 설명추구, 조작화, 정량화, 객관화 등으로 특징지워진다. 이러한 자연과학 방법론을 추구하는 심리학의 실증주의적 경향은 스키너B. F. Skinner 등의 행동주의Behaviorism에서 절정에 달한다.[138] 행동주의에 의하면 인간의 심리는 인간의 마음속에 들어갈 필요 없이 그 사람의 외형적 행동을 관찰함으로 설명할 수 있다고 주장한다.

여기서 우리는 자연과학적 방법론이 사고와 반성의 능력 없이 환경에 수동적으로 반응하는 물리, 화학적 대상을 연구하기 위해 개발된 것임을 유념해야 한다. 그렇기 때문에 이것이 자연을 연구하기 위해 적용될 때는 별로 문제가 되지 않지만 인간에게 적용될 때는 문제가 발생한다. 인간은 자기에게 부과되는 실험적 조작에 수동적으로 반응을 보이는 로봇이 아니라 능동적으로 반응할 수 있는 인격체이기 때문이다. 따라서 자연과학적 방법론으로 도출된 심리학의 결론이 이론적으로 기대하는 설명력을 가지지 못했고 윤리적으로는 피실험자에게 스트레스의 축적과 기만의 위험만을 높였다.

물론 심리학에 대한 자연과학적 방법론의 적용이 인간 심리에 대한 이해의 폭을 넓히는 데 많은 기여를 했음은 인정해야 한다. 다만 우려하는 것은 이와 같은 적용의 결론이 점점 더 절대화되어 가고 그 적용범위가 지나치게 넓어져 간다는 사실이다.

그러므로 기독교적인 심리학자는 먼저 심리학 연구에서 자연과학적 방법론의 적용 한계를 분명히 설정해야 한다. 그리고 인간을 이해함에 있어서 인간의 물질적, 생물학적 측면 외에도 하나님의 형상대로 지음받은 존재, 즉 주권성, 내재성, 초월성, 자기반성 및 자기결정력 등을 가진 영적이고도 인격적인 존재로서, 그리고 한편으로는 하나님께 불순종함으로 본질상 타락한 존재로서 인간을 이해하도록 노력해야 할 것이다.[139]

4. 교육학_ 교육 가치와 목표를 다시 설정하라

최근 우리 사회에서 자식이 부모를, 부모가 자식을 죽이는 패륜적 범죄가 빈발하는 것을 보면서 사람들은 흔히 인간성 회복 교육이 시급하다고 말한다. 그러나 회복이라는 것은 잃었던 것, 혹은 과거에 있었던 어떤 것으로 돌아간다는 의미를 내포하는데 도대체 어디로 돌아가야 하는지가 분명하지 않다. 교육 일반과 관련하여 볼 때도 교육이란 인간을 바람직한 방향으로 변화시키는 것을 목적으로 한다고 설명한다. 그러나 놀랍게도 교육철학 분야에서 교육의 목적에 관한 수많은 논란이 있어 왔지만 도대체 아직도 어떤 인간이 바람직한 인간인지가 분명하지 않다. 왜 이렇게 교육 목표가 분명하지 않은가?

교육목표와 직접적으로 관련되는 것은 역시 교육가치의 문제라 할 수 있다. 그러나 이 교육가치 문제는 교육학 연구에 포함시킬 것이냐 빼버릴 것이냐부터 논쟁의 대상이 되어 왔다. 어떤 사람은 그런 논의 없이는 교육을 한 걸음도 진전시킬 수 없다고 주장하는 반면, 또 어떤 이들은 그렇게 될 경우 결론도 없는 형이상학적 논쟁에 빠질 것이라고 주장한다. 한 예로 흔히 쓰이는 행동주의 교육의 정의인 '교육은 인간 행동의 계획적 변화'라는 말 속에도 변화의 방향이 모호함은 가치문제를 피하고 있기 때문이라 할 수 있다.

그런데 교육가치 문제의 언급을 회피하는 것은 가치중립valuefree의 교육을 이룩하는 것이 아니라 다른 가치, 즉 그 시대, 그 국가와 사회를 풍미하는 가치에 의한 교육을 초래한다. 교육의 가치에 대한 언급을 회피함으로 가치중립적 교육을 할 수 있으리라는 생각은 마치 흐르는 강물 위에서 노를 젓지 않으므로 가만히 정지해 있겠다는 말과 같다.

결국 가치는 인간의 신념과 신앙의 문제다. 가치중립이나 탈가치적 상태란 있을 수 없다. 그러므로 기독교적 가치관을 가지고 교육하거나 교육학을 연구하는 것을 편견이라고 볼 필요가 없다. 이것을 편견이라고 본다면 다른 편견들보다는 얼마나 옳고 훌륭한 관점인가! 따라서 그리스도인 교육자나 교육학자는 기독교적 인간관, 지식관, 세계관 위에서 기독교 교육철학을 수립해야 하며 사회적, 정치적 요구와 가정의 기대 및 경제문제 등의 압력 속에서도 성경적 가치관에 기초한 교육목표를 수립하여 교육현장에서 구현되도록 노력해야 한다.

5. 경제학_ 경제생활은 신앙의 지표다

경제학은 인간 사회에서 재화와 용역을 분배하는 과정을 연구하는 학문이다. 이것은 재화와 용역이 생산되는 방식, 또 그것들이 사회 구성원들에게 분배되는 과정, 그리고 분배되는 과정을 통해 생산자와 분배자들이 이익을 얻는 과정들을 다룬다. 이러한 경제학의 영역에서는 어떻게 기독교적인 세계관을 적용할 수 있을까? 기독교적인 경제관은 무엇인가?[140]

무엇이 기독교적 경제관이냐에 대한 그리스도인들의 일반적인 태도는 이원론적이다. 즉 성경의 가르침은 영적인 것에만 관련 있고 경제생활은 경제 자체의 법칙을 따라야 한다고 생각한다. 그러나 그리스도인의 생활이 그리스도의 우주적이고 포괄적인 구원의 능력 아래 있다면 이런 이원론적 태도는 비성경적인 것이다. 카이퍼가 말한 것처럼 그리스도인들에게는 "그리스도께서 그것은 내게 속했다고 말씀하지 않는 세상생활이란 조금도 있을 수 없"기 때문이다.

특히 그리스도인이나 불신자를 막론하고 개인의 경제생활은 그의 인생이 무엇을 위하며, 그의 인생의 의미는 무엇인지를 나타낸다는 점에서 일종의 신앙고백이라 할 수 있다. "네 보물 있는 그 곳에는 네 마음도 있느니라" 마 6:21란 성경 말씀이 여기에 적용된다.

또한 신구약 성경에서 보여 주는 경제원리는 경제윤리와 밀접한 관련성을 갖는 공익, 사랑, 청지기 의식 등이다. 하나님께서는 여러 제도를 통해 그의 백성들에게 이러한 경제원리를 가르치셨다. 구약에서 보여 주는 안식년과 희년제도 및 기업으로서의 토지제도, 취리 금지 레25장, 삼 년마다 가난한 자에 대한 십일조,[141] 안식년의 산물과 추수 후의 이삭 처리, 이웃 포도원 등에서 음식물을 먹는 것,[142] 옷과 맷돌 등의 저당금지 등이나,[143] 신약에서 가난한 자의 구제,[144] 부의 자발적 분

배,145 지나친 소비에 대한 자제146 등은 성경적 경제원리를 보여 주는 예들이다.147

이와 같이 성경에서 보여 주는 경제관의 기초를 간단하게 요약하면 인간 존중적이라고 표현할 수 있다. 이런 인간 존중의 성경적 경제원리는 오늘날 경제 이전의 문제, 즉 진보신앙에 의해 끌려가는 현대 경제의 문제들을 해결하는 데 많은 시사를 하고 있다. 사실 현대의 모든 경제생활은 진보, 성장, 효용 등에 종속되어 있는데, 절대적 규범 대신 오직 진보신앙에 의해 생겨난 이러한 현대 사회의 근본적 문제들을 해결하기 위해서는 경제적 처방보다 종교적 처방이 필요한 것이다.

이와 관련하여 경제학자 슈마허E.F. Schumacher는 현대 경제가 당면한 문제를 날카롭게 지적할 뿐 아니라, 이에 대한 성경적 해결 방법의 하나를 제시한다.148 그는 "무엇이 인간을 위해서 좋으냐?"가 아니라, "무엇이 체제의 성장을 위해 좋으냐?"라는 관점 위에서 수립된 현대 선진국의 사회 경제 구조는 인간을 병들게 하며, 근본적으로 이러한 체제를 변혁시키지 않는 한 경제적 재난을 면할 수 없음을 강조한다. 그리고 경제학의 당면과제는 성장이 아니며 경제이론, 경제사상, 그리고 여기서 파생되는 경제정책의 새로운 요구는 보다 심오한 인간성의 회복이라고 생각한다.

물론 경제학자들마다 경제이론이 다르듯이 기독교적인 경제학자들 간에도 성경적 경제원리에 대한 구체적인 이론이나 실천 방법 등에 관한 세세한 의견이 통일되지는 않을 것이다. 이는 성경이 경제원리는 가르치지만 경제제도를 구체적으로 제시하지는 않기 때문이다. 그러므로 그리스도인 경제학자는 시대마다, 지역에 따라 성경적 경제원리와 경제윤리에 기초한 적절한 경제이론 정립 및 실천방안을 적극적으로 모색해야 하며, 아울러 잘못된 경제관, 경제제도 등을 비판하는 일도 쉬지 말아야 할 것이다.[149]

6. 과학_ 자연에 나타난 하나님의 흔적을 발견하다[150]

16, 17세기 뉴턴Isaac Newton과 갈릴레오G. Galileo 등의 역학을 중심으로 일어난 과학혁명 이래 과학에 대한 인간의 신뢰는 급격히 증가해 왔다. 그리스 관념론적 철학으로부터 베이컨F. Bacon의 경험주의 철학으로의 전환으로 특징지을 수 있는 과학혁명은 그 후 과학적 방법론을 통해 체계적인 과학적 지식을 축적하게 하였고, 18세기 라봐지에A. Lavoisier, 돌턴John Dalton 등의 화학혁명, 산업혁명, 19세기 생물학혁명, 20세기 현대물리학의 탄생을 거치면서 인류의 미래에 대한 장밋빛 유토피아를 약속하는 듯했다.

그러나 20세기의 비극적인 양차 세계대전과 그 이후 전 인류를 일시에 파멸시킬 수 있는 가공할 핵무기의 개발과 끊임없는 군비경쟁 등은 종래 과학문명에 대한 사람들의 태도를 바꾸기 시작했다. 신학에서는 과학문명의 발달로 천년왕국이 도래할 것이며 그 이후 재림이 있으리라는 종래의 지배적인 후천년Post-millenialism[151] 사상이 전천년Pre-millenialism[152] 내지 무천년A-millenialism 사상으로 전환되기 시작했으며 철학이나 문학에서는 낭만주의적 기풍이 허무주의를 거쳐 실존주의적 기풍으로 바뀌어 갔다.

하지만 과학에 대한 인간의 순진한 기대는 많이 변하기는 했지만 여전히 그 위력 앞에 인간의 경외감은 끊임없이 증대되어 왔다. 컴퓨터와 전자공학의 눈부신 발달, 우주개발, 레이저의 등장, 통신혁명, 유전공학의 무한한 가능성, 가정과 사무실 및 공장의 자동화, 이 모든 것들을 역동적으로 연결해 주는 고도 정보화 사회의 도래 등, 현대 과학 문명을 특징짓는 대표적인 업적들은 거의 대부분 지나간 반 세기 동안에 이룩된 것들이다.

과학적 방법론의 도입으로 인한 폭발적 지식의 증가와 이로 인한 문명의 과학화는 사람들로 하여금 과학 그 자체에 대한 어떤 신성이라고 할 만한 것을 부여하기에 이르렀으니 이것이 곧 과학주의Scientism다. 과학주의의 주장을 요약해 보면 다음과 같다.

첫째, 모든 신념들은 경험이나 실험, 즉 과학적 방법에 의해 검증되어야 하며 과학적 방법만이 진리에 이르는 유일한 길이다.

둘째, 계량화된 것만 과학에 의해 알려질 수 있다.

셋째, 과학은 전제가 없으며 객관적이다. 즉 과학은 주관의 여지가 전혀 없는 순수 객관적인 학문이므로 무전제에서 출발한다.

넷째, 모든 우주는 기계적이며 인과율의 사슬causal chain로 연결되어 있기 때문에 모든 것은 결정되어 있다.

다섯째, 과학은 자기의 고유한 방법론을 통해 궁극적으로 인간의 모든 문제를 해결해 줄 것이다.

여섯째, 과학적 방법만이 진리에 이르는 참된 방법이므로 다른 모든 학문도 과학적 방법으로 환원되어야 한다.

위의 과학주의의 주장들은 외형적으로 보면 탈가치화, 객관화, 계량화 등을 표방하기 때문에 가치와 주관이 전혀 섞이지 않는 것처럼 보인다. 그러나 자세히 보면 첫째 주장은 실험주의Experimentalism고, 둘째 주장은 유물주의Materialism, 셋째 주장은 객관주의Objectivism, 넷째 주장은 결정주의Determinism, 다섯째 주장은 진보주의Progressivism이며, 여섯째 주장은 방법론적 환원주의Methodological Reductionism임을 쉽게 알 수 있다.

근본적으로 과학주의는 존재론이나 인식론에 있어서는 자연주의Naturalism를, 내용에 있어서는 합리주의Rationalism를, 정신에 있어서는 휴머니즘을 배경으로 한다고 할 수 있다. 요약하면 과학주의란 인간이 하나님의 주권과 섭리를 삭감하고 인간 그 자신의 자율성을 바탕으로 이론을 구축하는 데서 나온 자연스런 주장이라고 할 수 있겠다.

그리스도인 과학자는 이러한 팽배한 과학주의에 대해 특히 주의해야 할 필요가 있다. 이는 과학주의가 과학의 결과가 아닌 과학에 대한 신앙이며 과학적으로 증명할 수 없는 과학의 가치에 대한 하나의 견해이기 때문이다. 다분히 종교적인 색채, 그것도 기독교 신앙에 반대되는 종교적인 색채를 갖고 있다. 러너Runner는 '과학주의의 승리는 기독교 신앙의 패배'라고 했다. 과학주의가 성경과 상치되는 종교적 주장이라 한다면 그리스도인 과학자는 과학에서 과학주의 대신 성경적 입장을 정립해야 한다. 그러나 과학주의를 비판한다고 해서 그들이 발견한 피조세계의 흔적들을 무조건 무시하고 반대의 극단, 즉 과학주의에서 맹신주의fideism로, 통일과학에서 낭만주의로, 객관적 과학에서 상대주의로 가서는 안 됨을 기억해야 한다.

과학에 대한 성경적 견해는 처음부터 기독교 유신론적 세계관에 근거하고 있다.[153] 주의론적Voluntarism이고 유신론적인 기독교 유신론에서는 하나님의 존재와 섭리를 당연한 것으로 받아들인다. 자연에는 하나님의 능력과 신성이 분명히 나타나 있기 때문에 아무도 부정할 수 없다롬 1:19~20. 오직 "어리석은 자는 그의 마음에 이르기를 하나님이 없다"시 14:1고 한다. 성경은 과학이나 과학을 할 수 있는 재능이 하나님의 선물이며, 문화 활동의 일부로써 과학 활동을 하나님의 명령으로 간주한다창 1:28. 또한 과학의 연구대상이 되는 자연세계는 사탄의 세계가 아니라 하나님의 피조세계이므로 과학적 연구는 피조세계의 자연과학적 측면을 연구하는 것이라 할 수 있다.

결론적으로 그리스도인 과학자의 사명은 크게 다음 두 가지로 요약된다. 첫째, 과학을 이 시대의 새로운 우상으로, 과학자를 이 시대의 새로운 제사장이 되게 하는 과학주의나 기술주의, 그리고 이와 유사한 반기독교적 조류를 비판함으로 과학에 있어서 그리스도의 주 되심을 확립해야 한다. 둘째, 피조세계의 자연과학적 측면을 연구함으로 자연계에 나타난 하나님의 창조와 섭리, 그리고 능력과 신성을 발견하여 창조주 하나님께 영광을 돌리고, 그 연구된 결과는 인류의 복리를 위해 사용되어 이웃사랑이 실천되도록 최선을 다해야 한다.

기독교적 학문 연구를 위한 제도적 단계

끝으로 기독교적 학문 연구를 위한 제도적 단계에 관해 생각해 보자. 아래 그림의 가로축은 기독교적 학문 연구를 하기 위한 단계를 나타낸 것이며 세로축은 각 단계마다 감당할 수 있는 사역의 예들을 나타냈다.

기독교적 학문 연구를 위한 제도적 단계와 각 단계에서
감당할 수 있는 사역들

사역의 예 \ 단계	개인적 연구	연구회(Study Group)	연구소나 대학원	기독교대학
개인적 기고				
일반강연				
수 련 회				
소규모출판				
단기강좌				
학회결성				
학술잡지				
학술회의				
출판사 운영				
전문연구인력 확보·양성				

첫째 단계는 개인적 차원에서 기존의 여러 자료들을 공부하는 것이다. 이런 자료들을 국내에서 저술 혹은 번역된 것을 구입할 수도 있고 외국에서 출판된 것들을 직접 주문하거나 국내에서 운영하는 개인적 서고Wesley Wentworth 선교사 등나 IVP 서고, 생명의말씀사 등과 미국의 CBDChristian Book Distributors, 인터넷 매체 등을 통해서 구입할 수 있을 것이다.

둘째 단계는 분야마다 연구회Study Group를 형성하여 공부하는 방법이다. 관심 주제별로 스터디 그룹을 5~10명이 함께 공부하면서 심화시켜 나가도 좋고, 기독 교수들이 성경공부를 인도하듯 연구회를 인도하여 기독교 세계관에 입각한 전공 분야를 정립해 나가는 것도 좋을 것이다.

연구회를 운영하면서 경험적으로 배운 몇 가지를 덧붙이면, 먼저 기독교 세계관과 철학 및 기독교 역사관에 관한 기초적인 공부를 한 후 각 전공분야로 들어가는 것이 바람직하다는 것이다. 그리고 가능하다면 성경공부와 병행하는 것이 유익하다. 여건상 어려우면 연구회와 성경공부를 격주로 번갈아 가며 모이는 것도 '차가운 지성'을 방지할 수 있는 한 방법이라 생각된다. 이러한 경험들을 근거로 기독교세계관 학술동역회에서는 학문-신앙-삶을 통합하는 기독교 세계관적 제자훈련 커리큘럼을 만들고 있다. 이 커리큘럼이 완성되면 '전인적' 제자훈련에 많은 도움이 되리라 생각된다.

셋째 단계는 연구소나 대학원 설립이다. 일차적으로는 여러 기독교 계통 대학에서 부설로 연구소를 설립하여 전문적인 연구를 하는 것이 바람직하다. 이런 연구소가 좀 더 발전하여 토론토Toronto의 기독교 학문연구소ICS: Institute for Christian Studies와 같은 전임 교수나 연구원을 둘 수 있는 대학원 단계가 되면 훨씬 더 체계적인 세계관 연구가 이루어질 수 있을 것이다.

이 중에서 특히 정기적인 학술잡지를 발간하는 것은 본격적인 기독교적 학문 연구를 위해 필수 불가결한 것이라 할 수 있다.

몇몇 분야를 제외하고 기독교적 학문 연구에 관한 깊이 있는 논문이 제대로 나오지 않는 것은 절대 연구 인력이 부족한 탓도 있지만 게재할 수 있는 전문 학술잡지가 없는 것도 중요한 이유가 된다. 기독

학자들이 직업적 활동의 일부로서 기독교적 학문 연구를 할 수 있기 위해 연구된 결과를 실을 수 있는, 그래서 연구업적으로 인정받을 수 있는 학술잡지가 필요하다. 그런 측면에서 〈신앙과 학문〉이 학술진흥재단 등재 후보지가 된 것은 매우 고무적인 일이라 할 수 있다. 미국과학자협회American Scientific Affiliation에서는 1941년에 〈Christian Perspectives on Science〉를 창간하여 지금까지 계간으로 잡지를 발행하고 있으며, 1988년 창간된 이래 계속 발간 중인 〈통합연구〉, 1996년 5월부터 발간한 〈신앙과 학문〉 등이 있다.

또한 DEW[154]에서는 1997년부터 VIEW 밴쿠버기독교세계관대학원를 설립하여 운영하고 있다. 세계관대학원의 특성상 인력이나 문헌 등을 쉽게 이용할 수 있는 곳이어야 하기 때문에 여러 곳을 물색하던 중 캐나다 밴쿠버가 가장 적지適地라는 결론을 내리고 밴쿠버에 설립하였다. 이미 20여 개 정도의 세계관 과목에 대한 강의계획서Syllabus가 만들어져 강의가 이루어지고 있으며, 1,000여 편의 학생 논문이 작성되었다. 앞으로 더욱 수준 높은 논문들이 많아지며, 지역 교회에서 기독교 세계관에 대해 체계적으로 공부할 수 있는 교재도 개발될 것이다.

현재 VIEW에서는 지난 10여 년 간 VIEW를 운영하면서, 그리고 지난 27년 간 DEW를 운영하면서 축적된 노하우와 컨텐츠를 나누기 위해 VIEW Global University 설립을 추진하고 있다. VGU는 기존 대학들처럼 캠퍼스가 있는 것이 아니라 한국을 포함하여 국제적인 거점 도시들마다 VIEW 분교들일종의 단설대학원 프랜차이즈을 설립하고 이 분교들을 네트워크로 연결해 운영되는 대학이다. 기본적으로 한인 인구가 3만 명을 넘거나 세계관 훈련을 위한 특별한 자원들이 있는 곳이라면 어디라도 VIEW 분교를 시작할 수 있다.

예를 들어 실리콘밸리는 많은 고급 인력과 더불어 요세미티 등 창조론 탐사를 위한 좋은 환경이 있고, 런던은 대영박물관 등 세계관 탐사여행을 할 수 있는 엄청난 문화적 자원들이 있다. 일리노이 주립대학과 같이 대형 대학이 있는 일리노이주 샴페인 같은 곳에서는 대학원 학생들을 대상으로 기독교적 학문 연구를 훈련시키는 단설대학원 프로그램을 시작할 수 있을 것이다.

넷째 단계는 기존의 기독교 대학을 새롭게 하거나 새로운 기독교 대학을 설립하는 것이다. 새로운 대학을 설립하는 것은 막대한 재정과 노력이 소요되는 일이지만 기존의 기독교 대학에서 전문적인 기독교적 학문 연구와 전문 연구인력 양성은 비교적 쉬운 일이므로 한국 교회의 백년대계를 생각할 때 필요하다고 생각된다.

그러므로 일차적으로 기존의 기독교 대학을 명실상부한 기독교 대학으로 만드는 것이 시급하며 이를 위해서는 기독교 대학의 성패를 좌우하는 좋은 교수를 양성하는 프로그램이 필요하다. 그리스도인이면서 교수인 사람 Christian and professor 이 아니라 자신의 전공분야를 성경적으로 조망하거나 재구성할 수 있는 동기화와 실제적 훈련이 되어 있는 기독교적 교수 Christian professor 를 양성하는 것이 무엇보다 중요하다.

만일 기독교 대학이 효율적으로 운영된다면 대학이 감당할 수 있는 사역은 매우 다양하다. 이렇게 볼 때 한동대학교나 백석대학교, 고신대학 등 국내의 몇몇 대학들이 기독교 대학으로서의 정체성을 가지려고 노력하는 것은 매우 고무적이고 뜻깊은 일이라 생각한다.

학문 세계에서 그리스도의 주권을 회복하라

사람이 하나님을 섬기지 않고 떠나가면 필연적으로 다른 신을 섬길 수밖에 없으므로 파멸에 빠진다는 것이 성경의 가르침이다. 이는 비단 종교적, 도덕적 영역에만 국한되는 것이 아니라 학문적 영역에도 적용된다. 근대 이후 계몽주의자들은 객관성 추구라는 미명하에 학문 세계에서 하나님이 서실 자리를 없애버리기 위해 안간힘을 써 왔다. 그래서 오늘날 대학에서는 '학문적'이라는 말이 '비종교적'이라는 말과 동의어로 사용되기에 이르렀다. 그 결과 "만물이 주에게서 나오고 주로 말미암고 주에게로 돌아감"에도 불구하고 롬 11:36 오늘날 대학은 비기독교적을 넘어 반기독교적 기풍으로 충일해 가고 있으며 학문의 세계에서 기독 학자들의 입지는 점점 더 좁아지고 있다.

이런 상황 하에 있는 기독 교수들은 학문 영역과 대학 공동체에서 예수 그리스도의 주권을 회복하기 위해 전력해야 할 것이다. 헨리 반틸 Henry Van Til이 말한 바와 같이 "그리스도인은 세상에 살고 있지만 세상에 속한 자는 아니다."155 그리스도인은 세상에 속한 자가 아니라 도리어 하나님의 영광을 위해 세상으로부터 부르심을 받은 자들이다.

그리스도인들은 물이 바다를 덮음같이 여호와의 영광을 인정하는 것이 온 땅에 가득하게 하기 위해 합 2:14, 모든 생각을 사로잡아 그리스도에게 복종시키기 위해 고후 10:5 부르심을 받은 자들이다. 이렇게 할 때 해 뜨는 곳에서 해지는 곳까지의 이방 민족 중에서도 여호와의 이름이 크게 될 것이며 말 1:11, 그 날에는 말방울에까지 "여호와께 성결"이라 기록될 것이다 슥 14:20.

이러한 놀라운 일이 일어나기 위해 우리는 먼저 이 시대의 학문이 어떻게, 어디에서부터 잘못 나갔는지를 주의깊게 살펴보아야 한다. 구체적으로 학문의 세계에서 지금과 같은 세속주의적 전통이 어떻게 시작되었으며, 어디에서부터 잘못되었으며, 어떻게 고칠 수 있을 것인지에 대한 논의가 필요하다.

1. 한국의 미션 스쿨이나 기독교 대학에서 학생들과 교직원들의 기독교적 지성을 배양하기 위해 어떤 노력을 기울이고 있는지 나누어 보자.

2. 그리스도인이면서 학자Christian and scholar인 사람과 기독교적 학자 Christian scholar의 차이에 대해 말해 보자.

3. 자신에게 주어진 상황에서 기독교적 학문 연구와 관련하여 할 수 있는 일은 무엇인가?

4. 자신의 영역이나 전공에서 제사장적 소명을 갖는다는 것이 실제로 어떤 의미가 있는지 나누어 보자.

제10장

학문의 세속화는
삶의 **세속화**로 이어진다*

신앙이나 신념 같은 부분을 거부하고 오로지 인간의 이성적 자율성을 강조하며 객관성이라는 가상적 토대를 가진 세속주의는 특히 학문영역에 지대한 영향력을 행사하며 삶의 세속화라는 결과를 초래하고 있다. 또한 학문이 가치중립적이고 비인격적이라는 생각을 심어 주며 객관적인 사실만을 진리로 선포한다. 그러나 학문의 존재 의미는 하나님에 의해 창조되고 그분에 의해 유지되고 있는 피조물을 연구하며 하나님께 영광을 돌려 드리는 데 있고, 실천하는 지식이 참된 진리임을 성경을 말씀한다.

* 이 글은 원래 VIEW의 DiLaW 과정에 재학 중이던 이인희 선생(꿈의학교 교사)이 나의 WVS500 Worldview Foundations 강의(2007년 가을학기)에 대한 논문으로 제출한 것이다. 원 제목은 "기독교적 관점에서 본 세속주의 학문에 대한 비판"이었으나 필자인 이인희 선생의 동의를 얻어 이곳에 제목과 글의 내용을 수정, 게재한다.

세속 학문과 그리스도인의 소명

흔히 집을 그릴 때 지붕부터 그리는 경우가 많다. 그러나 실제 건축 현장에서는 볼 수도, 상상할 수도 없는 광경이다. 왜냐하면 일반적인 건축 시공에서는 토대, 즉 '기초가 어떻게 되어 있는가?'에 따라 건물의 형태와 골격이 결정되기 때문이다.

그러나 우리는 '학문'이라는 그림을 그리는 데는 이와 같은 실수를 범하곤 한다. 학문의 올바른 기초를 세운 후 형태와 골격을 세우는 것이 아니라 학문의 지붕을 먼저 설치한 후 그 틀에 토대를 끼워 맞추려 하는 것이다. 학문이라는 건물을 단순히 건축적인 의미에서 생각하면 큰 문제가 없을 수도 있지만 그 건물에서 사람이 생활한다고 가정할 때는 심각한 문제가 발생한다. 토대가 견고하지 않은 건물은 머지않아 균열이 생기고 이는 곧 건물 붕괴로 이어져 큰 인명 피해를 야기할 수 있기 때문이다.

그런데 세속주의 학문이 200년 이상 지속되고 있는 현재, 여러 곳에서 학문의 균열이 시작되었고 붕괴의 조짐이 나타나고 있다. 낙관주의 교육자들은 이러한 문제에 대해 일반적인 현상으로 치부하고 미봉책을 통해 문제를 해결하려고 하지만 이것은 건물에 균열이 생겼을 때 그 부분을 도배로 가려 현상을 은폐하려는 행위와 같다. 세속주의 학문이 지닌 문제는 현상적인 것이 아니라 근원적인 문제이기 때문이다. 따라서 문제의 원인에 대해 겸손하게 수용하는 태도가 필요하고, 잘못된 토대에 대해서는 더 나은 학문의 토대를 구축하기 위한 적극적인 자세가 요구된다.

성경은 새로운 역사의 방향을 언급하고자 할 때 언제나 계보를 상기시켰다. 이것은 새로운 역사의 출발에 앞서 기본 토대를 인지하는 것이 얼마나 중요한지를 암시한다. 그러므로 200년 전의 학문이 균열과 붕괴의 조짐으로 일변하고 있는 가운데 새로운 학문에 대한 열망이 일고 있는 이 시점에서 가장 중요한 것은 과거 학문에 대한 반성과 함께 진정한 학문의 계보가 무엇이었는지 상기하는 지혜다.

아래에서는 과거 세속주의 학문이 지닌 문제점들을 기독교 세계관에 기초하여 비평하고, 나아가 기독교적 관점에서 진정한 학문의 의미는 무엇인지 반추한 후, 새로운 학문의 초석은 무엇이 되어야 할 것인지를 논의한다. 이 과정을 통해 과거에 버려진 돌이 어떻게 미래에 모퉁이돌이 될 수 있는지를 함께 논의한다. 이를 위해 이 시대에 가장 큰 영향을 주고 있는 세속주의와 포스트모더니즘, 그리고 이들의 학문과의 관련성을 살펴본다.

아래에서는 먼저 몇 가지 측면에서 세속주의 학문과 그리스도인의 관계를 살펴볼 것이다. 첫째, 세속주의가 지닌 세계관의 발전과정과 특징들을 알아본 후 세속주의 세계관이 현대 학문 발달에 어떤 영향을 주었고, 그 문제점은 무엇이었는지를 밝힌 후 이를 기독교 세계관에 입각하여 재조명할 것이다. 둘째, 세속주의 학습의 기초를 이루는 것이 무엇인지에 대해 세속주의 학문에서 강조하는 어휘를 통해 알아보고, 그 속에 내재된 폭력성에 대해 알아 볼 것이다. 셋째, 세속주의 학습의 토대를 이루는 객관성과 비인격성에 대해 기독교 세계관으로 조명해 볼 것이다. 넷째, 학문 활동에 있어서 기독교적 관점이 왜 중요한지에 대해 기술하고, 마지막으로 본론의 내용에 대한 간략한 정리와 함께 새로운 학문의 토대를 무엇으로 해야 할 것인지에 대해 언급할 것이다.

세속주의

근대 이후의 지배적인 세계관에 대해 이야기할 때 우리는 흔히 '세속주의'라는 말을 많이 사용한다. 이 말은 불신자들에게는 인간의 자율성을 상징하는 의미로 사용되는 반면, 그리스도인에게는 불경건한 의미를 나타낼 때 주로 사용되었다. 이처럼 같은 단어가 관점에 따라 다른 의미로 인식되는 이유는 '세속'이란 의미가 역사적 흐름과 함께 변질되었기 때문이다.

'세속적'secular이라는 말은 라틴어 'seculorum'에서 유래한 말로서 원래 '시대'나 어떠한 '시기'를 의미하였다. 처음 이 용어가 사용되었을 때는 '일시적 시기시대'라는 의미로 쓰였고, '영원한 시기시대'라는 말과 대조적으로 쓰였다.[156] 이 용어는 주로 가톨릭에서 수도원 생활을 하는 성직자와 교구 사역자들을 구분하기 위해 사용되었는데, 수도원 생활을 하는 성직자들은 '영원한' 일에 집중하는 사람들로서 '신성'하다고 표현했고 교구 사역자는 '일시적'인 일을 담당하는 사람으로 '세속'으로 표현했다.

중세 가톨릭에서 사용되던 '세속적'이란 의미는 현대적 의미와는 사뭇 다르다. 중세 가톨릭이 헬레니즘의 영향으로 '신성'을 지나치게 강조하여 '세속'의 영역을 열등한 영역으로 생각했지만 실제 삶의 영역에서 '세속'은 '신성'한 영역만큼이나 중요했기에 이러한 중요함을 나타내기 위해 '세속'과 '신성'의 용어를 구분하여 사용했다.

그러나 '세속'이 '세속주의'로 변질되면서 '세속'의 의미는 기독교적 관점과 대립하게 되었다. 더 이상 신을 찾지 않고 오직 인간적인 능력만으로 인간의 문제를 개선하고 해결할 수 있다고 생각하기 시작했다. 내세와 초자연적인 것에 의지하여 현실 문제에 관심을 두지 않는 종교적 태도를 비난했고, 동시에 사회생활, 시민 생활, 정치 생활에 있어서 종교적 가치와 이상을 부정했으며, 교회는 순수 종교적인 영역에서만 활동하도록 요구했다.

이와 같이 '세속'의 의미가 변질되면서 발생한 사조를 '세속주의 secularism'라 하고, 그 의미는 '인간의 존재와 운명을 초자연적인 것과의 관련을 배제하고, 세상 자체 내에서 파악하고 해결하려는 사조'라고 정의할 수 있다.

1. 세속주의 세계관의 발전

고대 그리스 사상에서는 자연세계의 실재를 불변하는 형상과 가변적인 질료로 나누어 영혼과 육체의 관계를 설명하였다. 이러한 사상은 신플라톤주의를 거치면서 중세 교회에 커다란 영향을 주었다. 초대 교회 최대의 교부로 알려진 어거스틴Augustine of Hippo은 영혼과 육체를 상하로 나누어 수직적인 관계로 설명하였다. 즉 상층부는 형상으로서 불변하고 안정적인 것으로 본 반면, 하층부는 물질로서 불안정하고 가변적인 것으로 본 것이다. "나는 하나님과 영혼을 알기를 갈망한다. 그 이상은 아무것도 없다"[157]라는 그의 말 속에서도 알 수 있듯이 그는 이 세상을 영적인 영역과 물질적인 영역으로 분리하였다.

중세 후기 가톨릭 최대의 신학자 토마스 아퀴나스Thomas Aquinas는 이 세상을 둘로 나누어 상층부는 은혜로, 하층부는 자연으로 분류하였다.[158] 그는 "자연의 모든 사물은 그 자체에 독자적인 목적을 지니고 있다"고 보았다. 어거스틴이 인간과 자연의 타락상을 강조한 반면 아퀴나스는 그들이 선하게 창조되었음을 강조했다. 아퀴나스는 비록 인간의 이성이 하나님의 계시보다는 열등하다고 생각했지만, 이성이 진리를 찾는 데 인도자가 될 수 있다고 긍정했다. 기독교적 관점에서 자연에 대한 그의 평가는 적절했지만 자연에 대한 관점은 지성의 자율성을 지나치게 강조한 나머지 인간의 자율성이 하나님의 신성을 점령하는 교두보 역할을 하기에 이른다.

이후 르네상스 운동과 계몽주의 사상이 일어나면서 중세에 자연 위에 있는 것으로 강조되던 계시나 은총이 거부되고 인간의 이성적 자율성이 강조되었다. 특히 베이컨, 데카르트, 칸트, 헤겔을 거치면서 사람들은 중세적인 타율을 벗어던지고 자신의 이성과 경험을 중시하였다. 신앙이나 신념은 개인적인 영역으로 치부되었고 객관성과 보편성이 중시되었다.[159] 내세를 위해서 종교 의례를 개인적으로 지킬 필요는 있을지 모르지만 현세의 문제를 이해하는 데는 인간의 이성 그 자체로 충분하다고 여겼다. 프란시스 쉐퍼 박사의 말대로, 자연이 은혜를 '먹어 버리기' 시작한 것이다.[160]

그 결과 초대 교회 이래로 유지되어 온 기독교 세계관의 분열이 일어나기 시작했다. 하나님의 말씀은 상층부에 국한되고, 하층부를 지도하는 데는 부적절하고 불필요한 것으로 여겼다.[161] 이처럼 세속주의는 초자연이나 신의 은총을 부정하고 오직 인간의 자율성만을 강조하는 이원론적 배경 속에서 발생하였다.

2. 세속주의 세계관의 특징

세속주의 세계관은 1470년대의 르네상스와 1700년대의 계몽시대 사이에 탄생했다고 볼 수 있다. 이 시대를 흔히 '근대'라고 부르는데 근대와 중세를 구분하는 기준이 바로 세속주의 세계관이다.

이 세계관의 특징은 인간의 자율성을 강조하는 것이었다. 이 세계관을 가진 사람들은 인간이 다른 피조물들과 달리 하나님의 법에 제한받지 않고 무한한 가능성을 가지고 있기 때문에 자연세계를 완전히 지배할 수 있다고 믿었다. 또한 인간은 자유롭고 의식이 있으며 이성적인 행위자인 반면, 모든 자연은 거대한 기계, 죽은 물질의 영역에 불과하며 인과율의 법칙에 따라 움직인다고 보았다. 이러한 발상이 가능했던 것은 자연적인 세계를 자신의 목적을 위해 조작하고 이용할 수 있다는 기계론적 사고와 환원주의적 발상 때문이었다.

하나님의 선한 피조세계가 하나의 기계로 인식되고,[162] 인간이 자율적으로 세계를 정복할 수 있다는 세속적 환상은 결국 학문 연구에도 영향을 미쳤다. 학문은 경험이나 과학적 실험을 강조하게 되었고, 학문의 객관성을 유지하기 위해 신앙을 학문으로부터 떼어 놓았다. 학문의 순수성은 신앙이나 신념과 같은 개인적이고 선험적인 요소로부터 중립성을 지킬 때만 가능한 것으로 생각하여 오직 이성만을 강조하였다. 종교적인 전제들에 기초하지 않는 학문은 존재한 적도 없고 존재할 수 없음에도 불구하고 학문의 영역에서 종교적인 전제들이 배제되었던 것이다.

3. 세속주의 학문의 토대

흔히 세속주의 학문의 본격적인 시발점은 17세기 프랑스의 철학자 데카르트로 본다. 그는 물질을 기계처럼 하나의 고정된 패턴의 움직임으로 보고, 정신은 인지, 감정, 의지 등과 같은 영적인 영역으로 뚜렷하게 대비시켰다. 가톨릭 신자였던 그가 정신과 물질을 이분화했던 이유는 정신의 영역을 물질의 영역으로부터 보호하려고 했던 중세적 전통 때문이었다. 그러나 역설적으로 데카르트의 생각은 정반대의 결과를 야기했다. 인간 정신에 대한 그의 변호는 기계론적 우주관의 기초가 되어 이제 정신은 상층부로 던져진 채 물질과는 상관없는 일종의 유령과 같은 존재가 되었다.

물질과 정신 간의 단절은 뉴턴의 물리학이 성공을 거두면서 더욱 확장되어 갔다. 사람들은 자연을 마치 하나의 거대한 기계로 인식하여 과학적 사고를 통해 모든 자연의 법칙을 발견할 수 있다는 확신을 갖게 되었다. 이러한 기계론적 사고는 보편적인 진리를 발견할 수 있는 방법이 철학이나 신학과 같은 추상적이고 이념적인 학문을 통해서가 아니라 과학적 실험이나 관찰과 같은 실증적인 활동을 통해서만 가능하다는 확신을 갖기에 이른다.

기계론적 사고에서는 '신앙'이나 '신념'과 같은 용어는 종교적 영역, 가치의 영역으로 간주하여 철저하게 배제시켰다. 대신에 '사실', '이론', '실재' 등과 같은 단어들을 선호했는데, 그 이유는 이 단어들이 기계적 우주를 설명하는 데 필요한 '객관성'을 잘 표현해 주었기 때문이다. 기계론적 사고에서 말하는 '객관성'이란 주로 대상과 주체 사이의 관계를 통해 알 수 있는 의미인데 대상과 주체 사이의 관계는 '사실', '이론', 그리고 '실재'의 어원 속에 내재된 의미를 파악하면 이해할 수 있다.

첫째, '사실'fact이란 '만들다'라는 의미의 라틴어 '파케레'facere에서 온 말이다. '만들다'라는 이미지는, '사실'이란 인간의 손에 의해 가공되었다는 것을 시사한다.[163] 여기서 무엇인가를 만들기 위해서는 대상이 있어야 한다. 따라서 '사실'이 지닌 내재적 의미는 '대상과 주체를 구분하고 대상으로부터 주체를 고립시킨다'는 전제가 내포되어 있다.

둘째, '이론'theory은 사실들의 세계를 하나로 엮어 주는 실로서 '구경꾼'을 뜻하는 헬라어 '테오로스'theoros 혹은 '관조'를 의미하는 '테오리아'theoria에서 왔다.[164] '구경꾼'이란 단어에서도 알 수 있듯이 대상과 주체는 구분되어 어떠한 관계를 형성하지 않는다. '이론'이 형성되기 위해서는 대상과 주체 사이에 어떠한 감정적인 교감이나 주관적인 생각 등이 개입되면 안 된다. 무대에서 배우와 객석에서의 관계가 일정한 간격을 유지하듯 대상과 주체 사이에는 일정한 거리를 유지해야 하는 것이다.

마지막으로 '실재'reality의 어근은 재산, 소유물, 물건 등을 의미하는 라틴어 '레스'res다. 그 의미는 'real estate'부동산이라는 단어에서 뚜렷이 나타나듯이 사물에 대한 권리를 주장하기 위해 사용되는 단어다.[165] 이 단어 역시 주체와 대상이 나누어져 있고 주체인 인간이 대상을 소유하고 지배하는 것으로 묘사한다.

위 세 단어의 뜻에서 알 수 있는 공통점은 주체와 대상을 분리하고 있다는 것이다. 주체와 대상 사이에는 어떠한 인격적 교감이나 정서적 교류가 있을 수 없으며 오직 주체와 대상과의 관계는 지배 관계나 경쟁 관계로 본다. 기계론적 사고에서는 이처럼 대상과 주체의 배타적 관계를 '객관성'이라고 설명하고, 이 객관성이야말로 학문을 하는 데 가장 중요한 토대라고 주장한다.

이상에서 본 바와 같이 기계론적 사고는 비인격성을 전제하고 있다. 세속주의 학문은 기계론적 사고를 시발점으로 하기 때문에 철저한 비인격성에 바탕을 두고 있다. 따라서 세속주의 학문에서도 비인격성을 추구하기 위한 기본 토대로 기계론적 사고의 핵심 요소인 '객관성' objectivity을 그대로 차용하여 사용하고 있다. 왜냐하면 객관성을 나타내는 'objective'의 라틴어 어원이 '~에 맞서다', '~에 대항하다'라는 의미를 품고 있는데 비인격성을 나타내는 것으로 이보다 더 나은 어휘는 찾기 힘들었을 것이기 때문이다.[166]

4. 세속주의 학문의 폭력성

그렇다면 세속적 학문이 객관성을 핵심으로 하는 기계론적 사고

위에 세워져 있다는 것이 어떤 문제를 야기하는가? 세속주의자들의 원래 기대와는 정반대로 이는 세속적 학문이 이데올로기적 특성을 가진다는 점을 들 수 있다. 일반적으로 이데올로기는 '사상의 틀'이라는 뜻을 가지고 있지만 본래적인 의미는 '어떤 목표를 달성하기 위한 도구로 사용되는 규범이나 신념의 체제'를 의미한다.[167] 그런데 이데올로기 근저에는 목표를 위해서 수단과 방법을 가리지 않는 폭력성이 숨겨져 있다. 세속주의 역시 '인간의 자율적 이성 추구'라는 목표를 위해 수많은 폭력을 휘두르고 있다.

첫째, 인간의 기본 속성에 대한 폭력을 들 수 있다. 인간은 전인격성을 가지고 있다. 인간의 인격성은 자연적인 속성이다. 흘러가는 것이 자연스러운 물의 속성이듯 자기결정을 하고 자기반성성찰을 하며, 자기의 감정을 표현하는 것은 자연스러운 인간의 속성이다. 그런데 물이 흐르지 않고 멈춰 있다고 해서 물의 속성이 사라지거나 없어지는 것이 아니다. 물의 속성을 잃었다면 다른 속성으로 변질되었다고 보는 것이 옳다. 마찬가지로 인간의 기본 속성은 인격성이고, 이것은 부정한다고 해도 부정할 수 없는 것이다. 그러므로 인간의 기본 속성인 인격성이 존재하지 않는 인간이란 소설 속에서만 가능하다.

조지 오웰의 소설 「1984년」은 인간의 속성인 인격을 무시한 사회를 보여 준다. 그러나 이 소설 역시 아무리 인간의 인격을 통제하고 억압해도 그 속성은 사라질 수 없는 원천적이고 선험적인 존재임을 밝힌다. 조지 오웰의 소설은 인격성의 완전한 소멸은 불가능함을 시사하고 있다. 동시에 만일 인격성이 완전히 말살된 사회가 존재한다면 그 사회는 더 이상 인간의 사회가 아님을 암시한다.

우리는 기본적인 개인의 자유가 보장되지 않는 사회를 '폭력적인 사회'라 한다. 일명 '천부적 인권'은 집단이나 사회에 의해 통제되거나 억압될 수 있는 것이 아니다. 설령 집단이나 사회의 유익을 위한 정의라 해도 이것은 정당성보다 폭력성에 가까운 것이다. 왜냐하면 사회를 위해 개인이 생긴 것이 아니라 개인의 안정과 권리를 위해 사회가 생겼기 때문이다. 이러한 측면에서 볼 때, 인간의 기본 속성인 인격이 객관성을 유지해야 한다는 명목 아래 억압되고 통제되는 것은 명백히 인간의 기본 속성에 대한 폭력이다. 아무리 정당한 근거와 이유가 전제되어도 상식적인 인격의 실재를 부정하는 것은 엄연한 폭력적 행위라 할 수 있다.

둘째, 사물을 파악하는 인식론적 폭력을 들 수 있다. 피조물 속에 하나님의 진리의 다양한 측면이 숨겨져 있는데도 다만 인간의 이성으로 이해 가능한 측면만을 인정한다면 이것은 일종의 인식론적 폭력이라 할 수 있다. 각각의 피조물 속에 숨겨진 그 다양성을 무시하고 한 가지 측면에만 집중할 때 우리는 인식론적 환원주의라는 이데올로기에 빠지게 된다. 인간의 앎의 대상 속에는 하나님의 진리의 다양한 측면이 담겨져 있는데 대상 속에 내포된 다양한 측면들이 인정되지 않고 하나 혹은 소수의 측면에만 집중하는 것은 학문적 이데올로기에 빠지는 것이다.

예를 들어 '물'은 과학적인 측면에서는 'H_2O'로 말할 수 있지만, 윤리적 측면에서는 성실이나 서약을 나타내고, 신앙적인 측면에서는 성찬이나 세례를 나타낼 수 있다.[168] 이외에도 물리적인 측면, 생물학적 측면, 그리고 공간적인 측면에서 볼 때 다양한 측면의 양상들을 내포한다. 그러나 물이 지닌 다양한 진리의 속성을 무시하고 모든 물의 속성을 오직 과학적 측면인 'H₂O'로 환원시키려 한다면 이것은 일종의 '종교적' 폭력이 되는 것이다. 왜냐하면 표면적으로는 객관성을 표방하지만 결국은 믿음의 수준을 요구하고, 우상숭배를 종용하고 있기 때문이다.

이런 점을 가장 잘 지적한 사람이 바로 네덜란드의 철학자 도여베르트Herman Dooyeweerd였다. 그는 인식의 대상이 되는 개별적 사물들에는 15개의 양상이 있다고 보았다. 즉 가장 하위 양상인 수리적 양상에서 시작하여 공간적, 운동적, 물리적, 생명적, 심리적, 분석적, 역사적, 언어적, 사회적, 경제적, 심미적, 법적, 윤리적 양상을 거쳐 가장 상위 양상인 신앙적 양상 등으로 나누었다. 이러한 양상들은 서로 환원될 수 없는데, 만일 이러한 여러 양상들을 억지로 하나의 양상으로 환원시키려고 할 때 이데올로기가 발생한다고 보았다. 즉 막시즘Marxism은 모든 양상들을 경제적 양상으로, 심리주의는 심리적 양상으로 환원시키려고 할 때 발생했다는 것이다. 이런 의미에서 볼 때 이데올로기는 일종의 인식론적 폭력이라고 할 수 있다.[169]

네덜란드의 하우츠바르트Bob Goudzwaard 교수의 지적대로 이데올로기는 현대인들에게 우상으로서의 기능한다. 이런 세속화는 결국 인간이 자신의 창조주로부터 독립하려고 하는 교만의 표현이며, 죄로 말미암아 하나님으로부터 소외된 결과다. 이것은 인간이 하나님과 그의 계시로부터 벗어나 독립적으로 자신을 스스로 이해하고 자신 및 자신의 세계를 개척해 나가려는 시도다. 이러한 관점에서 세속주의는 객관성의 탈을 쓴 명백한 이데올로기고, 세속주의가 지닌 폭력성은 궁극적으로 신앙의 개종까지 요구하는 종교적 폭력성임을 알 수 있다.

세속주의 학문의 오류

앞에서 언급한 바와 같이 세속주의 학문에서는 개인적이고 주관적인 가치를 배제한, 중립적이고 객관적 사실을 강조한다. 그러나 '사실'은 결코 가치중립적일 수 없다. 세속주의의 영향으로 앎에 있어 가치를 추구하기보다는 객관적 지식이나 정보를 발견하는 것에 더 큰 의미를 두고 있지만, 지식은 가치에서 출생한다고 할 수 있다.

　세상에는 많은 정보데이터가 있다. 세상에 존재하는 그 많은 정보 중에서 사람들은 가치 있는 것들을 지식으로 받아들인다. 달리 말하면 우리가 배워야 할 지식 중에 가치가 없는 지식이란 존재하지 않는다. 우리가 배움에 정진해야 하는 이유도 지식을 배우기 위해서가 아니라 그 지식 뒤에 숨겨져 있는 가치를 찾는 데 있다. 즉 지식은 가치를 전달하는 수단에 불과하다.

　예를 들면 역사적 사실정보 중에서 출애굽 사건지식에 대해 우리가 배워야 하는 이유는 출애굽 사건 속에 하나님의 은혜가치가 숨어 있기 때문이다. 출애굽 사건 자체만을 배운다면 신화나 소설과 다를 바 없다. 그러나 그 사건 뒤에 숨겨진 은혜의 가치를 찾을 때 출애굽 사건은 거짓이 아닌 사실로 가슴 속에 남게 되는 것이다.

1. 학문은 가치중립적이지 않다

이처럼 사실은 이미 가치를 내포하고 있다. 바버는 해석되지 않은 사실은 없다고 말했고, 과학철학자 한슨Norwood Hanson은 모든 자료는 이미 "이론이 투사되어 있다"고 지적했다. 지적인 정직성은 불가능한 중립성을 강요하는 데 있지 않고 중립성이라는 것이 불가능함을 인정하는 데 있다.170

학문의 객관적인 듯이 보이는 주장 뒤에는 항상 명시적이든지 암묵적이든지 신앙적 요소가 전제되어 있다.171 하웃츠바르트는 이것을 "누구나 자신의 삶 속에서 신을 섬긴다"고 표현했다. 인간은 누구, 혹은 무엇인가를 섬길 수밖에 없는 존재고, 다음에는 그 섬기는 대상에 따라 자신을 형성해 가며, 그리고 형성된 그의 모습은 자신의 학문 행위에 강력하게 반영된다. 그러므로 만일 자신의 학문을 기독교 신앙과 무관한 것이라고 생각하는 사람이 있다면 그는 신앙과 무관한 학문을 하는 것이 아니라 현대 학문 세계를 지배하고 있는 다른 '신앙'의 관점에서 학문을 하고 있는 것이다.

예수님은 "한 사람이 두 주인을 섬기지 못할 것"이라고 말씀하셨다마 6:24. 이 말씀은 '사실'이 결코 '객관적'이지 않음을 시사한다. 근본적으로 우리가 주장하는 바는 자신과 주변세계, 하나님에 대하여 생각하는 바를 반영한다. 따라서 하나님을 섬기든가, 아니면 하나님의 자리를 차지한 다른 신이나 우상을 섬기게 되는 것이다. 누군가가 하나님과 그 말씀에 대한 믿음을 거부한다고 해서 그가 섬기는 신이 없는 것이 아니다. 그는 또 다른 우상을 섬기고 있는 것이다.

기독교 세계관으로 세속주의 학문의 객관성을 조명해 볼 때 '객관'은 세속주의 세계관에서 의미하는 것처럼 결코 가치중립적일 수 없다. 또한 모든 학문의 근원이 가치중립적이지 않다는 의미는, 모든 학문의 근원이 '신념'이나 '믿음'을 전제한다고 볼 수 있는데 이런 의미에서 볼 때 세속주의 학문의 근원은 '자연'이다. 이것은 '하나님'이 있어야 할 자리에 '자연'이라는 신앙의 대상을 올려놓은 행위고, 이는 명백한 우상숭배라고 볼 수 있다.

2. 학문은 인격적이다

'진리를 안다'는 것은 추상적이거나 객관적인 단어가 아니다. '진리' truth는 "나는 언약을 지킬 것을 당신에게 맹세합니다"라는 고대 영어 표현에 나오는 '언약' troth과 동일한 어근을 가진다.[172] 사람은 '진리'라는 단어를 통해 다른 사람과 언약을 맺고, 서로를 책임지며 서로를 변화시키는 관계를 맺는다. 그러므로 진리 안에서 무언가를 안다는 것은 인식 대상과 언약 관계로 들어가는 것을 의미한다.

진정한 앎은 인식의 주체와 그 대상을 하나로 결합시킨다. 성경은 '안다'를 남녀간의 성관계를 가리키는 데 사용하는데, 이것은 가장 깊은 차원에서의 앎 혹은 사랑을 의미한다. 인식 대상을 소유의 대상이나 경쟁의 대상으로 보는 것이 아니라 공동체로서 이해하는 것이다. 따라서 '진리를 안다'는 것은 상실되었던 우리 사이의 인격성과 공동체의 끈을 회복한다는 의미다.

미국의 기독교 교육학자 알버트 그린 Albert Greene 박사는 하나님이 창조세계를 만드신 목적은 인간을 하나님 자신의 형상을 따라 지으신 것과 관련 있다고 말한다. 하나님은 이 창조세계를 자신의 형상을 따라 만드신 인간과 계속적으로 관계를 맺어 가시기 위해 만드셨다.[173] 이처럼 하나님께서 자신을 성경에 계시하실 때 피조세계를 인간과 분리시키신 적이 없다. 오히려 말씀이 육신이 되어 우리에게 오셨다. "말씀이 육신이 되어 우리 가운데 거하시매" 요 1:14.

이 움직임을 통해 영과 물질이 하나로 융합되었고 온전하게 되었다. 즉 성과 속 사이에 존재하던 분리가 극복되었으며, 자아와 세계 속에 초월적 가능성이 충만히 스며들게 되었다. 하나님이 피조물 안으로 들어오셔서 피조물의 몸을 입고 피조물과 함께 거하시면서 은혜와 진리를 나타내 보이셨다. 여호와의 말씀은 구약이라는 책 속의 말로만 우리에게 온 것이 아니라 완전한 인격적인 존재로 우리에게 오셨다.

예수 그리스도는 하나님의 피조물의 옷을 입고 우리에게 오셔서 "내가 곧 길이요 진리요" 요 14:6라고 말씀하셨다. 그분은 진리이신 예수님을 통해 온전한 언약을 이루시길 원하고, 온전한 연합을 이루시길 원하셨다. 그분은 타락으로 단절된 하나님과 인간 사이의 관계, 인간과 인간 사이의 관계, 그리고 인간과 피조물과의 관계를 회복하셨다.[174] 그분은 우리 욕구의 가장 깊은 원천인 유기적 공동체를 처음 창조되었던 그 원안原案 공동체로 다시 창조하시길 원하셨다.

기독교 세계관에서는 세속주의 세계관에서 강조하는 '배타적', '적대적', '경쟁적' 등의 비인격적 용어가 자리 잡을 틈이 없다. 기독교 세계관에서 볼 때 '분리'는 오직 죽음을 의미하기 위해서 사용하는 단어다. 살아 있는 창조세계에서는 오직 언약에 따른 연합만이 있을 뿐이다. 따라서 기독교 세계관에서 의미하는 진정한 학문은 유기적이고 공동체적 참여를 통해서 이루어지는 것이라 볼 수 있다. 반면, 세속주의 학문에서 제시하는 비인격성에 바탕을 둔 학문은 죽은 학문을 의미한다.

학문에 있어 기독교적 관점의 중요성

그렇다면 기독교적 학문이 왜 그렇게 중요한지가 자명해진다. 학문의 본성은 원래 살아 있고, 인격적이며, 또한 그러해야 한다. 그렇지 않은 학문은 바르지 않은 학문이다. 그렇다면 기독교적 관점에서의 학문이 구체적으로 우리에게 무엇을 제시할 수 있을까?

1. 안전한 토대를 제공한다

우리는 '진리'를 말할 때 '부분적인 진리'는 '진리'라고 하지 않고 부분적인 '사실'이라고 한다. 무엇인가가 진리가 되기 위해서는 세계의 일부가 아닌 전체를 설명할 수 있어야 하고, 그 전체를 설명하는 데 모순이 생겨서는 안 된다.

그러나 세속주의가 말하는 진리의 토대는 너무 작아서 세계라는 집을 짓기에는 맞지 않는다. 설령 그 토대 위에 세계라는 지붕을 올려도 곧 균열과 붕괴의 조짐을 나타낼 것이다. 쉐퍼 박사의 비유를 빌면 그것은 마치 사람을 쓰레기통에 억지로 집어넣으려는 것과 같다. 그럴 경우 팔이나 다리가 삐죽 나오기 마련이다.[175] 진리의 목적은 세계를 일관성 있게 이해하고 설명하는 것이다. 이것을 설명하지 못하는 것은 무엇인가 잘못되었음을 의미한다. 따라서 부분적인 진리가 아닌 총체적이고 보편적이며 통합된 진리를 설명하기 위해서는 기독교적 관점에 입각한 토대가 중요하다.

또한 기초가 약한 집은 견고하지 않듯이 토대가 없는 학문은 불안정할 수밖에 없다. 지금까지의 세속주의 학문의 토대는 검토되지 않은 전제들을 근거로 세워졌고, 유한한 인간의 사실들을 가지고 토대를 세웠기 때문에 불안정하다. 인간이 만든 것이기에 인간은 자신의 목적을 위해서라면 언제라도 그것을 허물거나 바꿀 수 있다.

영원할 수 없는 진리만큼 인간을 두렵게 하는 것은 없다. 인간은 내일이면 거짓이 될 수도 있는 사실을 진리라고 믿을 만큼 용기 있는 존재가 아니다. 따라서 분명하고 변하지 않는 진리의 토대가 필요하다. 이러한 진리의 토대를 도여베르트는 종교적 관점이라고 말한다. 그 토대는 하나님이 존재하신다는 것이다.요 1:1; 창 1:1. 즉 세속주의에서 주장하는 것처럼 진리를 불완전한 인간 내부에서 찾을 수 있다는 불안정하고 순환론적인 모순을 버리고, 모든 진리의 근원이 우주에 내재하시며 초월하시는 절대적인 하나님으로 왔다는 기독교적 토대가 필요한 것이다.

2. 하나님께 온전한 영광을 드린다

하나님은 로고스의미를 지니고 계셨다.요 1:14. 즉 의미이신 하나님이 모든 것을 창조하셨기에 창조된 모든 것은 의미를 지니고 있다. 창조세계는 인간에게 하나님의 인격과 능력을 드러낸다. 그리고 우리의 존재는 알든 모르든 직접 혹은 창조세계를 통해 하나님께 반응한다. 하나님의 창조세계는 우리가 하나님과 교통할 수 있는 통로가 되는 것이다. 이런 측면에서 창조세계를 알아 간다는 것은 단순히 주변세계를 아는 데 그치는 것이 아니라 그 속에 담긴 하나님의 의미를 이해하는 것이고 하나님과 교통하는 것이다.[176] 창조세계 속에 담긴 하나님의 진리를 찾는 것이다.

하나님은 그분의 형상을 닮은 인간에게 하나님의 진리를 이해할 수 있도록 세상을 허락하셨다. 그리고 그 진리가 하나님으로부터 온 것임을 깨닫고 하나님께 영광 돌리기를 원하신다. 학문의 존재 의미가 바로 여기에 있다. 하나님에 의해 창조되었고[창 1:1], 그분에 의해 유지되고 있는[히 1:3] 피조물에 대해 연구하고, 그 연구로부터 얻는 기쁨과 감동이 하나님으로부터 오는 것임을 알고, 하나님께 다시 영광을 돌리는 행위가 바로 학문의 진정한 의미인 것이다.

그러나 앞에서도 살펴본 바와 같이 세속주의 학문에서는 어떠한 하나님의 계시나 은총 같은 초월적 개념이 수용될 여지가 없다. 부모의 의존에서 자유로울 수 있는 자녀가 없듯이 어떠한 학문도 그 존재의 근원으로부터 자유로울 수 없다. 그럼에도 불구하고 세속주의 학문은 모든 것의 근원인 하나님으로부터 분리를 희망했고, 학문을 의존적 대상에서 자존적 대상으로 위치를 격하시켰다. 또한 이것을 정당화하기 위해 사실을 은폐하고 이데올로기적인 폭력을 행사하였다. 우리는 이것이 표면적으로는 객관성 획득 및 유지라는 그럴 듯한 명분을 내세우지만 결국은 하나님을 부인하고자 하는 인간의 열심인 것을 알게 되었다. 더 나아가 무차별적인 폭력은 우상숭배를 강요하는 종교적 행위임을 알게 되었다.

우리가 세속주의에서 오는 인식론적 강요와 더 나아가 우상 숭배의 위험성으로부터 벗어나기 위해서는 흔들리지 않는 토대가 필요하다. 또한 모든 진리가 하나님의 진리임을 고백하고, 그 진리를 통해 하나님의 온전하신 영광이 드러나기 위해서 기독교적 관점에 입각한 새로운 토대를 수축하는 일이 중요하다.

사람을 길러 붕괴된 학문의 기초를 다시 세우자

이원론적 사고로부터 시작된 세속주의 학문은 객관성이라는 가상적 토대를 갖게 되었다. 객관성을 토대로 한 세속주의는 주체와 대상을 대립적인 관계로 분리했고, 더 나아가 하나님의 형상인 인간과 창조주를 분리하여 인간 스스로가 세상의 왕이 되려고 한 이데올로기였다. 하나님의 형상이란 말이 의미하듯이 인간은 그 자체로는 아무것도 될 수 없고 의존적일 수밖에 없음에도 불구하고 세속주의는 무차별적인 폭력성을 통해 학문 연구에서 종교적 우상숭배를 강요했던 것이다.

하지만 여러 그리스도인들의 연구를 통해 세속주의가 견지했던 객관성의 토대는 이 세상을 이해하는 데 흔들리지 않는 기초가 될 수 없음이 증명되었다. 인간의 인식론적 안정감의 토대는 인간의 내적 확신이 아니라 우리를 창조하신 하나님의 신실하심에 있다. 이는 마치 양이 평안을 가질 수 있는 것은 혼자서도 늑대의 공격을 막아낼 수 있다는 내적 확신에서 오는 것이 아니라 신실한 목자가 나를 지켜줄 것이라는 믿음에서 오는 것과 같다. 또한 번지점프를 하는 데 있어 안정감을 느끼는 것은 자신의 내적 설득이 아니라 자기 밖에 있는 끈이 자신을 보호해 줄 것이라는 외적 확신이 함께 있을 때 가능한 것이다. 만일 외적 확신을 무시하고 내적 확신만 가지고 뛰어내린다면 결국 내적 확신과 외적 육신을 둘 다 잃게 될 것이다. 마찬가지로 우리가 주변 세계를 인식함에 있어서 기독교적 토대를 확립하는 것은 그와 같이 중요한 것이다.

이제 우리에게 필요한 것은 학문의 새로운 토대를 수축하는 것이다. "너희가 서로 거짓말을 하지 말라 옛 사람과 그 행위를 벗어 버리고 새 사람을 입었으니 이는 자기를 창조하신 이의 형상을 따라 지식에까지 새롭게 하심을 입은 자니라"골 3:9~10는 말씀처럼 거짓된 세속주의를 벗어 버리고 로고스이신 하나님에게 정초한 온전한 진리를 추구해야 한다. 또한 창조의 절정이자 하나님이 만드신 이 세계의 관리를 위임받은 인간은 이 세계가 창조의 원래 목적인 하나님의 영광을 드러낼 수 있도록 학문의 제사장 역할을 담당해야 한다.

학문의 제사장적 소명은 지식을 단순히 통합시키려는 노력이 아니다. 왜냐하면 모든 지식들은 본질적으로 서로 연결되어 있고, 우리가 하나님의 눈을 가지고 볼 수 있다면 모든 진리가 통일되어 있다는 사실을 인식할 수 있기 때문이다.[177] 우리에게 필요한 역할은 학문의 전 과정, 즉 학문의 의미, 과정, 방법, 목적, 응용, 심지어 학문의 동기까지 기독교 세계관적 기초 위에 세워져 가도록 의식적으로 실천하는 것이다.[178]

성경이 말하는 믿는다는 것은 행함을 전제로 한다. 아무리 자유에 대하여 멋진 말을 가르친다 해도 그것을 권위주의적으로 가르친다면 실제로는 노예의 윤리를 가르치는 것이다. 우리가 안다고 말하는 것은 믿는다는 것이고 이는 그대로 행함을 의미한다. 어떤 사람이 진리를 따라 행하지 않는다면 그것은 그 진리를 믿지 않거나 그 진리를 알지 못하는 것이다.[180]

역사적으로 세속주의를 근절할 수 있는 기회가 전혀 없었던 것은 아니다. 세속주의로 넘어가기 전 종교개혁을 통해 이원론적 사고를 극복하려는 움직임이 있었다. 문제는 종교개혁자들이 이원론적 사고의 극복이라는 성경적 아이를 잉태는 하였지만 해산할 힘이 없었던 것이다. 이러한 종교개혁의 실패는 세속주의에 의한 위기로 이어졌다. 학문의 세속화가 시작되었고, 이어 학문의 세속화는 삶의 세속화로 이어졌다. 그러나 세속주의 학문은 내적 모순에 기초하고 있어서 균열과 붕괴의 조짐을 보이고 있다. 두 번째 종교개혁의 기회가 온 것이다.

우리가 성경을 통해 깨닫게 된 중요한 사실 중의 하나는 첫 번째 아담이 앎과 행함이 일치되지 않아 타락한 반면, 두 번째 아담인 예수님은 지행일치로 승리했다는 것이다. 우리에게 찾아 온 두 번째 종교개혁에서 필요한 것은 바로 철저한 행함이다. 철저한 행함이 없으면 처절한 패배만 남게 될 것이다. 바라기는 두 번째 아담의 승리를 통해 죄로 인해 와해되었던 모든 관계가 회복되었듯이 두 번째 종교 개혁의 승리를 통해 세속주의 학문으로 인해 붕괴되었던 학문이 회복되길 기대한다.

붕괴된 학문의 기초를 세우는 것은 사람을 기르는 일에서부터 시작된다. 다행스러운 것은 소수지만 보석과 같이 귀한 청년들 중에 이 과업이 얼마나 중요한지를 이해하고 그 일에 자신의 지성과 인생 전체를 송두리째 던지겠다고 결심하는 경우가 있다는 사실이다. 비록 내

육신의 동생이나 자녀는 아닐지라도 그런 사람들은 인류 공동의 자산이요, 하나님 나라의 보석과 같은 존재들이다. 이들을 통해 학문의 세계에, 나아가 피조세계 전체에 하나님 나라가 임하는 꿈을 꾸어 본다.

토론과 질문

1. 기독교 세계관적 관점에서 볼 때 본 장에서 말하는 '인식론적 폭력' 혹은 '방법론적 강요'가 왜 그렇게 큰 문제가 되는가?

2. 학문이나 학문적 활동이 가치 내재적이라는 사실을 기독교적 학문 연구의 정당성의 기초로 삼을 때 포스트모던주의자들의 상대화의 공격을 어떻게 피할 것인가?

3. 학문의 객관성에 대한 신념이 이원론적 사고를 만들게 되었다는 주장에 대해 찬성하는가? 찬성하든지 반대하든지 그 이유를 말해 보자.

4. 일반적으로 목회적, 선교적 소명에 비해 학문적 소명이 강하지 않은 이유는 무엇이라고 생각하는가?

제11장

그리스도인들이여, 학문의 **제사장**이 되라!

다양한 사람들 속에서 학자들은 학자들에게 맞는 선교방법이 있다. 모두가 목회자가 되거나 선교사가 될 필요는 없다. 어느 곳에 있든지, 무슨 일을 하든지 선교사적 마인드를 가지고 성실하게 생활에 임하는 것이 필요하다. 그리스도인은 학문의 영역에서 학문을 통해 선교하고 하나님 나라에 기여해야 하는 학문의 제사장이다.

그리스도인의 학문적 소명과 대위임령

그리스도인들은 마태복음 28장 18~20절과 사도행전 1장 8절의 말씀을 예수님의 유언 혹은 대위임령이라고 하여 가장 중요한 성경의 명령이라고 생각한다. 그런데 대위임령에 대한 의미를 너무 좁게 해석하는 통에 많은 그리스도인들이 혼돈을 겪는다. 대위임령을 좁은 의미의 전도명령으로만 생각함으로 인해 다양한 분야에서 일하는 많은 헌신된 그리스도인들이 어떻게 그 대위임령에 순종할 수 있는지를 알 수 없게 되었다.

아래에서는 대위임령의 좀 더 포괄적인 의미에 대해서 생각해 보고, 그리스도인 학자나 학생이 어떻게 대위임령에 순종하는 삶을 살 수 있는지를 알아보고자 한다. 이를 위해 근래 내가 경험했던 두어 가지 이야기부터 시작한다.

이야기 하나

최이삭Isaac Choi, Jr. 군은 시카고 북쪽 교외에 있는 좋은 고등학교를 수석으로 졸업했다. 그리고 꿈에도 그리던 하버드 대학 화학과에 입학했다. 대학에 다니는 동안에도 이삭 군은 열심히 공부해서 좋은 성적으로 졸업했다. 졸업할 즈음에는 믿음이 좋은 부모님의 강력한 권유로 아이비리그에 속하는 의과대학에 지원했고, 당연히 그는 큰 어려움 없이 입학허가도 받았다. 하지만 이삭 군은 의과대학에 입학하지 않았고, 대신 플랜팅가Alvin Plantinga 교수가 재직하고 있는 인디애나주 노트르담대학 대학원 철학과에 지원했다.

부모들의 실망과 반대가 심했던 것은 두말할 필요도 없었다. 부모님들 역시 평생 선교회에서 훈련받은 믿음이 좋은 분들이었지만 아들이 최고의 대학을 나와 일류 의과대학에 입학허가를 받았는데 구태여 시골에 있는 철학과 대학원에, 그것도 가톨릭 대학에 가겠다니 도무지 이해할 수 없었다. 하지만 이삭 군의 결심은 단호했다. 의과대학에 진학하라는 부모에게 자신은 의사가 되어 돈을 벌어 하나님 나라에 기여하기보다는 철학을 공부해서 영향력으로 기여하겠다고 말하는데 부모들도 어떻게 할 도리가 없었다. 자라면서 한 번도 부모님을 섭섭하게 하지 않았던 아들이었지만 이번에는 도무지 부모님의 말씀에 순종하려고 하지 않았다.

그런데 엎친 데 덮친 격으로 이삭 군은 노트르담 대학원으로부터 입학허가를 받지 못했다. 실력이 부족해서가 아니라 지도 교수로 택했던 플랜팅가 교수가 금년에는 학생들을 받을 형편이 되지 않아서라고 했다. 노트르담 대학에서 입학허가를 받지 못하자 동부에 있는 몇몇 명문대학들 중에는 즉각 전면 장학금을 줄 테니 자기 학교로 오라는 러브콜도 했다. 많은 고민을 하다가 결국 이삭 군은 '재수'의 길을 택했다. 그리고 한 해 후에 결국 노트르담 대학에 입학허가를 받았으며, 지금은 플랜팅가 교수의 지도를 받아 공부하면서 조교를 하고 있다.

나는 이 얘기를 2007년 과테말라에서 개최된 전문인 선교대회에 참석했던 이삭 군의 부모들에게 전해 들었다. 그 부부는 나에게 이 이야기를 하면서 그때까지도 못내 섭섭함을 감추지 못했다. 그 부부는 혹 지금이라도 자기 아들을 설득해서 의과대학으로 진학하게 할 수 없을까 하는 애타는 마음으로 나에게 그 섭섭한 마음을 토로했다.

하지만 나는 그 얘기를 듣고 자신의 진로를 진지하게 결정한 이삭 군이 대견하다는 생각이 들었다. 이삭 군의 부모님에게 아들이 최선의 선택을 한 것으로 보인다고 말씀드렸다. 하버드 대학을 탁월한 성적으로 졸업한 수재가, 그것도 아이비리그 의과대학으로부터 입학허가를 받은 사람이 의과대학을 가지 않고 플랜팅가 교수에게 배우기 위해 재수를 해 가면서 인디애나 시골 노트르담으로 가기로 작정했다면 그 마음속에는 자신의 진로에 대해 분명한 꿈과 판단이 있었을 것이 틀림없을 것이라고 했다. 나는 이삭 군의 부모님에게 이삭 군이 의사가 되기보다 기독교 철학자가 되는 것이 백 배, 천 배 하나님 나라를 위해 큰 영향을 미칠 것이며, 얼마 지나지 않아 우리 모두가 제2의 쉐퍼를 보게 될 것이 기대된다고 위로했다. 진정으로 나는 대학을 성소로, 연구실을 지성소로 삼을 또 한 사람의 학문의 제사장이 등장할 것을 기대하고 있다.

이야기 둘

얼마 전, 감리교회에 출석하시는 어떤 부부로부터 한 번 만나고 싶다는 전화를 받았다. 그런데 그 부부의 집이 좀 멀어서 일부러 만나기는 좀 부담이 될 것 같았다. 그래서 내가 가끔 가서 말씀을 전하는 밴쿠버 기독실업인회가 그분의 집 근처에서 토요일 조찬기도회를 모이기 때문에 그 모임에 오시면 자연스럽게 뵐 수 있겠다고 말씀을 드렸고, 예정대로 그 부부는 조찬기도회에 참석했다.

조찬기도회에서 처음 뵌 분들이었지만 그분들의 간증이 흥미로웠다. 60대 중반의 이 부부는 부인이 먼저 예수를 믿었다. 하지만 남편이 믿지 않아서 오랜 세월 동안 부인은 남편의 구원을 위해 기도했다. 함께 부흥회도 가보고 이런 저런 강연회에도 많이 가 봤지만 매사에 논리적이고 따지기 좋아하는 남편의 눈에는 예수쟁이들의 행동만으로는 도저히 예수를 믿을 수 없었다.

그러다가 언젠가 내가 인근 감리교회에서 창조론 강의를 한다는 얘기를 듣고 마침 그 교회를 출석하고 있던 부인이 간신히 남편을 설득하여 교회에 왔다. 그리고 그 때 남편의 마음이 움직였다. 저렇게 성경을 믿을 만 하다면 나머지 성경내용도 믿음직하지 않겠는가라는 생각 때문에 남편은 스스로 성경을 공부하기 시작했고 결국은 예수님을 믿게 되었다. 지금은 집사로 임직을 받아 교회를 잘 섬기고 있다는 것이다.

물론 그분이 전도를 받는 과정에서 나의 역할은 마지막 점을 찍은 것에 불과하고, 나머지 모든 수고는 부인이 한 것이라고 할 수 있다. 그러나 한편으로는 아무리 수고를 하더라도 마지막 눈을 뜨게 하는 계기가 없다면 예수를 믿기 어려웠을 것이다. 이것은 그리스도인 학자들이 할 수 있는 중요한 과업의 예라고 할 수 있다.

예수님의 제자가 되는 것은 다만 좁은 의미의 전도를 통해서만이 아니다. 사람들마다 제자를 삼는 방법이 다양하고, 또 제자로 살아가는 모습도 다양하다. 만일 학자들이 선교회 간사들이나 목회자와 같은 방법으로 제자 삼는 사역을 하려고 한다면 이것은 많은 무리수가 따를 것이고, 은사를 바르게 사용하는 것도 아닐 것이다. 사람들은 자신의 직업과 훈련 배경에 따라 다양한 제자 삼는 방법이 있을 것이며, 학자들에게는 학자들만이 할 수 있는 선교 방법이 있다. 이것은 영성의 다양함과도 연결된다.

이런 점에서 게리 토마스Gary Thomas의 「영성에도 색깔이 있다」는 탁월한 통찰을 담고 있는 책이라 할 수 있다. 그는 영성이란 하나님을 만나는 방법이라고 정의하면서 각 사람마다 하나님을 만나는 방법이 다양함을 지적한다. 그는 9가지 영성을 제시하면서 이런 다양성은 서로 영성이 다르기 때문이며, 다른 것은 틀린 것이 아니라고 말한다. 토마스가 말하는 영성 중 학자들이 은혜를 받는, 감동을 끼치는 영성은 다분히 지성주의 영성이라고 할 수 있다. 저자는 자신의 영성을 다른 사람과 단순 비교하기보다 자신의 영성의 종류를 분별하여 그 영성을 깊게 하고, 나아가 다른 종류의 영성들을 포용하기 시작할 때 영적으로 성장한다고 조언한다.[180]

이런 관점에서 본다면 학자들이 자신들의 영성이 지역 교회 목회자나 개척 선교사들, 찬양 사역자들과 다르다는 것을 자책할 필요가 없다. 학문의 영역에서 제자를 삼고 제사장적 소명을 감당하는 것은 다른 영역에서 제자 삼는 것과 같을 수도 없고 같을 필요도 없다. 전통적인 선교 방법도 귀하지만 학자들은 다른 사람들이 흉내 내기 어려운 또 다른 방법으로 선교할 수 있음을 기억해야 한다.

지역 교회의 노방전도, 총력전도, CCC의 사영리, 네비게이토선교회의 다리예화 등 일반적으로 생각하는 전도를 '소매선교' Retail Mission 라고 한다면 학자들의 선교는 '도매선교' Wholesale Mission라고 부를 수 있을 것이다.

도매선교와 소매선교

도매선교사는 소매선교사들이 건강한 복음을 전할 수 있도록 바른 성경 해석이나 바른 세계관을 제시하고, 잘못된 사상이나 이데올로기 등의 공격으로부터 복음을 변증하여 복음에 수용적인 성경적 문화가 형성되게 하는 역할을 한다. 기독교적 세계관, 문화, 학문, 윤리 운동 등은 도매선교의 예들이라고 할 수 있다. 이러한 도매선교는 소매선교를 위한 '건강한 실탄'을 제공하여 전장에서 복음의 전사들이 승리할 수 있도록 돕는다.

하지만 소매선교와는 달리 도매선교는 '소비자들'을 직접 접촉하는 일이 많지 않기 때문에 일반 성도들이나 지역 교회에서 큰 관심을 갖지 않는다. 그리고 숫적으로 소매선교사들이 도매선교사들보다 많다. 하지만 후자는 전자가 감당할 수 없는 독특한 사역을 감당할 수 있다.

흔히 사람들에게 가장 훌륭한 선교사를 들라고 한다면 현대 선교의 아버지라고 하는 윌리엄 케리William Carey, 1761~1834와 허드슨 테일러Hudson Taylor, 1832~1905 등을 들 것이다. 혹은 가장 훌륭한 부흥사나 설교가를 들라면 미국의 무디Dwight Lyman Moody, 1837~18990, 빌리 그래함Billy Graham, 1918~, 영국의 로이드 존스Martin Lloyd~Jones, 1899~1981, 한국의 이성봉 목사님 등을 들 수 있을 것이다. 이분들은 하나님께서 정말 귀하게 사용하셨으며, 이들의 설교와 방송을 통해 수천, 수만 명이 예수님을 믿고 구원을 받았다. 직접 복음을 전하는 것의 중요성에 대해서는 아무리 강조해도 지나치지 않을 것이다.[181]

하지만 선교에는 또 다른 측면이 있다. 소매상과 도매상의 기능과 역할이 다르듯이 소매선교와 도매선교는 선교의 방법이나 전략이 다르다. 도매 선교사들은 훌륭한 글을 통해 사람들에게 직접 전도할 뿐 아니라 훌륭한 사상이나 신학을 만들어 복음의 씨앗이 뿌려질 때 많은 열매를 맺을 수 있도록 사람들의 마음밭을 기경하는 역할을 하기도 한다.

프란시스 쉐퍼나 C. S. 루이스 같은 사상가들은 일종의 도매선교사라고 할 수 있다. 이들은 전 세계를 다니면서 대규모 군중집회를 인도하지는 않았다. 이들은 대부분의 시간을 자기 서재에 앉아서 글을 써서 몇 권의 책을 출판했으며, 소규모 사람들을 대상으로 강의를 했을 뿐이다. 그래서 사람들의 눈에 쉽게 드러나지는 않지만 많은 사람들을 그리스도에게 인도했다. 도매선교사들은 죽은 후에도 그들의 저작을 통해 사람들에게 영향을 끼치며 복음을 전하고, 때로 한 시대를

그리스도께 인도하기도 한다.[182]

도매선교와 관련하여 우리는 복음을 전하는 것 못지않게 복음이 전해지지 못하도록, 혹은 전해진 복음이 마음밭에 뿌리를 내리지 못하도록 만드는 가라지들을 경계하는 것도 중요하다. 인류 역사상 가장 많은 사람들을 예수 믿지 못하게 한 사람을 묻는다면 누구라고 할 수 있을까? 사람들마다 의견의 차이가 있겠지만 아마 현대 생물 진화론을 제창한 다윈Charles Robert Darwin, 1809~1882이나 공산주의 이론을 만든 마르크스Karl Marx, 1818~1883 등이 그 첫째나 둘째가 되지 않을까! 이들은 적극적으로 반기독교 캠페인을 하지는 않았지만 이들이 저술한 몇 권의 책은 수억의 사람들을 지옥으로 보내기에 충분했다. 이들은 죽은 지 오랜 세월이 지난 지금까지도 무덤에서 수많은 사람들을 지옥으로 보내고 있다. 아마 이들을 통해 예수님을 믿지 못하게 된 숫자는 앞에서 언급한 훌륭한 부흥사나 설교가를 통해 예수를 믿은 사람들의 숫자보다 훨씬 더 많을 것이다.[183]

이상의 논의를 종합한다면 학문적 활동의 선교적 가치에 대해서는 다음 두 가지를 생각해 볼 수 있을 것이다.

첫째, 학자들은 소매 전도자들이 할 수 없는 영역에서 선교할 수 있다. 즉 학자들은 건강하고 좋은 사상을 만들어 냄으로 선교할 수 있는 것이다. 전도지를 나누어 주고 교회를 개척하는 등의 선교를 소매 선교라고 한다면 전도의 내용에 대한 든든한 성경적, 신학적 기반을 마련하고 이를 그 시대의 문화에 맞게 제시할 수 있는 방안을 마련하는 것은 도매선교라고 할 수 있다. 두말할 필요도 없이 학자들은 도매 선교의 제사장이다. 많은 그리스도인들이 선교나 복음 전도에 대한 열정은 가지고 있으면서도, 자신의 직업이나 전공 영역으로 선교할 수 있다는 생각은 잘 하지 않는다.

　도매선교의 첨병으로서 학자들은 또한 건강한 복음의 내용을 확립하는 것을 도울 수 있다. 잘못된 신학에 근거한 편향된 복음은 전파된다고 해도 많은 후유증을 낳는다. 기복신앙, 번영신학, 과도한 타계성, 신비주의, 이원론적 신앙 등등 잘못되었거나 편향된 신학은 많은 사람들을 실족하게 할 수 있다. 도매선교사로서 학자들은 바르고 건강한 복음의 내용을 확립하는 데 기여할 수 있다.

　둘째, 변증적 차원의 전도이다. 사실 선교를 열심히 하는 것도 중요하지만 선교를 못하게 하는 요소들을 제거하고 예수 믿는 사람들을 미혹하게 하는 사상이나 이론들을 대적하는 것도 선교 못지않게 중요한 일이다. 이는 고기를 잡는 일도 중요하지만 잡은 고기를 잃지 않게 하는 것이나 고기를 못 잡게 하는 요소를 제거하는 것이 중요한 것과 같다. 학자들은 직접 영혼을 얻는 것도 중요하지만 영혼을 얻지 못하게 하는 요소들을 확인하고 제거함으로 선교에 이바지할 수 있다.

　소매상이 아무리 영업 수완이 뛰어나고 성실하게 장사를 해도 도매상에서 공급하는 물건에 하자瑕疵가 많다면, 혹은 소매상이 영업을 계속할 수 없는 환경이 된다면 장사를 제대로 할 수 없을 것이다. 아무리 부지런히 장사를 해도 계속해서 판매한 상품에 대한 클레임이 들어온다면, 혹은 가게 앞에서 불매시위가 계속된다면 장사를 제대로 할 수 없다. 마찬가지로 복음을 '많이 파는' 것도 중요하지만 '건강한 복음을 파는' 것은 그 못지않게 중요하다.

　지금까지의 논의를 요약한다면 소매선교와 도매선교는 적절한 균형을 이루는 것이 필요하다. 그러므로 오늘날 오직 소매선교에만 매달리고 있는 대부분의 교회나 선교단체들은 도매선교와 균형을 유지하는 것이 필요하다. 그렇다면 구체적으로 훌륭한 학문의 제사장이 되기 위해, 다시 말해 도매선교사가 되기 위해 무엇을 어떻게 준비해야 할까?

학문의 제사장이 되기 위한 훈련

우선 학문을 소명으로 부름받은 모든 그리스도인들은 분야에 관계없이 자신의 학문을 기독교적 관점에서 연구하는 것이 무엇인지를 연구해야 한다. 우리의 그리스도인 됨이 자신의 전 존재를 포함하는 것이라면 당연히 학문하는 것에서도 그리스도인으로서의 정체감이 드러나야 한다. 기독교적 학문 연구란 그 자체가 학제 간 연구이기 때문에 각종 공공 재단으로부터 연구비를 지원받을 수도 있다. 그렇지 않더라도 그리스도인 학자로서 자신의 연구를 기독교 세계관적 관점에서 연구하는 것은 당연한 일이다. 비록 자신의 논문이나 저서 속에 기독교적 용어가 동원되지 않더라도 성경적 원리가 반영되게 해야 한다.

기독교적 학문 연구는 그 자체가 일종의 인문학적 훈련이다. 비그리스도인 학자들조차 학문이 가치중립적이 아니라는 사실을 지적하고 있기 때문에 학문에서 기독교적 가치를 구현하는 것은 정당한 노력이라고 할 수 있다. 캐나다에서 운영하고 있는 밴쿠버기독교세계관대학원VIEW의 존재 이유 중 중요한 하나는 바로 기독교적 학문 연구다. 형편이 된다면 대학을 졸업하고 그 이상의 학문적 훈련을 받기 전에 자신의 직업이나 전공 영역을 어떻게 성경적 관점에서 조망하고 연구할 수 있는지에 대한 세계관 훈련을 받는 것도 고려해 보기 바란다. 그러면 자신의 전공에 더하여 자신의 전공 분야에 대한 성경적 조망이라는 두 가지 전공을 갖게 될 것이다.

둘째, 한 우물을 파야 한다. 이것은 비단 학자의 미덕만이 아니고 학문적 영역에만 국한되는 미덕도 아니다. 무슨 일을 하든 꾸준히 한 우물을 파는 것은 다른 사람들을 섬길 수 있는 좋은 작품을 남기는 데 필수적이다. 학구적이라는 말은 머리가 좋은 사람을 일컫는 말이 아니라 한 우물을 파는 사람을 말한다. 아무리 머리가 좋아도 여러 우물을 파다 보면 그만큼 어느 한 분야도 깊이 들어갈 수가 없다. 한 분야 이상에서 두각을 나타내는 경우도 드물게 있지만 대부분의 사람들은 한 곳에 집중하지 못하면 깊이 있는 성취를 할 수가 없다.

나는 원래 반도체 물리학, 과학사, 과학교육, 세계관, 창조론 공부를 동시에 했다. 그러나 어느 단계가 되자 이들 중에서 선택하여 집중하지 않으면 안 될 것 같은 생각이 들었다. 인생은 짧고 능력은 제한되고 학문은 어렵기 때문이다. 결국 국내 대학을 사임하고 밴쿠버로 오면서 창조론 연구에만 전념하였다. 그래서 세계관은 가르치는 분야로, 창조론은 가르치고 연구하는 분야로 생각하고 있다. 물론 지금까지 공부했던 물리학이 세계관이나 창조론 공부의 좋은 기초가 되고는 있지만 이들을 동시에 잘할 수는 없는 것이다.

셋째, '더 거룩한 일'로 부르심을 경계해야 한다. 그리스도인들이 한 우물을 파는 데 있어서 가장 큰 유혹은 하나님이 자신을 목회나 소매선교로 부르시지는 않았을까 하는 점이다. 대체로 학문을 업으로 하는 사람들은 가르치는 것이 일상화되어 있어서 일종의 가르침이라고도 볼 수 있는 설교자로의 변신은 어느 직업군보다 용이한 것이 사실이다. 물론 학문의 영역에 있던 분들도 목회나 소매선교로의 부름이 분명하다면 전향할 수 있지만 그것이 전자는 덜 거룩하고 후자는 더 거룩하기 때문이라고 생각한다면 이것은 이교도적 이원론의 영향 때문이다. 하나님께서 학문의 제사장으로 부르신 사람들은 학문을 통해 선교하고 하나님 나라에 기여하는 것에 집중해야 한다.

넷째, 그러면서도 다른 영역에 대한 호기심을 잃지 말아야 한다. 여러 우물을 파서는 안 되지만 이것이 다른 분야에 대한 흥미를 가지지 말아야 한다는 의미는 아니다. 대학이나 연구 기관에 있는 사람들은 인근 학과나 부서 혹은 자기 학과나 부서 내라도 다른 전공의 세미나가 열리면 부지런히 찾아가서 배워야 한다. 물론 그 분야에 대한 전문적인 식견이 없기 때문에 용어도 생소하고 내용도 이해하지 못하는 것이 많겠지만 서론과 결론 부분에서 한두 개라도 건지면 된다.

한류와 난류가 만나는 곳에서 좋은 어장이 형성되는 것처럼 자신의 분명한 전공 분야를 가진 사람이 다른 분야의 연구에 대해 듣다 보면 창의적인 아이디어를 얻을 가능성이 높다. 이는 다른 영역에 대한 관심을 가지되 늘 자신의 영역에 그것을 어떻게 적용할 수 있을지를 생각해야 한다는 의미기도 하다. 자신의 좁은 영역에서만 관심을 갖다 보면 새롭고 탁월한 아이디어를 찾기가 어렵다. 설사 찾는다 해도 문제 풀이 정도의 아이디어지 패러다임의 전환을 가져올 만한 아이디어를 얻을 수는 없다.

예를 들면 토마스 쿤은 물리학과 과학사를 공부한 후 「과학혁명의 구조」라는 탁월한 책을 쓸 수 있었고, 미국의 필립 존슨은 법학자로 일생을 보낸 후 창조론 논쟁에 뛰어들어서 '지적 설계'라는 탁월한 아이디어를 제시하였다. 나는 미국에서 과학사를 공부하고 이것을 과학교육에 어떻게 적용할까 고민하다가 과학사적 학습지도라는 아이디어를 내게 되었다. 또한 근래에는 천문학, 지질학, 고생물학, 방사능 연대측정법 등이 결합된 모델인 다중격변이론을 제안하기도 했다.

다섯째, 선별적이고 반성적인 독서가 필요하다. 삶에 있어 독서가 중요한 것은 새삼 강조할 필요가 없다. 이전 사람들의 업적과 사상을 모른다면 그들이 했던 시행착오를 되풀이 할 수밖에 없기 때문이다. 하지만 어차피 세상에 나와 있는 모든 책을 읽을 수 없으니 책을 읽을 때 선별해서 읽을 필요가 있다. 쏟아지는 책들 가운데 처음부터 끝까지 정독이 필요한 책이 있는가 하면 대부분의 책들은 필요한 부분만 읽어도 된다.

서점의 서가에 서서 제목과 목차만 읽으면 되는 책도 있다. 하지만 스피어의 「기독교 철학입문」, 쉐퍼의 저작들, 딕 카이즈Dick Keyes의 「인간의 자아와 하나님의 형상」, 피어시Nancy Pearcey의 「완전한 진리」, 웰스Jonathan Wells의 「진화의 아이콘들」Icons of Evolution, 지적 설계론자 뎀스키William Dembski의 책 등은 부담이 되지만 읽고 나면 머리에 큼직한 뭔가가 남는다.

여섯째, 글 쓰는 일을 게을리 해서는 안 된다. 학문의 분야에 따라 다르겠지만 학자들은 글로 말하는 사람들이다. 글을 쓴다는 것은 업적을 쌓는 일이기에 앞서 자신의 생각을 정돈할 수 있는 길이다.

"Publish or Perish!"라는 일반 학자들의 모토를 따라갈 필요는 없지만 그리스도인 학자들에게 있어서 글을 쓰는 습관은 아무리 강조해도 지나치지 않는 미덕이다.

작은 아이디어라도 귀히 여기고, 가능하다면 글을 통해 다른 사람들과 나누는 것이 몸에 배는 것이 필요하다. 어느 분야에나 대가가 있고 그들이 가끔 한 편씩 쓰는 책이나 논문이 엄청난 무게를 가지는 경우가 있다. 하지만 그들이 그렇게까지 되기까지에는 많은 습작들이 있었음을 기억해야 한다. 대가도 아닌 사람이 대단한 책, 대단한 논문을 쓰겠다고 벼르면 평생 제대로 된 책 한 권, 논문 한 편 쓰지 못한다.

이 때 쓰는 습관과 관련하여 기억해야 할 것은 메모의 중요성이다. 메모는 비단 학자들뿐 아니라 모든 사람들이 성공에 이르는 중요한 습관 중의 하나다. "성공하려면 기억하지 말고 메모하라", "또렷한 기억력보다 희미한 펜이 낫다", "성공을 부른 메모 기술" 등 메모의 중요성을 강조하는 말들이 많다.

마지막으로 기독 학자는 반드시 전도나 다른 사람들을 몸으로 직접 돕는 일을 해야 한다. 그리스도인들은 이원론적 함정, 잘못된 성속의 구분에 빠지지 않도록 노력해야 하며, 자신의 분야에서 학문적 수월성을 유지하기 위해 최선의 노력을 기울일 필요가 있다. 하지만 아울러 자칫 학문 자체의 논리에 빠지지 않도록 노력해야 한다. 또한 자신의 직업이나 은사가 무엇인가에 관계없이 한 사람, 한 사람의 영혼의 귀중함을 알기 위해서는 직접 전도해야 한다. 날마다 할 수는 없겠지만 한 주나 두 주 혹은 한 달에 한 번씩이라도 노숙자들을 돕든지 전도를 하는 것이 필요하다. 그래야 학문적 논리에 빠지지 않고 복음의 생명력을 날마다 경험할 수 있다.

그리스도인들이여, 학문의 제사장이 되라!

기독교적 세계관적 연구는 그리스도인들이 하면 좋고 하지 않아도 괜찮은 선택적 과업이 아니다. 또한 신학이나 철학 등 특정한 학문 분야에서나 가능한, 혹은 그 분야의 학자들에게만 주어진 과업도 아니다. 모든 학문 활동은 피조세계의 선한 청지기가 되라는 창조주 하나님의 소명이 될 수 있고 또한 마땅히 그러해야 한다. 바른 학문 연구는 전도나 선교를 위한 도구적 가치가 있을 뿐 아니라 하나님 나라의 관점에서 그 자체가 내재적 가치가 있다.

    그리스도인 학자나 학생들은 학문을 통해 하나님께 순종하고 사람들을 섬기는 학문의 제사장이다. 목회나 선교가 거룩한 것은 그 직무 자체가 거룩해서가 아니라 그 직무를 하나님이 받으실 만하게, 거룩하게 수행하기 때문에 거룩한 것처럼 학문 활동도 하나님이 받으실 만하게, 거룩하게 수행한다면 동일하게 거룩한 직분이라 할 수 있다. 하지만 반대로 목회나 선교도 자신의 의와 탐욕을 위해 한다면 결코 성직이 될 수 없는 것과 마찬가지로 학문도 학문 그 자체의 논리에 빠져 학문을 우상화한다면 그것은 하나님을 반역하는 것이며 결코 성직이라 할 수 없다.

    학문 그 자체가 섬김의 대상이 되거나 지배 이데올로기의 하수인이 되는 것에서 벗어나 하나님께 순종하는 행위가 되고 사람들에게 살

롬의 메시지가 되는 날 우리는 감히 그런 그리스도인들을 학문의 제사장들이라고 할 수 있을 것이다. 그런 세상에는 해됨도 상함도 없을 것이니 이는 "물이 바다를 덮음 같이 여호와를 아는 지식이 세상에 충만할 것"이기 때문이다사 11:9.

1. 본 장에서 제시하는 선교에 대한 두 가지 관점, 즉 도매선교와 소매 선교의 약점과 강점이 무엇인지 말해 보자.

2. 본 장에서 제시하는 학문의 제사장이 되기 위한 6가지 훈련을 자신의 삶과 학문적 활동에 적용하고 이를 나누어 보자.

3. 학문의 내재적 가치가 있다는 말이 자칫 학문을 우상화할 가능성도 있다고 염려하는 사람들이 있다. 이런 사람들에게 어떻게 대답할 것인가?

4. "진리가 너희를 자유롭게 하리라" 요 8:32는 말씀은 학문이 인간을 자유케 한다는 말과 어떻게 다른가?

부록

"학문의 세속화"*

헤르만 도여베르트

'학문 및 철학이 예수 그리스도의 나라에 포함되느냐, 아니면 자연 이성의 영역에 속하느냐' 라는 스콜라적인 토론에 더 이상 시간을 낭비해서는 안 된다. "두 주인을 섬길 수 없다"는 우리 주님의 말씀을 기억하자. 그리고 우리 모두 추수밭, 즉 학문적 지식의 영역을 포함한 전 지구에 신실한 일꾼들을 보내어 주시도록 하나님께 기도하자.

* 본고는 헤르만 도여베르트가 1953년 프랑스 Montpellier에서 열린 국제 개혁주의 신행협회 제1 회 대회에서 발표한 것이다. 원래 불어 제목은 "La secularisation de la science"(The Secularization of Science)인데 *La Revue Reformee* V(1954, pp. 138~157)에 게재되어 출판 되었다. 이 번역은 미국 필라델피아의 웨스트민스터신학원에서 가르치다가 은퇴한 로버트 D. 넛 슨 교수가 영어로 번역하여 *International Reformed Bulletin* (No. 26(9), 1966년 7월, pp. 2~17) 에 게재한 것을 도여베르트 사상을 연구하여 철학박사학위를 받은 최용준 목사(브뤼셀 한인교회 담임, VIEW 교수)가 다시 불어판을 참고하면서 한글로 옮긴 것이다. 역자의 허락을 받아 약간의 교정을 한 후 전재한다.

도여베르트의 "학문의 세속화"를 번역하면서

_로버트 넛슨

오늘날 세속화는 마치 넓은 강물처럼 현대인의 삶의 모든 영역에 침투하면서 흐르고 있다. 그것은 '인간의 시대'의 도래, 그리고 '신의 죽음'에 관한 논의에 빨려들어가게 만들고 있으며, '교육의 자유' 및 여성 해방 운동과 같은 이슈들도 다루고 있고, 또한 국내외 선교지에도 강력한 영향력을 발휘하여 교회로 하여금 복음을 증거하지 못하도록 압력을 넣고 있다.

또한 '세속화'는 토지, 재산, 기타 영향을 받는 영역 등에서 제도로서의 교회가 더 이상 통제를 하지 못하게 함을 뜻한다. 이러한 의미에서 세속화란 중세 시대에서 현대 사회로 넘어가는 거대한 변화의 일부였다. 중세 시대에는 사회의 중심적인 역할을 하던 교회가 현대에 와서 다른 기관들과 동등한 위치에 서게 된 것이다. 이렇게 보면 세속화가 그리 해로운 것이 아닌 것처럼 보인다.

그러나 '인본주의 시대'에 사는 소위 '세속화된' 인간이 하나님, 그리고 예수 그리스도 안에서 자신을 보여 주신 그 계시 없이도 살 수 있다고 생각할 때, 세속화라는 표현은 아주 부정적인 의미를 지닌다.

즉 여기서 '세속화'는 인간이 자기 자신과 세상에 대해 자율성autonomy을 추구하는 과정을 뜻한다. 헤르만 도여베르트는 그의 글 "학문의 세속화"에서 세속화라는 단어를 바로 이런 의미로 사용하고 있다. 그는 현대 사회에서 세속화가 가져온 영향의 심각성을 인식하고, 이러한 세속화 과정의 주요한 요인이 세속화된 학문임을 지적한다.

다른 많은 그리스도인들과는 달리 도여베르트는 세속화를 인간이 자신의 창조주로부터 독립하려고 하는 교만함의 표현으로 이해하여 세속화와 어떠한 평화 조약을 맺는 것도 거부했다. 그는 세속화와 타협하지 않았다. 많은 현대 신학자들이 한 것처럼 세속화와 그 영향을 기독교 사상에 접목시키지 않았다. 그는 세속화를 인간이 강압적인 권위주의에 대항하여 인간성을 회복하려는 정당한 시도로 이해해서는 안 된다고 말했다. 오히려 세속화는 인간이 죄로 말미암아 하나님으로부터 소외된 결과라고 주장했다.

세속화는 인간이 하나님과 그의 계시로부터 벗어나 독립적으로 자신을 스스로 이해하고 자신과 자신의 세계를 개척해 나가려는 시도이다. 그러므로 이것은 궁극적으로 종교적인 것이다. 또한 타락한 인간의 마음에서 나온 산물이기 때문에, 비록 연약하고 부족한 점이 많은 사람이라도 예수 그리스도 안에서 하나님을 진심으로 섬기려는 이들은 이것을 거부해야 한다. 우리는 세속화에 가장 근본적인 방법으로 도전해야 한다. 즉 말하자면 뿌리부터 제거해야 하는 것이다. 이것이야말로 도여베르트가 "학문의 세속화"에서 주장하는 정신이다.

도여베르트는 모든 철학, 즉 모든 사상은 종교적이라고 가르친다. 따라서 세속화의 세력을 물리치기 위해서는 의식적으로 기독교적 전제 위에 서 있는 사상적, 철학적 입장에서 그 종교적 뿌리를 드러내고 비판해야 한다고 말한다. 그는 아브라함 카이퍼의 정신을 이어받아 기독교적이며 진정으로 성경적인 철학을 확립하려고 노력한 사람들 중의 하나다.

도여베르트의 철학은 처음부터 아주 철저한 의미에서 기독교적일 것을 강조했다. 그것은 '내재철학' 內在哲學, immanence philosophy의 입장과는 정반대로 기독교적인 초월적 입장에서 출발했다. 그는 오직 기독교 신앙만이 피조세계의 다양한 양상들을 상호 연관성 속에서 동시에 볼 수 있게 하고, 그 깊은 통일성, 그리고 그 근원, 즉 예수 그리스도 안에서 자신을 계시하신 하나님을 볼 수 있는 관점을 제시함으로써 우리에게 올바른 철학을 할 수 있는 초월적인 관점을 제공한다고 말했다.

이러한 그의 철학은 지금까지 수많은 연구 논문이나 박사학위 논문, 정기 간행물에서 광범위하게 논의되어 왔다. 또한 많은 대학과 신학교에서도 자주 언급되고 있다. 이제 이 철학은 발생지인 네덜란드의 국경을 넘어 미국, 아프리카, 그리고 호주에까지 폭넓은 영향을 미치는 하나의 운동이 되었다.역자주_ 물론 아시아, 특히 한국과 일본에도 많은 영향을 미치고 있다.

그런데 사실 여러 다양한 모임 circle에서 처음에는 그의 철학에 열광적으로 관심을 보이고 지지하다가 나중에는 보다 신중하고 비판적인 태도를 취하는데, 그 자체는 환영할 만한 것이다. 왜냐하면 모든 철학적 입장들은 검토 및 비판을 받을 수 있어야 하기 때문이다. 그것은 도여베르트 철학 자체적인 입장에서도 환영할 일이다.

그는 절대 자신의 철학을 만병통치약으로 제시하지 않았다. 가령 그의 철학을 그리스도인이 주 예수 그리스도에 대해 가지는 경건과 순종의 대용물로 생각할 수는 없다. 진정 그리스도인들은 삶의 모든 영역에서 하나님을 섬기고 영광 돌리기 위해 나름의 기독교 철학을 발전시켜야 할 의무가 있다. 그러나 어떠한 철학도, 아무리 그것이 기독교적이라 할지라도 하나님의 말씀처럼 무조건적으로 수용하고 순종하도록 요구할 수는 없는 것이다. 어떠한 철학 체계의 이론들도 절대 경전화되어서는 안 되며 항상 검토와 비판을 받을 수 있어야 한다. 진정한 기독교 철학이란 그 자체의 성격상 비판 철학이다.

도여베르트 철학은 방법 자체의 의존적 역할에 대해 많은 통찰이 있었다. 즉 그의 철학적 방법은 사람들이 자신들의 삶과 사상, 심지어 학문 및 철학의 성격과 기초가 종교적임을 깨닫도록 도와주는 수단으로 고안된 것이다. 인간의 사고 자체를 분석하여 그것이 하나님께서 지으신 창조 질서에 의존하며, 또한 이 질서는 하나님의 계시의 빛 안에서만 이해될 수 있다는 것을 인정하도록 돕는 것이다.

철학은 창조의 각 영역을 탐구하는 개별 학문들 역사학, 심리학, 생물학 등의 연구 결과들에 기꺼이 귀 기울여야 한다. 동시에 철학은 개별 학문들이 그 자체로는 철학적 반성을 특징짓는 통합적 관점을 획득할 수 없다는 것과, 따라서 개별 학문 자체의 기초에 대해서도 올바른 통찰력을 얻을 수 없음을 인식해야 한다. 철학은 개별 학문들의 특정한 방법들 및 결과들에 초점을 맞추어, 개별 학문들의 연구행위가 보다 궁극적인 전제들에 의존한다는 것을 보여 주어야 한다. 아울러 철학은 자체적인 비판도 함으로써 그 자체도 보다 깊은 종교적 동인들에 의해 인도됨을 인식해야 한다. 세속화된 학문의 주장들과는 달리 철학은 모든 생각이 그리스도 안에 있는 하나님의 계시에서 나오며, 그것을 반영함을 보여 주어야 한다.

도여베르트는 모든 철학이 보다 깊은 종교적 동인들에 의해 인도되며, 그것은 어떠한 철학 체계도 궁극적이고 가장 근본적인 전제들에 의해 접근되어져야 함을 뜻한다고 가르쳤다. 오직 그러한 깊이 있는 분석에 의해서만 철학적 개념들의 의미가 명확해질 것이기 때문이다. 그는 자신의 철학도 같은 방식으로 접근할 것을 요구했다. 즉 누구든지 자신의 철학을 연구하려면 좀 더 시간을 내어 그 속에 깊이 잠김으로써 단순한 개념적 이론의 차원을 넘어 그것들을 조정하는 종교적 동인을 통찰할 수 있어야 한다고 주장했다. 만일 이러한 노력을 기울이지 않는다면 단지 피상적인 이해밖에 할 수 없을 것이며, 자신의 사상의 진정한 의미를 알 수 없을 것이라고 말했다.

도여베르트는 그러한 깊이 있는 철학적 관점에 대한 검토는 진정한 철학적 대화에도 필요한 것이라고 주장했다. 즉 어떤 입장에 대한 궁극적 동인들을 알 때 그 개념적 틀의 의미를 이해할 수 있다는 것이다. 깊이 있는 분석 없이는 서로 의미 있는 접촉을 할 수 없고 자기 입장만을 고집하게 될 뿐이다.

한 입장의 기저에 깔려 있는 동인들을 탐구하는 과정은 도여베르트 자신의 경력과 유사한 면이 있다. 이전의 많은 철학자들이 그랬던 것처럼 도여베르트는 자기 전공 분야의 근본적인 문제들에 충격을 받고 철학을 연구하게 되었다. 원래 법학을 전공한 그는 법률가로서 어느 정도 활동하다가 헤이그에 있는 아브라함 카이퍼 연구소의 소장으로 일하게 된다.

그 때 그는 직무상 정치 및 법률 분야의 기저에 깔린 철학적 문제들을 연구할 기회를 얻게 되고, 이 기간 중 일련의 논문들을 발표하였다. 이 연구는 그의 후기 저작의 기초가 되었고, 학문적인 분야에서 일할 수 있는 길을 열어 주었다. 1926년부터 1965년 은퇴할 때까지 그는 암스테르담의 자유대학교에서 법학 교수로 재직했고, 은퇴 후 1977년에 별세할 때까지 집필활동을 계속했으며, 칼빈주의 철학협회의 학술지 〈Philosophia Reformata〉의 편집주간으로 일했다.

도여베르트는 그의 연구 초기에 철학적 사고가 결코 종교적 헌신으로부터 독립할 수 없다는 통찰에 이른다. 원래 그는 신칸트주의 및 에드문트 훗설의 현상학의 영향을 강하게 받았다. 그의 사상적 전환점은 모든 사고의 종교적 뿌리를 발견하면서부터였다. 그 이후부터 그는 이론적 사고의 자율성 이념을 비판하고 이론적 사고의 출발점이 그 사고 자체 내에 있을 수 있다는 편견을 바로잡기 위해 노력했다. 오히려 그는 이론적 사고가 비충족적임을 발견했다. 그것은 세속적인 사상이 주장하듯 순환론적인 것이 아니다. 이론적 사고는 보다 근본적이고, 심지어 종교적인 전제들에 의존한다. 이론적 사고가 그것 자체로 될 수 있는 것도 오직 하나님의 말씀으로 인도함을 받을 때만 가능하다.

1979년 1월
펜실베니아 로즐린에서
로버트 D. 넛슨

학문의 세속화

_ 헤르만 도여베르트

대체로 세속화에 대해 말할 때 학문의 세속화는 종종 잊어버리곤 한다. 그 이유는 과학적인 교육을 받은 많은 그리스도인들이 학문적 사고와 종교 간의 관계에 대해 분명한 개념이 없기 때문이다. 비신학적인 학문들은 그 성격상 개인적인 신앙에서 완전히 자유로워야 한다는 주장을 자주 들어 왔는데, 이는 만일 학문들이 신앙에 입각한 어떠한 전제에 의해 한정된다면 그 순간부터 객관성을 상실하게 된다고 생각해 왔기 때문이다. 이러한 생각은 그것이 낳게 될 결과를 고려해 보지도 않고, 또는 그것이 성경적으로, 혹은 비판적, 학문적 관점에서 정당화될 수 있는지 물어 보지도 않고 수용되어 왔다.

　삶의 세속화는 학문의 세속화 없이는 불가능하다. 그런데 이 학문의 세속화가 르네상스 이후 인본주의의 영향을 받은 종교적 세속화에 의해 일어났다는 사실은 잊혀졌다. 우리는 단지 이러한 상황을 하나의 '기존 사실'로 간주해 왔다. 그러나 우리가 서구의 세속화된 학문이 동양에서 온 많은 유학생들에게 얼마나 치명적인 영향을 주는지 보아 왔기 때문에 이 세속화된 서양 학문의 위험성이 새롭게 제기되었다.

많은 동양 학생들이 서양의 세속화된 학문을 배운 후 그들의 전통적인 신앙에서 멀어져 쉽게 허무주의 또는 공산주의의 희생양이 되었다. 신앙과 학문을 구분하는 서구적 사고방식을 이해하지 못한 그들이 전통적 신앙을 잃어버리게 된 것은 세속화된 학문 때문이다. 진실로 그들에게 복음을 전하는 것이 교회의 선교적 사명이라고 말을 해왔지만 그들의 신앙을 말라 죽게 한 세속화된 학문은 복음의 씨앗마저도 시들어 버리게 할 것이다. 그것은 세속화되고 분리된 학문이 하나의 사탄적인 힘, 즉 모든 문화를 지배하는 우상이 되었기 때문이다.

이러한 학문의 세속화가 단지 문화적 차이에서 오는 자연적 결과라고 생각하는 것은 착각이다. 그 생각은 결국 종교가 문화의 특정한 영역이라는 의미를 내포하기 때문이다. 이것은 원시 사회에서는 종교가 삶의 모든 영역과 연관되어 있었지만, 문화적 다변화의 역사적 과정을 거치면서 종교는 다른 모든 사회적 영역에서 분리되어야만 했다는 이론이 강조되어 온 것이다. 그러나 종교는심지어 이방 종교, 즉 성경에 나타난 하나님의 계시에 의한 참된 종교가 아닌 것이라도 시간 내적 삶의 한 특정한 영역에 제한되는 것을 거부한다. 오히려 그것은 삶의 전체적이며 궁극적인 방향을 제시해 주는 인간 존재의 중심 영역이다. 그러므로 다변화 differentiation란 그것이 삶의 종합적인 통합에 의해 균형 잡히지 않을 때에는 해체 disintegration를 낳게 된다.

역설적인 것은 바로 이러한 주장을 한 것이 학문의 세속화를 극단적으로 밀고 간 현대 사회학이라는 점이다. 종교는 사회의 견고한 기초를 제공하는 집단적 의식으로 말미암은 하나의 사회 현상으로 환원되었다예: 에밀 뒤르껭의 사상. 세속화된 학문의 허무주의적 결과를 누구보다도 치밀하게 통찰한 니체는 인간이 학문으로 그의 신들을 죽였다고 말했다. 그 당시 그의 말은 하나의 예언에 불과했는데, 이는 당시의 학문이 아직도 인류를 진보, 진리, 그리고 자유로 인도해 줄 여신으로 추앙되고 있었기 때문이다. 그러나 오늘날 그의 예언은 거의 실현되었다. 학문의 힘이 인류를 해방시키고 삶의 질을 높여 줄 것이라는 신념은 현대 사상의 극단적인 세속화로 말미암은 실증주의적 역사주의 및 생기론生氣論, vitalism에 의해 치명적인 타격을 입게 되었다.

세속화된 학문은 서구 문화에 계속하여 지배적인 영향을 미쳐왔고, 그 영향력은 전대미문의 기술 진보를 낳게 됨에 따라 놀랄 만큼 커졌다. 그것은 모든 사회를 합리화하는 비인격적인 힘이었다. 비록 이 세속화된 학문이 더 이상 여신으로까지 숭배되지는 않지만, 그럼에도 불구하고 하나의 악마demon처럼, 기독교 신앙과는 비교가 되지 않는, 스스로 만든 실재reality에 대한 이론적 형상을 인간의 정신에 심기 시작했다.

기독교 신앙은 내세the world beyond에만 관련될 뿐 학문과는 무관하다고 생각하는 것은 쓸데없는 환상이다! 세속화된 학문은 인간의 마음속 깊이 영향을 미친다. 그것은 곧 우리가 성경을 읽을 때, 그리고 기도할 때에도 영향을 미친다.

비록 학문의 세속화가 근대적, 후기 르네상스 인본주의의 영향을 받아 일어났지만, 가톨릭의 스콜라주의의 중심 동인인 자연과 은혜도 이러한 후기의 세속화에 얼마나 큰 영향을 미쳤는지를 바로 인식할 필요가 있다. 또한 지금까지 정통 개신교가 학문의 세속화에 대해 적극적이고 분명한 대응을 하기 어려웠던 것도 이러한 비성경적이고 이원론적인 동인이 지배적으로 영향을 미쳤기 때문이다.

여기서 세속화된 학문의 명백한 비성경적 입장에 대해 단지 반대만 하자는 것은 아니다. 오히려 세속화 그 자체 및 신앙에 대해 학문의 자율성을 신봉하는 사상 전체에 대한 비판이 있어야 한다. 이러한 사상 및 독단적 교리는 그 허구가 폭로되어야 한다. 문제의 핵심은 학문정신 및 실재에 대한 이론적 개념을 종교개혁의 성경 중심적 동인에 따라 내적으로 개혁해야 한다는 것이다. 이것은 화란의 칼빈주의를 다시 부흥시킨 아브라함 카이퍼 박사가 탁월한 방법으로 제시했듯이, 철학적이고 학문적인 사고에는 종교적인 대립antithesis이 있음을 선포하는 것이다.

우리는 현대 학문의 세속화에 동참한 잘못이 있음을 뉘우치며, 동시에 거기에 나타난 배교적 사상과 싸워야 할 사명도 인식해야 한다. 이것은 우리가 우리 힘으로 이 전투를 할 수 있다는 말은 아니다. 여기서의 전투란 신앙적 싸움으로써, 성령의 능력으로, 심지어 우리 안에서도 일어나는 투쟁, 즉 기도 생활 중에서도 볼 수 있는 투쟁을 말한다.

그렇다면 먼저 성경적, 그리고 학문적 관점에서 왜 이러한 투쟁이 필요한지 살펴보자.

신적 계시의 중심 동인

성경적 관점에서 우리는 먼저 신적 계시에는 지식의 열쇠가 되는 중심 동인central motive이 있으며, 그것은 통합적integral이고도 근본적radical인 특성이 있기 때문에, 어떠한 종류의 이원론적인 인간관 및 세계관도 철저히 배제한다는 것을 알아야 한다. 이 동인은 창조, 타락, 그리고 그리스도 예수로 말미암아 성령의 교통하심이 있는 구속이다. 이 동인은 우리의 마음에 강력하게 역사함이 없이 그저 받아들여질 수 있는 하나의 교리가 아니다. 그것은 무엇보다도 우리의 존재 중심에 영향을 미치는 동력이며, 성경에 나타난 하나님의 계시 및 그 손으로 지으신 모든 만물을 이해하도록 해 주는 하나님과 우리 자신에 대한 지식의 열쇠다. 그것은 성경에 대한 학문적 주해 그 자체를 위한 기초가 될 정도로 중심적인 동인이다.

이 동인은 세 가지 요소로 구성되어 있지만 하나의 통일체다. 창조의 진정한 의미를 파악하지 못한 채 죄나 구속의 진정한 성경적 의미를 이해할 수 없다. 하나님은 자신을 창조주로 계시하심으로써 자신이 만물의 유일한 근원이심을 계시하신다. 어떤 힘도 그 자체의 능력으로 하나님을 대적할 수 없다. 우리는 지상의 어떤 영역에서도 창조주에 대적하는 자율적인 은신처를 만들 수 없다. 그분만이 우리의 모든 삶과 생각, 그리고 행동에 대해 주권을 행사하신다. 삶의 어떤 영역도 하나님을 섬기는 데에서 분리될 수 없다.

또한 하나님은 자신을 창조주로 계시하시면서 동시에 인간 존재의 의미를 보여 주셨다. 즉 우리는 하나님의 형상으로 지음받은 것이다. 여기서 하나님은 우리가 그리스의 영향을 받은 스콜라 신학의 모든 사변들에 빠져 들지 않도록, 인간 존재의 근본적 통일성을 계시하신 것이다.

모든 피조물은 통일되고 통합적인 근원이신 하나님께 그 초점이 있듯이, 하나님께서도 인간 안에 하나의 통일점, 즉 인간의 모든 다양한 양상 및 능력을 포함한 시간 내적 존재의 집중점을 창조하셨다. 바로 인간의 마음이다. 종교적 용어로 말한다면 생명의 근원이 흘러나오는 곳으로, 시간 내적 존재인 인간, 즉 우리의 육체적 존재의 정신 또는 영혼을 뜻한다. 왜냐하면 우리의 육체적 존재는 단지 물리적 양상 및 생물적 양상들뿐만 아니라 이성적 양상과 심지어 신앙의 시간 내적 기능까지도 포함하기 때문이다.

하나님은 인간의 마음속에 모든 지상적 실재의 의미를 집중시키셨다.역자주_ 여기서 도여베르트는 시간 내적인 모든 피조물을 의미(meaning, Zin)라고 부른다. 그러므로 인간의 타락은 전 시간 내적 피조계의 타락을 낳게 된 것이다. 따라서 성경적 관점에서 볼 때 무기물, 유기물, 그리고 동물계를 포함하는 세계를 인간으로부터 독립된 하나의 물자체物自體, Ding-an-sich로 볼 수는 없다. 하나님께서 자신을 성경에 계시하실 때 피조세계를 인간과 분리시키신 적이 없다. 그러므로 피조세계는 인간의 죄 때문에 그 영향 아래 놓이게 되고, 또한 인간이 구속받음으로 피조세계도 구원을 받게 된다.

따라서 세상에서 인간의 이러한 중심적 위치를 부인하는 철학은 그 어떤 것도 반성경적이며, 심지어 스콜라적 입장에서 대우주macrocosm를 하나님의 창조로 간주해도 그러하다. 토마스주의 철학자들은 그들이 성경적 의미의 창조를 무조건적으로 받아들인다고 한다. 그러나 그들은 창조를 하나의 지식인들의 진리로만 이해하고 지식의 열쇠와는 관계없이 해석하는 잘못을 범했다.

성경적 의미의 창조와 관련하여 타락의 의미도 분명해진다. 이것을 간략히 정리하면, 타락이란 하나님의 형상으로 창조된 인간이 그의 창조주와는 독립적으로 스스로 무엇이 되려고 한 것이다. 인간 존재의 개인적 중심으로 간주되는 마음은 창조 질서에 따라 하나님의 형상을 반영하도록 되어 있었다. 형상이란 그 자체로는 아무것도 될 수 없기에 인간의 자신에 대한 지식은 그의 하나님에 대한 지식에 의존하는 것이다.

따라서 인간의 종교적 중심지인 마음은 타락 후에도 폐기되지 않은 종교적 집중의 법칙에 종속된다. 사탄의 모든 능력도 이 인간 존재의 집중이라는 법칙에 근거하고 있는데 바로 이 법칙이 없이는 우상숭배조차도 불가능하기 때문이다. 죄란 결핍이요, 거짓말이며, 무無, nothingness다. 그러나 죄의 능력은 보다 적극적이며 실재의 창조적 선함에 의존한다.

인간은 하나님의 형상을 따라 창조되었기 때문에 타락은 극단적이요, 그 종교적 중심, 인간 존재의 뿌리의 타락이며, 인간에 그 집중점을 둔 전 피조세계의 타락이다. 따라서 그리스도 예수 안에서의 구속도 근본적이며 통합적이다. 구속이란 인간 존재의 중심 되는 마음이 예수 그리스도 안에서 거듭남을 말한다. 구속은 인류 및 전 세계의 새로운 뿌리이신 예수 그리스도 안에 있다.

그러므로 모든 종류의 이원론적이고 변증법적인 개념에 대해 창조의 근본성 및 통합성과 불가분리적으로 연결되어 있는 예수 그리스도의 나라의 근본성과 통합성이 강조되어야 한다. 즉 아브라함 카이퍼가 말하듯 최고의 주권자이신 예수 그리스도께서 절대적 주권을 행사하실 수 없는 삶의 영역은 하나도 없다.

이원론적 적응 동인

창조 및 그리스도 예수 안에서의 재창조, 창조주로서의 말씀과 구세주로서의 말씀 간에 변증법적 긴장을 설정하려는 어떠한 신학적 사변도 반성경적이다! 보편 은총과 특별 은총과의 관계에서 마치 보편 은총이 그리스도의 통치 영역에서 벗어나 있는 것처럼 생각하는 이원론도 잘못된 것이다. 인류의 새로운 뿌리인 예수 그리스도를 벗어난 은혜는 없다. 보편 은총의 전 영역이 예수 그리스도의 영역이다. 보편 은총이란 아직 배교적인 옛 뿌리에서 해방되지 못한 전 인류에 대해 새로운 뿌리이신 예수 그리스도 안에서 하나님께서 베푸시는 은총일 뿐이다.

그것은 또한 하나님의 나라와 어두움의 나라 간의 갈등이 있는 그리스도의 영역에 속한다. 보편 은총을 로마 가톨릭에서처럼 자연의 영역, 즉 은혜 영역의 자율적 준비단계로 해석할 수 없다. 그것은 하나님의 도성과 사탄의 세속적 도성 간의 화해할 수 없는 대립의 영역이다.

바로 이러한 대립이 학문 및 철학의 영역도 지배하고 있다. 신적 계시의 중심 동인과 배교적인 종교적 동인들의 세력 사이에는 갈등이 불가피한데, 이는 양자 모두가 이론적 사고 및 실재에 대한 이론적 이미지를 지배하려고 하기 때문이다. 실재에 대한 세속화된 개념에 대해 대안을 제시하기 위해서는 성경적 관점에서 본 실재의 이론적 모습을 발견하는 것이 필요하다.

그러나 이러한 학문 및 철학의 내적 개혁을 위해서는 이론적 사고와 그 출발점을 결정하는 중심적인 종교적 동인 간의 내적인 접촉점에 대해 분명한 개념을 가질 필요가 있다. 근본적이고 통합적인 의미로서의 중심적 성경 동인에 종속되어야 한다는 기독교적 신앙의 관점에서 볼 때, 단지 이론적인 이성의 자율성을 거부하는 것만으로는 불충분하다. 유명한 교부 어거스틴이 바로 그렇게 했는데, 그는 사고란 신적 계시의 조명 없이는 진리를 발견할 수 없다고 열정적으로 주장했다. 특히 그는 철학과 기독교의 관계를 염두에 두면서 그리스 철학이 기독교적 사고에 미칠 영향의 위험성을 분명히 지적했다.

그러나 이러한 관점은 이론적인 사고 그 자체의 내적 구조에 대한 비판적 탐구와 병행되지 않았다. 어거스틴은 철학적 사고와 종교적 헌신 간의 내적인 접촉점에 대해 분명히 파악하지 못했기 때문에 소위 기독교 철학의 문제에 대해 적절한 해답을 제공할 수 없었다. 그는 이 후자의 문제를 전혀 다른 것, 즉 철학과 기독교 신학의 관계로 간주했다. 철학적 사고의 자율성을 부인하면서 또한 신학과 관계된 철학의 자율성도 부인했던 것이다. 그는 그리스 이방 철학을 자율적인 학문으로 간주할 수 없었고, 유일하고도 참된 기독교 철학으로 간주한 교리적 신학에 그것을 종속시켜야만 했다. 철학은 기독교 교리에 적응되어야 했으며, 하나의 종, 즉 '신학의 시녀'로서 신학에 대해 다양한 서비스를 할 수 있었다.

　이와 같은 철학과 신학과의 관계에 대한 그의 생각은 그 기원이 기독교적이라고 할 수 없다. 오히려 이것은 아리스토텔레스가「형이상학」에서 형이상학적 신학과 기타 학문과의 관계를 다룰 때 주장한 입장이다. 아리스토텔레스는 신학이야말로 궁극적이고 지고하게 선한 학문으로서 학문의 여왕이라고 말했다. 기타 학문들은 이 공리적 진리에 대해 모순되는 것이 허용되지 않았다. 이러한 아리스토텔레스적 명제가 기독교적 토양에 이식되어 계시 신학과 이방 철학과의 관계에 적용된 것이다. 그러나 어거스틴의 종교적 출발점을 고려해 볼 때, 그가 아리스토텔레스적인 의미에서의 자연 신학을 철저히 배제했음은 두말할 나위가 없다.

　따라서 기독교적 학문에 관한 어거스틴의 입장은 그것을 교리적 신학과 동일시해야 하며 모든 학문 영역도 신학적인 관점에서 보아야 한다는 것이었다. 이러한 입장은 그의 저작「고백록」의 유명한 구절에 분명히 나타나 있다. "하나님과 영혼, 그것만을 나는 알기 원한다. 그 이상 아무것도, 그 외의 아무것도!" 이것이 알베르투스 마그누스와 성 토마스 아퀴나스에 의해 아리스토텔레스 사상의 르네상스가 일어날 때까지 스콜라주의를 지배한 입장이었다.

　그 이후 어거스틴주의는 점진적으로 토마스적 개념에 의해 대체되었다. 동시에 이미 언급한 바와 같이 새로운 종교적 동인, 즉 자연과 은혜 동인이 기독교 사상에 침투하기 시작했다. 물론 '자연' 및 '은혜'라는 단어는 이미 잘 알려져 있었다. 어거스틴에게서도 이 단어들은 발견된다. 그러나 하나의 새로운 종교적 동인으로서 말할 때에는 그리스의 자연이라는 종교적 개념과 기독교의 중심 동인을 화해시키려는 종합적 동인을 뜻한다. 이것은 피조세계를 두 가지 측면, 즉 자연과 초자연의 양면에서 보는 것을 의미한다.

자연 및 은혜 동인은 자연의 영역을 초자연적 영역의 자율적인 준비 단계로 본다. 초자연적 영역은 하나님의 특별 계시 및 그와의 교제 영역을 말한다. 그러나 이러한 개념은 우리가 지식의 열쇠라고 부른 중심적 성경 동인에서 자연의 영역을 분리시킨다. 성경적 동인은 그리스의 종교적 개념인 자연 동인으로 대체되었다. 이런 의미에서 자연과 은혜 동인은 본질적으로 이원론적이며 변증법적인데 이는 서로 근본적으로 화해할 수 없는 두개의 대립적인 종교적 동인들이기 때문이다. 더 자세한 내용은 나중에 살펴보겠다.

위에서 본 바와 같이 기독교의 중심적인 성경 동인은 통합적이고 근본적이어서 창조에 대한 모든 형태의 이원론적인 개념을 배제한다. 그러므로 그것은 어떤 형태의 숨겨진 변증법적 요소도 없다. 만일 우리의 삶과 사고의 태도를 좌우하는 중심적 종교 동인 안에 어떠한 이원론이나 변증법적 요소가 있다면 그것은 항상 이 기독교적 동인으로부터 부분적으로 또는 전체적으로 벗어난 동기에서 비롯되는 것이다.

배교적 동인은 우리로 하여금 상대적인 것을 절대화시키려 하며, 피조계의 한 양상을 따로 떼어 이것을 특별히 강조하여 이 양상은 사실 다른 모든 양상들과의 관계 및 신적인 근원과의 중심적 관계를 떠나서는 아무런 의미가 없는데 독립적인 존재로 만들어 결국 신격화시키게 되었다.

상대적인 것은 상호 관련되는 것이 없으면 아무것도 아니다. 피조계의 한 양상이 신격화될 때, 이 양상에 대응하는 또 하나의 양상이 그 종교적 의식 내에서 동일한 힘을 가지고 나타나며, 그것의 절대화는 신격화된 이전 양상과 직접 대립되는 위험에 빠지게 된다. 바로 이것이 통합적이고 근본적인 신적 계시의 입장과는 다른 종교적 동인들 간의 변증법적 긴장이 나타나는 원인이다.

그리스적 형상 및 질료 동인

우리는 그리스적 자연관을 지배하는 종교적 동인 내에 이러한 변증법적 긴장이 있음을 발견한다. 이것은 아리스토텔레스 이후 줄곧 질료 및 형상이라고 불려온 동인이다.

자율적이 되려고 노력한 스콜라주의의 형이상학이 이 단어들을 사용한 결과 그 종교적 의미는 완전히 잊혀졌다. 그리스적 질료 및 형상 동인은 그 형이상학적 적용에도 불구하고 제거될 수 없는 중심적인 종교적 성질을 가지고 있다. 이 동인들의 근원에는 전통적인 자연 종교와 올림픽 신들에 의한 신흥 종교 간의 화해할 수 없는 갈등이 있다. 전통 종교에서는 유기적 생명의 양상이 신격화되었다. 참된 신성은 어떠한 형태에도 한정되지 않고 개별적 형태를 취하며, 따라서 사망의 운명, 즉 예측불가능하고 무자비한 운명ananke에 종속된 생물들의 정기적 생성을 낳게 하는 영원한 생명적 흐름이다. 이러한 종교는 디오니시우스 숭배 예식에서 전형적으로 나타나듯이 형상의 원칙을 무시한다. 신적인 생명은 형태가 없고, 따라서 불멸한다.

바로 여기에 그리스적 질료 개념의 근원이 있다. 고대 이오니아 철학에서 자연이란 이러한 종교적 의미로만 이해되었다. 자연이란 신성 그 자체이며, 각 개별적 현상의 근원이 되는 신적 기원이고, 시간의 질서에 따라 끊임없이 유전하며, 모든 유한자들의 죽음에도 불구하고 생존하는 생명의 흐름이다. 이것이 바로 "사물은 생성된 후, 운명에 따라 다시 그곳으로 돌아감으로 소멸된다. 이는 그들이 시간의 순서에 따라 서로 불의한 것을 보상하고 처벌하는 것이다"라고 말한 아낙시만더Anaximander의 신비로운 단편의 의미다.

이 본문의 의미는 괴테의 「파우스트」에 나타난 메피스토의 유명한 이 말을 그리스적 의미로 해석한다면 보충 설명이 될 수 있을 것이다.

> 왜냐하면 생성된 모든 것은 Denn alles was geformt entsteht
> 비참하게 멸망할 운명이다 Ist wert das es zu Grunde geht

이와는 대조적으로 올림픽 신들의 후기 종교는 그리스 사회의 문화적 국면을 신격화시킨 것이다. 이것은 형상, 중용 및 조화의 종교로서 그 전형적인 표현은 법을 제정하는 델피의 아폴로신 숭배에서 나타난다. 올림픽의 신들은 생명적 흐름 및 그 위협적인 사망의 운명을 가진 지상을 떠났다. 그들은 이상적이고 인격적인 형상을 취했고, 불멸하는 도시의 신들이 되었다. 그러나 죽을 수밖에 없는 인간을 위협하는 운명보다 더 큰 힘은 가지지 못했다. 호머는 「오디세이」에서 "심지어 불멸의 신들도 잔인한 운명에 대해 불쌍한 인간을 도와줄 수 없다"고 말한다.

그리스의 신적 형상 동인은 바로 이 문화 종교에 기인하며, 이것은 다시 그와 대립되는 생사의 영원한 유전 동인인 질료 동인과 갈등을 낳았다.

이 두 가지 상호 대립적인 동인들은 그리스 사상의 중심적이고 변증법적인 동인 내에 포함되었다. 그것들은 계속해서 서로 반대되는 방향으로 이 사상을 끌고 나갔다. 양자를 화해시키려는 모든 노력은 실패로 돌아갔는데, 어느 누구에게도 그들의 궁극적 대립을 초월하는 원칙이 없었기 때문이다. 진정한 종합의 가능성이 없었기에 유리한 대안은 한 동인을 다른 동인보다 더 우월하다고 주장하는 것이었다. 따라서 고대 자연 철학은 질료 원리를 우월하게 보고 형상 원리를 멸시했다. 그러나 플라톤과 아리스토텔레스의 형이상학은 정반대였다. 아리스토텔레스의 신은 순수한 형상이며, 질료 또는 영원한 유전의 원리는 그 운동의 목표인 형상을 향해 나아가는 불완전의 원리로 인식했다.

이러한 형상 및 질료 동인 간의 종교적 대립은 그리스의 인간관에도 표현되어 있다. 인간은 이성적 형상과 썩어질 질료로 구성되어 있는데 이런 인간은 근본적 통일성이 없다. 왜냐하면 참된 종교뿐만 아니라 이방 종교도 인간의 자기 인식은 하나님의 지식에 의존하기 때문이다. 아리스토텔레스의 신은 형상의 문화적 양상을 신격화한 것에 불과하며, 이러한 신은 그 자체가 또 다른 세력, 즉 영원한 생사의 순환 원리와 대립되므로 인간에 대한 이해도 이와 동일한 이원론에 빠지게 된 것이다. 그러므로 그리스의 자연관은 성경적 창조관과는 양립될 수 없다.

"무에서는 아무것도 나오지 않는다"Ex nihilo nihil fit! 이것이 바로 세계의 기원에 대한 그리스적 지혜의 핵심이다. 바로 이런 이유로 그리스 사상은 선재하는 질료에 형상을 부여하는 신적 조물주demiurge 개념을 수용할 수 있다. 그러나 형상화되지 않은 질료 자체는 그 기원이 신적 형상 원리에 있을 수 없다. 세계의 기원에 대한 그리스의 관념은 이원론적이며 변증법적이다. 그리고 스콜라적 자연 및 은혜 동인이 이것을 교회의 창조 교리와 화해시키기를 원했기 때문에 이 동인 자체도 종교적인 변증법적 긴장관계에 놓이게 되었다.

중세적 종합의 분열

이와 같은 종교적 변증법의 일반적인 법칙은 그 종교적 의식이 처음에는 기본 동인 안에 있는 궁극적이고 대립적인 양자를 화해시키려고 노력하지만 그 출발점이 다름을 비판적으로 반성해 볼 때 그 종합은 다시 원래의 대립으로 분열된다.

토마스주의는 자연과 은혜 동인을 종합하려고 노력했다. 그러나 14세기와 15세기의 오캄 및 아베로에스로 대표되는 유명론唯名論, nominalism은 이러한 토마스적 종합을 분열시켰고, 다시금 상호대립적인 것으로 환원시켰다. 이런 관점에서는 자연과 은혜 간에 어떠한 접촉점도 없었다. 윌리엄 오캄은 다시 은혜 동인에 우월성을 부여하여 자연 영역은 단지 초자연적 영역의 하부 구조 정도로 보게 되었다.

오캄은 자연 이성으로 형이상학적 지식 및 자연 신학에 도달할 수 있음을 부인했다. 그의 유명론에 의하면 보편, 즉 속屬, genus 및 종

種, species과 같은 개념들은 인간의 오성을 떠나서는 실재하지 않는다는 것이다. 그것들은 단지 개별 사물들의 연장 extension으로서 사물들을 대표하는 사인들에 불과하다는 것이다. 또한 그에 의하면 학문은 보편적 개념의 관계들에 대한 지식에 한정되기 때문에 학문적 진리의 기준은 인간의 오성 자체 내에 있다는 것이다. 자연 이성은 경시될 뿐 아니라 신적 계시에서 완전히 분리되었다. 완전히 세속화된 것이다.

토마스적 사상 자체가 자연 이성에 어느 정도 자율성을 부여한 것은 사실이다. 그러나 이것은 매우 상대적인 자율성이었다. 사실 이러한 자연 및 은혜를 종합한 스콜라적 동인에 의하면 단지 초자연적 진리의 준비 단계로서의 자연적 진리는 계시 진리와 전혀 상충되지 않았다. 스콜라주의는 그리스 사상을 계속해서 교회적 교리에 적응시키려고 노력했는데 이러한 과정은 두 사상을 지배하는 종교적 동인들을 서로 타협시키지 않고서는 전혀 불가능했다.

자연과 은혜의 종합 개념이 분열되자마자 이 두 종교적 동인들이 다시금 서로 근원적인 대립을 보이게 되었고, 학문도 더 이상 자연과학과 교회적 교리의 적응 내에 그 자리를 확보할 수 없게 되었다. 따라서 학문의 세속화는 그 정점에 도달하였다. 어거스틴과 토마스 아퀴나스가 신성한 학문으로, 학문의 여왕으로 선포했던 기독교 교리 신학도 진정한 의미에서 학문으로 인정되지 않았으며, 모든 학문이 자연 이성의 영역으로 격하되었다. 교회가 이 세속화된 학문에 의해 주장되는 견해들을 정죄할 수는 있었지만, 신학에서 그들이 박사들에게 할 수 있었던 것처럼 호소할 만한 어떤 학문적 법정이 없었다. 이때부터 출교하는 정죄의 유효성도 교회의 정치적 권력과 학자들이 교회 당국과 어떤 개인적 관계를 맺느냐에 전적으로 의존하게 되었다.

종교개혁의 실패

자연 및 은혜라고 하는 대립적인 종교적 변증법이 드러나자, 서구의 학문은 두 가지 발전 가능성이 있었다. 하나는 기독교적 사상을 성경적 동인으로 회귀시켜 학문적 사고를 내적으로 개혁시켜야 할 필요성을 고려하든지, 그렇지 않으면 학문의 세속화 과정을 더욱 심화시켜, 기독교를 완전히 세속화한 새로운 종교적 동인의 지배 하에 두는 것이다. 전자의 가능성은 종교개혁과 같은 위대한 역사적 운동과 관련되어 있고, 후자의 가능성은 현대 문화의 역사적 발전에 곧 지배적인 위치를 점한 근대 인본주의에서 찾아볼 수 있다.

종교개혁은 진정한 성경적 의미에서의 교회, 사회, 그리고 삶의 모든 영역에서 내적인 개혁을 시도했다. 그것은 단지 신학적이고 교회적인 운동만은 아니었다. 순수하게 성경으로 돌아가자고 외치면서 지상의 삶의 모든 영역을 포함하는 통합적이고도 근본적인 성경 중심 동인이 주도적인 힘을 가져야 한다고 주장했다. 학문의 영역에서도 종교개혁은 하나님의 은혜로 종교개혁에 찬동하는 국가들의 대학 규정을 근본적으로 개혁할 수 있는 기회를 얻었다.

그러나 불행하게도 종교개혁은 이러한 기회를 충분히 활용하지 못했다. 멜랑흐톤의 원대한 교육 개혁 계획도 철저하게 성경적인 영감을 받지는 않았다. 오히려 루터의 교리에 타협한 인본주의적 문헌학

philology의 영향을 받아 새로운 스콜라 철학을 낳았다. 이것은 결국 계몽주의 시대의 인본주의적 세속화를 준비해 주는 결과를 가져왔다. 심지어 테오도르 베자는 칼빈주의적 대학들에서도 개혁 신학에 적응된 아리스토텔레스주의를 진정한 철학으로 회복시켰다.

학문에 대한 개신교의 개혁은 "신앙을 위해서는 예루살렘으로, 지혜를 위해서는 아테네로 가야 한다"는 이원론적 금언을 다시금 채택해 비참한 결과를 낳게 되었다. 17세기의 유명한 개혁주의 신학자 보에티우스가 낙심천만하게도 데카르트의 새로운 도전에 대해 아리스토텔레스주의를 가장 앞장서서 옹호한 것을 볼 수 있다. 요한 칼빈이 「기독교 강요」를 쓰도록 영감을 준 진정한 성경적 정신은 자연 및 은혜라는 반성경적이고 스콜라적으로 타협하려는 사고방식에 의해 정복당하고 말았다. 로마 가톨릭주의의 유산인 이러한 변증법적 동인이 종교개혁의 힘을 약화시켰고, 그 이후 두 세기 이상 동안 학문의 세속화에 제동을 걸 수 있는 가능성을 제거해 버린 것이다.

인본주의의 영향

이러한 세속화는 전적으로 근대 인본주의의 종교적 영향으로 일어났다. 인본주의는 사실 세속화 과정이 다름 아닌 학문의 진수 그 자체를 논리적으로 발전시킨 것임을 정언적으로 확증했다! 그러나 이것은 우리가 학문적 사고의 내적 구조를 비판적으로 검토해 보면 드러나듯이 매우 무비판적이고 독단적인 교리다. 종교적인 전제들에 기초하지 않은 학문은 존재한 적이 없고, 또 존재할 수도 없다. 이것은 사실 모든 학문이 실재의 다양한 양상들 간에 존재하는 상호 관계들에 관한 관념을 포함하는 어떤 특정한 이론적 관점을 전제하며, 이러한 관념은 본질적으로 사고의 중심적 종교 동인의 지배를 받음을 뜻한다.

근대 인본주의는 종교개혁 이후 점점 더 학문의 개념에 영향을 미쳤는데, 임마누엘 칸트 이후 자연 및 자유 동인이라는 중심적 종교 동인을 가지고 있다. 이 동인의 종교적 의미를 분명히 알지 못하면 현대 학문의 세속화의 궁극적 경향들을 이해할 수 없다. 마치 스콜라적 사상이 형상과 질료라는 그리스적 종교 동인을 간과했기 때문에 스스로 기만당한 것처럼 인본주의 동인도 단지 하나의 철학적인 문제로 배제해 버리면 그 진정한 성질을 알 수 없게 된다. 이러한 심각한 오류는 사고의 자율성이라는 독단적 교리의 영향 때문이다.

자연과 자유 동인도 변증법적이다. 그러나 이것은 상호 다른 두 종교의 충돌에서 파생된 것이 아니다. 이것은 단지 창조, 타락 및 구속이라는 성경적 중심 동인을 세속화한 것에서 유래한다.

세속화는 이탈리아에서 시작된 르네상스로 인해 발생한 초기 인본주의에서 이미 나타났다. 순수한 세속적 '거듭남'이 선포된 것이다. 성경적인 중생 개념이 변질되어 새로운 인본주의적 자유 동인의 표현에 사용되었다. 후자는 구속의 결과인 그리스도 예수 안에서 누리는 성경적 자유를 세속화한 것에 지나지 않는다. 그것은 인간의 자율성을 주장하는데 이는 그 존재의 중심, 즉 종교에 코페르니쿠스적 혁명을 가져왔다. 인간의 인격이 궁극적인 목표, 즉 '목적 그 자체' Selbstzweck로 격상되었다. 자율적인 현대인은 합리적 변신론으로 정당화시킬 수 있는, 자신의 형상으로 만든 우상을 창조하기를 원했다.

라이프니츠는 인본주의 학문 이상의 정신으로 하나의 신, 즉 위대한 기하학자로서 모든 실재를 무한한 계산으로 다 분석해낼 수 있는 신을 만들어냈다. 여기서는 라이프니츠가 수학에 도입한 무한 계산의 양상이 신격화된 것이다. 수학의 신격화를 맹렬히 공격한 루소도 자율적 인격의 자유라는 의미에 해당하는 신을 창조했다. 임마누엘 칸트 또한 인간의 인격을 그 최종 목적으로 선포한 자율적 도덕의 형상을 따라 실천 이성의 공리에 따른 신을 창조했다.

하나님에 대한 인본주의적 개념이 다양한 것은 이 모두가 세속화된 의미에서 하나님의 위치를 동등하게 부여했지만 결코 우연이 아니다. 그것은 자유라는 중심적 종교 동인 내에 변증법적 긴장이 있음을 보여 준다. 이러한 인본주의적 동인은 구속의 열매로 간주되는 예수 그리스도 안에 있는 자유라는 성경적 주제의 세속화에서 연유한 것임을 앞에서 밝혔다. 기독교에서 이러한 동인은 근본적인 의미를 띠는데, 왜냐하면 그것은 인간 존재의 근본적 통일성, 즉 시간 내적 세계 질서의 다양한 국면들을 초월하고 이 다양성이 하나님의 형상인 영적인 통일체로 집중되어 있는 마음을 가리키기 때문이다.

기독교적 자유 개념이 세속화되자, 즉 다양한 양상을 가진 지상의 실재 수준으로 격하되고 인본주의적 자율성 이념으로 변형되자 그 의미가 모호해지기 시작했다. 하나님과 자신에 대한 지식을 추구하는 내적 종교적 경향은 따라서 배교적 방향으로 나아가기 시작했다. 자신과 하나님을 탐구함에 있어 현대의 자율적 인간은 우상을 찾고 있는 것이다. 성경에 계시된 하나님과 하나님의 형상으로 창조된 인간은 더 이상 관심의 대상이 아니었다.

그러므로 인간의 자율적인 자유라고 하는 종교적 동인은 상호 대립되는 동인들, 둘 다 독립적이고 절대적으로 간주되는 동인들로 분리되었다. 우선 자율적 자유 동인은 종교적이고 도덕적인 삶에 대해 새로운 인격 이상, 즉 자신이 스스로의 이성에 의해 만들지 않은 어떤 실천적인 법칙에도 복종하는 것을 거부하는 이상을 낳았다. 둘째, 자율적인 과학에 의한 자연의 지배와 갈릴레오 및 뉴턴이 기초를 놓은 새로운 자연 과학 모델에 따라 모든 실재를 재구성하려는 동인을 낳았다. 다시 말해 과학 이상을 탄생시킨 것이다.

자연 개념을 지배하게 된 새로운 인격 이상 및 과학 이상은 둘 다 인본주의적 자유 동인에 그 기원을 두고 있으나 서로 변증법적이고 종교적인 긴장관계를 가진다. 즉 실재의 이론적 관점이 자연 지배라는 과학 이상에 의해 형성되는 한 인간의 실제 행동 영역에 있어서 인격의 자율적 자유를 위한 여유가 더 이상 없어졌다. 세속화된 학문의 합리적 이상은 모든 개체 구조가 없어지고, 폐쇄되고 경직된 인과관계로 설명되는 엄격히 결정론적인 실재관을 발전시켰다.

새로운 과학 이상은 성경적 창조 동인도 세속화시켰다. 이론적 사고에 창조적 능력이 주어져 실재의 구조들을 자신의 형상을 따라 이론적으로 재창조하기 위해 신적인 창조 질서에 나타나 있는 실재의 구조들을 방법론적으로 해체해야만 했다. 칸트가 반복해서 말한 데카르트의 담대한 선언, 즉 "우리에게 재료를 주면 당신에게 세계를 만들어 주겠다"는 말과, "이론적 사고는 하나님 자신과 같이 창조할 수 있다"는 토마스 홉스의 말은 모두 동일한 인본주의적 동인, 즉 학문적 사고에 집중된 인간의 창조적 자유 동인의 영감을 받은 것이다.

따라서 창조적 자유의 종교적 동인에 의해 발생된 이러한 이상, 즉 원래적인 자연주의적 형태로서의 과학 이상은 기계론적이고 이론적인 세계관에 의해 그것이 추구하고자 했던 인간의 자유 그 자체를 파괴하게 된 것이다. 한편으로는 자율적인 학문이 있고 다른 한편으로는 자율적인 행동이 있어, 전자는 새로운 수학적이고 기계론적인 과학 이상이, 후자는 자유롭고 자율적인 새로운 인격 이상이 지배하게 되었다. 양자는 인본주의적인 종교적 동인의 내적인 변증법 때문에 상호 대립되게 되었다. 이것이 바로 칸트가 자연과 자유간의 갈등이라고 부른 것이다. 만약 이 이방 종교적인 변증법적 구조를 제거하려면 이 대립적인 양자 중의 어느 하나에 중점을 두고 다른 하나는 포기해야만 한다.

그리스 사상은 먼저 질료라는 종교적 동인생사의 무형적이고 영원한 흐름의 동인에 우선권을 두었다. 세속화되고 신격화된 학문이 인류를 자유와 진보의 길로 인도해 줄 것으로 확실히 믿었던 것이다. 그러나 루소는 자유의 이름으로 과학 이상에 대해 통렬한 비판을 가하기 시작했다. 그는 이 과학 이상을 과소평가하면서 감정적인 종교에 구현된 인격적 자유 동인에 종교적 우선권을 두었다. 과학의 지배를 받는 서구 문화에 환멸을 느낀 그는 자유의 정신에 의해 사회를 개조해야 한다고 역설했다.

칸트는 자연과 자유의 영역을 구분함으로써 이 두 가지 대립적인 동인을 분리시키려고 했다. 기계론적 과학 이상은 순수한 현상적 세계의 수준으로 격하된 자연의 영역에 한정되었고 이 영역은 이 세계에 대해 질서를 부여하고 자연법의 기원인 인간의 자율적 오성이 구성함으로써 성립된다고 생각했다. 다른 한편 순수한 의지의 이상과 동일시된 자율적 자유 이상은 현상적 자연 세계를 초월한 형이상학적 규범의 지위에까지 격상되었다.

이러한 칸트의 자율적 의지 이상은 합리주의적으로 파악되었다. 인간의 진정한 자아autos는 도덕법의 일반 형태인 규범nomos과 동일시되었는데, 그의 윤리학의 전 영역에서 개별 인격에 대한 관심이 전혀 없었다. 동시에 창조적 자유라고 하는 인본주의적 실재를 합리적 과학 이상에 넘겨 주는 것을 원치 않았다. 이러한 동인은 과학적인 자연 지배 동인처럼 세계를 그 자신의 형상에 따라 창조해야만 했다. 바로 이 점 때문에 낭만주의와 칸트 후기의 관념론이 자유 및 자연 개념에 남아 있는 합리주의의 잔재를 제거하기 원했던 것이다.

자유롭고 자율적인 인격에 대한 새로운 개념이 나타나기 시작했는데, 이에 의하면 더 이상 인간의 진정한 자아를 일반적인 규칙, 즉 도덕법에서 구하지 않고 오히려 진정한 도덕적 기준을 단지 창조적인 개개인의 자유로운 인격의 반영으로 간주했다. 따라서 진정한 도덕성은 개개인의 성향 및 소명을 따라가야 한다는 것이다. 이 새로운 자유 개념은 어떠한 일반적인 법칙과도 양립될 수 없었다. '부르조아 도덕' 및 칸트의 율법주의는 '천재적 도덕성'으로 대체되었다. 나폴레옹과 같은 위인을 보통 사람과 같은 도덕적 기준으로 판단하는 것은 불가능한 것이다!

동시에 인간 사회에 대한 새로운 개념이 생겨났다. 과학의 수학적, 그리고 기계론적 이상의 영향으로 사회는 개성을 상실한 원자와 같은 개인들의 집합으로 분해되었다. 이 사회에는 개별적 총체로서의 공동체 개념이 없었다. 모든 일반 법칙에서 자유로운 개인을 위한 공간만 있는, 이 새롭고 자유로운 인격 이상 개념이 그 반대의 극단으로 흐르고 만 것이다.

그것은 개개인을 완전히 포함하고, 그 법칙들 및 사회 질서를 자율적인 개별 정신으로 산출해낸 전체주의적 사회, 즉 개개인은 지상의 개별적 공동체의 한 일원으로만 간주하는 보편적 사회 이미지를 창출했다. 이러한 비합리적 관점에 따르면, 그 국민들의 개성을 결정하는 것은 전체주의적 국가들이다. 여기에는 인권이 발붙일 곳이 없다. 이제는 더 이상 보편적인 인간이 아닌 독일, 영국, 프랑스 등과 같은 자기 나라의 한 구성원으로서 개개인을 생각할 뿐이다.

이러한 새로운 자유 개념에 따라 칸트가 합리적이고 기계론적 과학 이상의 영역으로 본 자연 개념도 바뀌어야 했다. 모순을 두려워하지 않는 변증법적 사고방식에 의해 인본주의적인 종교적 출발점에 그 기원을 둔 두 대립적인 동인들을 종합시키려는 시도가 이루어졌다. 즉 자연 안에서 자유를, 그리고 자유 안에서 자연적 필연성을 발견하려 했다.

19세기 전반기에 왕정복고의 보수적인 정신이 영적 분위기를 지배할 때 옛 과학 이상이 정밀한 학문적 분석 방법에 의해 그 매력을 완전히 상실한 것은 전혀 놀랄 일이 아니다. 새롭게 나타나기 시작한 과학 이상은 역사적인 측면을 강조한 것이었다. 수학적이고 기계적인 사고방식이 합리주의 철학을 지배했듯이 이 새로운 역사주의적 학문 이상도 인간의 자율성이라는 인본주의적인 종교적 동인에서 나온 것이었다.

그러나 이 새로운 역사주의적 사고방식은 실재를 보편적 법칙들의 일반적 형성으로 환원하는 데는 전혀 관심이 없었다. 오히려 그것은 이러한 합리주의적 사고를 창조적 개체의 중심에 침투할 수 없는 것으로 무시했다. 역사주의적 사고는 반복할 수 없는 개별적 사실들에서 그 재료를 찾았다. 그것은 개별적 사실들을 그 개별성에 따라 르네상스, 계몽주의, 왕정복고 등과 같은 특정한 발전 기간에 속하는 것으로 해석하기를 원했다.

또한 기계론적이고 수학적인 과학 이상이 기계론적이고 합리주의적인 실재관을 창조했듯이 새로운 역사적 학문 이상도 그 나름의 형상을 따라 세계를 창조했다. 모든 실재를 역사적 관점에서 보았으며, 이 관점은 절대적 위치를 점하였다. 역사적 사고는 역사적 세계를 만들어 그 중심에 삶의 다른 비환치적 양상들을 위한 공간은 더 이상 없게 되었다. 자연 자체도 연속적인 창조적 진화 과정으로서의 역사적 자연으로 변형되었다. 그런 체제에서 인류의 문화사는 자연사보다 진보된 상태로 간주되었다.

그렇지만 기계론적 과학 이상이 인본주의적 자유 동인에 적대적인 것으로 나타났듯이 새로운 역사적 학문 이상도 자유롭고 자율적인 인격이라는 인본주의적 이상에 더 위험한 대적으로 나타났다. 이 새로운 역사주의가 역사적 과정을 단지 자율적인 인간의 영원한 이상의 역사적 개현으로 생각한 관념론에 의해 제동이 걸린 한, 역사주의는 더 이상 그 극단적인 합의들을 나타낼 수 없었다.

그런데 역사주의적 사고가 싹튼 후칸트주의적 관념론은 19세기 후반에 들어오면서 약화되기 시작했다. 역사주의는 인본주의의 영원한 이상들도 역사적 양상에 국한시켜 단지 역사적 과정의 이데올로기적 산물로 환원시켜 버렸던 것이다. 관념론에서 해방되기 위해 역사주의는 실증적이 되었다. 다윈과 마르크스주의의 생물학적 진화론은 역사적 사고를 자연주의적 방향으로 변형시켰는데, 양자 모두 학문의 해방적 능력을 철저히 신뢰했던 것이다!

이러한 세속화된 학문의 종교적 이상은 결국 극단적인 역사주의의 허무주의적 함의들을 표출하기에 이른다. 구시대적인 기계론적이고 결정론적인 과학 이상의 기초는 20세기 초반에 에너지 양자 이론이 발견되면서 붕괴되었다. 다윈적 진화론의 최면은 비판적인 역사적 연구가 문화 및 사회생활의 진화를 선험적으로 재구성하는 것이 가장 잘 증명된 사실들과는 일치하지 않는다는 것을 보여 주었을 때 그 허구성이 드러났다. 또한 양차 세계 대전은 과학 및 자율적 이성의 놀라운 능력에 대한 믿음을 송두리째 제거해 버렸다.

이러한 모든 사실들에 직면하여 실증주의적 역사주의는 가장 일관성 있고 극단적인 형태로 나타나 과학적 진리의 기초를 파괴해 버렸다. 그것은 역사가 퇴보한다는 느낌을 갖게 했는데, 인본주의적 실존주의와 슈펭글러의 유명한 책 「서구의 몰락」*Die Untergang des Abendlandes*에서 그 철학적 표현이 나타난다.

학문의 영역도 주님의 길이다

지금까지 학문이 세속화되는 변증법적 발전 과정을 끝까지 추적해 보았다. 그리고 이러한 파멸적 과정이 반성경적인 종교적 동인들에 의해 인도되었으며, 로마 가톨릭주의나 개신교 모두 학문 정신의 세속화 발전에 그 책임이 있음을 주장했다. 이들 양자 모두가 성경적 동인의 통합적이고 근본적인 이 세속화에 책임이 있는 것이다. 이제 우리는 서구 문명이 영적으로 뿌리가 뽑혀 버렸다는 사실에 직면해 있으며, 이것은 학문의 세속화 과정과 분리시켜 생각할 수 없다.

칼빈주의적인 종교개혁자 후예들은 '학문 및 철학이 예수 그리스도의 나라에 포함되느냐, 아니면 자연 이성의 영역에 속하느냐'라는 스콜라적인 토론에 더 이상 시간을 낭비해서는 안 된다. 이러한 토론은 인간 존재의 마음을 지배하는 종교적 추진력이 있으며, 독립된 자연 이성은 없다는 것을 밝혔기 때문에 더 이상 계속할 필요가 없다.

우리에게 주어진 길은 단 두 가지, 즉 그 변증법적 개현으로 인해 세속화를 낳는 스콜라적 적응의 길과, 성경적 동인의 추진력에 의한 학문적 사고의 내적이고 근본적인 개혁을 요구하는 종교 개혁적 정신의 길이다. "두 주인을 섬길 수 없다"는 우리 주님의 말씀을 기억하자. 그리고 우리 모두 추수밭, 즉 학문적 지식의 영역을 포함한 전 지구에 신실한 일꾼들을 보내 주시도록 하나님께 기도하자.

내용색인

가상공간 165, 166
가치중립 156, 158, 196, 225, 226, 227, 248
갈릴레오 재판 95, 96, 99
결정주의 201
경험주의 147, 148, 199
고등비평 134
과학의 시대 26, 142
과학주의 109, 171, 177, 200, 201
과학철학 74, 75, 226
과학혁명 23, 97, 107, 114, 142, 147, 148, 150, 199, 251
교육가치 195, 196
구속 55, 56, 58, 134, 186, 187, 190, 192, 269, 270, 271, 283, 284
구조적 도전 25, 27
규범nomos 26, 109, 198, 222, 287
그리스적 사고 40, 43, 63, 97
그리스적 앎 40, 42
근대주의 31, 32, 33
기독교 강요 282
기독교 역사관 190, 191, 204
기독교적 세계관 9, 16, 66, 78, 148, 149, 156, 177, 194, 244, 253
기독교적 지성 8, 30, 67, 184
기독교적 학문 9, 16, 30, 31, 32, 69, 72, 73, 77, 78, 79, 80, 87, 98, 177, 183, 184, 186, 202, 203, 204, 205, 206, 229, 248, 274
기술문명 162
기술사회 290
기술주의 177, 202
내재철학 161
다변화 266
대우주 270
대위임령 13, 181, 239
도매선교Wholesaler Mission 17, 244, 245, 246, 247, 248
두더지형 조망 103, 106, 107, 127
등산가형 조망 103, 106, 107, 127
딜레땅뜨dilettante 128
로마클럽 163, 173
린 화이트 신드롬Lynn White Syndrome 145
맨하탄 프로젝트Manhattan Project 129
멀톤명제Merton Thesis 97
명가名家 174
무속 40, 48, 49, 50, 63
무속신앙 40, 48, 49, 50, 63
묵가墨家 174
문헌학Philology 203
문화명령 8, 13, 15, 30, 34, 72, 80, 145, 154, 183
문화의 추종자 33
문화의 형성자 33
물자체物自體 270

미국과학자협회 205
미국국립과학원 164
반근대주의 32
방향성 191
범신론 48, 187
봉사동인 113
부르조아 도덕 287
사회과학 78, 104, 105, 106, 109, 119, 131, 132, 135, 136, 185
산업혁명 23, 126, 162, 164, 165, 166, 171, 199
상대주의 11, 26, 108, 132, 201
상업화 28
생기론 267
선악과 14, 43
성경의 책The Book of Scriptures 153
성경해석학Biblical Hermeneutics 134
세계화 22, 23, 25
세속주의 47, 191, 208, 212, 213, 214, 215, 216, 218, 219, 221, 222, 224, 225, 226, 227, 228, 229, 230, 231, 232, 233, 234
세속주의 47, 191, 208, 212, 213, 214, 215, 216, 218, 219, 221, 222, 224, 225, 226, 227, 228, 229, 230, 231, 232, 233, 234
소매선교Retailer Mission 17, 244, 245, 246, 247, 250
속genus 279
쉐마shema 65
국소화 26, 34, 49, 50, 51, 57

상대화 26, 32, 34, 130, 134
신적 간섭divine intervention 191
신플라톤주의Neo-platonism 151, 152, 217
실험주의 194, 200
씨앗원리 90
아미쉬Amish Acre 174
애지동인 113
양자 이론 290
연장extension 280
영지주의, 영지주의자 46, 48
우상, 우상숭배 65, 67, 68, 91, 98, 110, 116, 143, 144, 146, 155, 157, 167, 168, 175, 176, 202, 224, 226, 227, 231, 232, 253, 266, 271, 284
원인론 126
원자론적 사고 172
유명론, 유명론자 90, 279
유물주의 201
유출설 90
이신득의 53
이원론 11, 33, 34, 40, 47, 48, 49, 50, 51, 52, 54, 55, 57, 58, 63, 70, 71, 72. 73, 74, 76, 83, 87, 91, 98, 119, 151, 197, 218, 232, 234, 247, 250, 252, 268, 269, 271, 272, 275, 278, 279, 282
인문과학 78, 80, 104, 105, 106, 107, 109, 114, 116, 117, 119, 131, 132, 135, 136, 185, 248
인본주의 78, 146, 155, 173, 183, 259, 265,

267, 281, 282, 283, 284, 285, 286, 287, 288, 289, 290
자아autos 33, 228, 251, 287
자연과학 78, 80, 90, 94, 104, 105, 106, 107, 109, 114, 115, 116, 117, 119, 128, 131, 132, 133, 135, 151, 185, 191, 194, 195, 202, 280
자연신학Natural Theology 73, 134
자연의 책The Book of Nature 151
자연주의 26, 75, 156, 187, 201, 286, 290
자율성 75, 76, 79, 98, 201, 215, 217, 218, 260, 264, 268, 273, 280, 283, 284, 288
재세례파 174
저스틴 황제의 칙서Justinian Edict 93
전문가적 권위 141
전문화 28, 29, 108, 120, 128
전천년 사상 199
정보화 21, 22, 23, 24, 25, 26, 29, 112, 163, 200
제국주의 126, 136
조물주Demiurge 279
종교개혁, 종교개혁자 47, 51, 92, 234, 268, 281, 282, 283, 291
종교적 집중 62, 271
주의론Voluntarism 47, 147, 201
주지주의 47, 148
준거틀Reference Frame 186
중심동인 267, 269, 272, 274, 281, 283
지배동인 287
직조구조織造構造 120

진보, 진보주의 79, 95, 96, 112, 142, 145, 155, 162, 171, 176, 191, 198, 201, 286, 289
진행적 창조론 90
창조 동인 285
창조 명령Creation Mandate 15, 34, 78, 181
천문학의 제사장 58, 81, 107, 153
천재적 도덕성 287
천체의 합conjunction 133
청지기 22, 31, 78, 79, 83, 116, 117, 119, 120, 145, 146, 155, 156, 157, 161,175, 176, 177, 182, 185, 189, 197, 253
초월적인 관점 261
칼빈주의, 칼빈주의자 146, 154, 181, 264, 268, 282, 291
케리그마 43
코람데오 51
타락 14, 26, 27, 28, 30, 40, 50, 56, 58, 76, 79, 87, 110, 115, 117, 118, 137, 148, 167, 186, 187, 189, 190, 195, 217, 228, 234, 260, 269, 270, 271, 283
통합적 권위 29, 141
파편화 11, 98, 108, 110, 111, 115, 116, 118, 120, 125, 127
포스트모더니즘 22, 32, 33, 34, 130, 214
하나님의 형상 34, 56, 71, 77, 78, 79, 81, 120, 129, 141, 146, 148, 149, 150, 156, 176, 187, 188, 189, 195, 232, 251, 269, 271, 284
학문의 객관성 74, 219, 226
학문의 세속화 125, 234, 257, 259, 260, 261,

266, 267, 268, 280, 281, 283, 291

학문의 중립성 11, 79

학문의 파편화 98, 108, 110, 111, 118

학문의 해방적 기능 133, 134

학문적 자폐증 117

합리주의 68, 201, 287, 288, 289

행동주의 194, 196

헬레니즘 42, 46, 47, 216

환경오염, 환경파괴 117, 169, 170, 171, 172

환원주의 194, 201, 218, 223

후천년 사상 199

후칸트주의 289

히브리적 사고 43, 44, 45, 46, 47, 63, 65

가우더A. Gouder 75

갈릴레오G. Galilei 95, 96, 97, 107, 150, 151, 152, 199, 285

그래함Billy Graham 243, 245

그랜트Edward Grant 94

그린Albert Greene 227

넛슨Robert Knudsen 154, 258

뉴턴Isaac Newton 97, 107, 151, 152, 165, 199, 219, 285

다윈Charles R. Darwin 113, 246, 290

데모크리투스Democritus 126

데카르트Rene Decartes 74, 75, 217, 219, 282, 285

뎀스키William Dembski 251

도여베르트Herman Dooyeweerd 16, 118, 224, 230, 257, 258, 259, 260, 261, 262, 263, 264, 265, 270

돌턴John Dalton 199

뒤엥Pierre Duhem 95

땅삐에Etienne Tempier 94

라드니츠키G.R. Radnitzky 75

라봐지에A. Lavoisier 199

라이프니쯔Gottfried Wilhelm von Leibniz 111, 127

라즐로Ervin Laszlo 172, 173
래필Stewart Raffill 174
로이드Geoffrey E. R. Lloyd 93, 245
루이스C.S. Lewis 245
화이트Lynn T. White, Jr. 145
마르크스(Karl Marx) 33, 68, 69, 173, 193, 246, 290
마써(Cotton Mather) 151
마아터(Justin Martyr) 89
말리크(Charles Malik) 30
매스틀린(Michael Mastlin) 153
멀톤(Robert Merton) 97
무디(D.L. Moody) 245
반틸(Henry van Til) 207
베이컨(Francis Bacon) 65, 79, 116, 126, 127, 148, 151, 199, 217
베이컨(Roger Bacon) 90, 91
벨라르민(Cardinal Robert Bellarmine) 96
블레마이어스(Harry Blamires) 66, 184
사이어(James Sire) 186
산티아나(Giorgio de Santillana) 95, 96
소크라테스(Socrates) 41
쉐퍼(Francis A. Schaeffer) 51, 108, 110, 218, 229, 241, 245, 251
슈마허(E.F. Schumacher) 198
슈펭글러(Oswald Spengler) 290
슐라이에르마허(E. Schleiermacher) 33
스키너(B.F. Skinner) 194
아리스토텔레스(Aristoteles) 41, 54, 96,
127, 151, 152, 274, 276, 278, 282
아크라이트(Richard Arkwright) 164
아테나고라스(Athenagoras) 89
어거스틴(Augustine of Hippo) 67, 90, 127, 217, 273, 274, 280
오리겐(Origen) 47, 89
와트(James Watt) 164
요한 21세(Pope John XXI) 94
우르반 8세(Pope Urban VIII) 95, 96
원이삼(Wesley Wentworth) 203, 298
웰스(Jonathan Wells) 251
이율곡 127
이퇴계 127
존스(Martin Lloyd-Jones) 245
최이삭(Isaac Choi, Jr.) 240
카이즈(Dick Keyes) 251
카이퍼(Abraham Kyper) 146, 183, 197, 261, 263, 268, 272
칼빈(John Calvin) 146, 282
캐리(William Carey) 245
케플러(Johannes Kepler) 58, 81, 97, 107, 151, 152, 153
코페르니쿠스(N. Copernicus) 96, 151, 152, 283
쿤(Thomas Kuhn) 75, 251
클레멘트(Clement) 47, 89
키에르케고르(Soren Kierkegaard) 192
터툴리안(Tertullian) 42, 46, 83, 88, 89
테일러(Hudson Taylor) 154, 245

아퀴나스(Thomas Aquinas) 70, 91, 217, 274, 280

토마스(Gary Thomas) 243, 318

포퍼(Karl Popper) 131

폴라니(Michael Polany) 75

프로타고라스(Protagoras) 41

플랜팅가(Alvin Plantinga) 240

피어시(N. Pearcey) 251

하버마스(J. Habermas) 75

하웃츠바르트(Bob Goudzwaard) 155, 168, 226

하이벨스(Bill Hybels) 51

핸슨(Norwood Hanson) 226

허만(Kenneth Hermann) 67, 72, 118, 156, 183, 306

헤로필러스Herophilus 88

화이트헤드(Alfred North Whitehead) 149, 310

저자의 자전적 스케치

만남의 축복을 주신 하나님

나는 6.25 전쟁 직후 낙동강의 커다란 지류인 영강이 마을 뒤를 휘감아 흐르며 강 건너 소백산맥의 일부인 오정산이 휴전선처럼 버티고 서 있는 경상북도 문경의 창리 윗마을에서 태어났다. 일찍이 미국 선교사들을 통해 예수님을 믿은 양명철 장로와 임의정 권사의 5남 2녀 중 여섯째로 태어나 세례가 뭔지도 모르던 어린 나이에 유아세례를 받았다.

어릴 때는 몸이 약해 인근 문경 시멘트 공장의 발파 소리에 놀라 경기驚氣를 하는 등 부모님의 마음을 조마조마하게 했지만 10여 년 간 왕복 10Km가 넘는 학교를 도보로, 자전거로 통학하면서 많이 건강해졌다. 그리고 당시 대부분의 시골 아이들이 그랬듯이 어려운 형편에 집에 오면 농사일을 거드는 '지게 대학'을 갈 수밖에 없었지만 하나님의 은혜로 고등학교를 졸업하고 계속 대학 공부를 할 수 있게 되었다. 시골에서 붉은 저녁놀을 바라보면서 황금빛 들녘을 가로질러 학교를 오갈 땐 온갖 황당무계하고 철딱서니 없는 생각들을 하기도 했지만 대학에 가서부터는 생각이 좀 더 깊어졌는데, 특히 몇몇 분들이 나의 삶에 큰 영향을 끼쳤다.

성장하면서 주변에 사표師表가 될 만한 몇 분이 계셨지만 대학원에 다니던 1978년 63세를 일기로 암으로 별세하신 아버지는 완전하지는 않아도 나의 신앙과 삶에 지울 수 없는 모델이었다. 그리고 1990년 50세를 일기로 역시 암으로 세상을 떠나신 큰 누님 양희숙 권사는 마음의 가장 깊은 것들까지 털어놓을 수 있는 믿음의 선배였다.

아버지를 제외하고 나의 삶에 가장 큰 영향을 끼친 분으로는 우선 미국인 평신도 선교사 원이삼Wesley Wentworth 박사를 들 수 있다. 1980년 한국창조과학회 창립을 위한 모임에서 처음 만난 원 선교사님은 좋은 책과 사람들을 만나게 해 줌으로 기독교 세계관과 기독교적 지성의 중요성을 일깨워 주었다. 근래에 들어 창조과학의 여러 문제점들을 깨닫게 된 데도 원 선교사님의 공로가 컸다. 나의 기독교적 지성의 자양분의 대부분은 원 선교사님과의 직·간접 교제를 통해 얻었다고 할 수 있을 정도로 그의 영향은 지대하였다.

또한 예수원 설립자이자 성공회 사제였던 대천덕Reuben Archer Torrey 신부님도 나에게 큰 영향을 끼쳤다. 1979년 "기독교와 과학"이라는 강연을 위해 한국과학기술원KAIST을 방문했던 대천덕 신부님으로부터 진정한 신앙, 진정한 경건이 무엇인지를 배웠다. 아직도 그렇게 살지는 못하지만 대 신부님은 나에게 진정한 경건에 더하여 진정한 보수와 진보가 무엇인지, 신앙과 학문의 관계가 어떠해야 하는지를 몸으로 보여 주셨다.

나는 어릴 때는 멋도 모르고 자동차 정비공이 되려는 마음을 먹기도 하고, 음악가가 되었으면 하는 황당한 꿈을 가진 적도 있었다. 그러다가 1973년 경북대 사대 물리교육과에 진학하면서 그 후 24년 간 물리학도로서의 훈련을 받았다. 경북대학교를 졸업한 후에는 KAIST에 진학하여 반도체 물성 연구로 이학석사M.S. 및 박사Ph.D. 학위를 받았고, KAIST 학생 시절에는 이탈리아 국제이론물리학센터1982에서 한 학기동안 공부할 수 있는 기회가 있어서 약간이지만 유럽의 정취를 맛볼 수도 있었다. 졸업 후에는 곧바로 모교에서 근무하게 되었는데 대학에 근무하는 동안 한국과학재단 포스터닥으로 미국 시카고대학1986에서, 그후에는 대학원 학생으로 미국 위스콘신대학에서 과학사M.A.를, 휘튼대학에서 신학M.A.을 공부할 수 있는 축복을 누렸다.

그 중 휘튼에서 신학을 공부한 것은 후반기 삶의 방향을 결정하는 데 가장 중요한 계기가 되었다. 사실 신학 공부는 원해서 했다기보다 시카고대학에서 연구하는 동안 출석하던 시카고 한인서부교회 최일식 목사님현 KIMNET 대표의 권유 때문이었다. 두 번째 미국에 가서 위스콘신대학에서 과학사를 공부할 때 최 목사님은 다짜고짜 '쓸데없는 공부'는 하지 말고 신학 공부를 하라고 강력하게 권했다. 그러면서 그는 휘튼대학에서 가장 금액이 많은 빌리그래함센터 장학금을 받을 수 있도록 주선해 주었다. 물론 처음에는 신학을 '성도의 교양' 정도로 생각하고 시작했지만 결국 이로 인해 경북대와 물리학을 떠나 캐나다로 와서 현재의 세계관 및 창조론 사역을 하게혹은 할수있게 되었으니 사람의 미래는 하나님밖에 모른다.

미국에서 신학을 공부하고 돌아온 후에 주 전공인 반도체 물리학에 더하여 창조론, 기독교 세계관, 기독교와 과학 등에 점점 더 많은 관심을 갖게 되었다. 하지만 그로부터 몇 년이 지나면서 이 모든 것들을 공부하기에는 인생이 너무 짧고 능력이 부족하다고 생각하여 결국 1997년 10월 31일, 14년 간 정들었던 경북대 교수직을 사임했다. 그 후 DEW 사단법인 기독학술교육동역회의 파송을 받아 밴쿠버에 VIEW 밴쿠버기독교세계관대학원를 설립 · 운영하면서 지금은 창조론과 세계관 분야의 강의와 글을 쓰는 데 주력하고 있다.

현재 VIEW는 밴쿠버 인근 트리니티 웨스턴 대학TWU에 속한 캐나다연합신학대학원ACTS을 통해 기독교 세계관 대학원 과정 기독교 세계관 문학석사 과정 및 디플로마 과정을 개설하고 있으며, 2007년 가을부터는 기존의 프로그램에 더하여 캐나다 브리티시 콜롬비아 주정부로부터 대학 인가를 받아 독자적인 세계관 디플로마 과정을 운영하고 있다. 또한 2005년부터는 TWU 인근에 VIEW 국제센터를 만들어 청소년 캠프나 교사 연수 같은 단기 세계관 훈련 및 창조론 탐사여행도 인도하고 있다.

그 동안 반도체 물리학, 기독교 세계관, 과학교육 등에 관한 논문들과 책들을 여러 권 썼지만 본인이 생각하기에 수작秀作이라고 할 만한 것은 별로 없다. 구태여 몇 가지를 든다면 비정질 반도체의 구조와 전기적 특성의 관계를 밝힌 것과 비정질 반도체에 열에 의해 만들어지는 새로운 안정 상태가 있다는 것을 발견한 것은 반도체 물리학 발전에 작은 기여를 한 것이 아닌가 생각한다. 또한 중등학교에서 물리 개념을 가르치는 데 과학사적 학습이 효과적임을 밝힌 것은 나름대로 과학교육의 발전과 과학을 '인간화' humanize 하는데 작은 기여를 한 것이 아닌가 생각한다.

물리학이나 과학교육과는 달리 창조론 연구는 심리적 부담을 수반하지만 내가 지속적인 보람을 느끼는 분야다. 창조론 연구와 관련하여 가장 큰 보람을 느끼는 것이라면 2004년에 제안한 "다중격변모델" Multiple Catastrophism이다. 이 이론은 200여 년 전 프랑스 파리 과학원의 창조론자 퀴비에G. Cuvier가 처음 제창한 아이디어기는 하지만, 지난 수년 동안 최근의 지질학적, 천문학적 증거들을 사용하여 다듬었다. 이것은 지구 역사에는 여러 차례의 전 지구적 격변이 있었고, 그것의 마지막 격변이 노아의 홍수였다고 하는 이론이다.

내가 다중격변모델을 제안하게 된 배경에는 근래 지구 곳곳에 흩어져 있는 운석공들에 대한 연구가 있다. 1994년 20여 개 이상으로 부서진 채 목성 표면에 부딪힌 슈메이커-레비 혜성으로 인해 학자들은 혜성 혹은 소행성이 지구와 충돌한 가능성에 대한 본격적인 연구를 시작했다. 그리고 이로 인해 현재 전 지구적으로 180여 개의 운석공들이 확인되고 있는데 이 중 28개는 한 대륙의 멸종을 가져올 수 있는 직경 30Km 이상 되는 운석공들이며, 그 중 5개는 중생대 말기나 고생대 페름기 말기에 일어난 전 지구적 멸종을 일으킬 수 있는 직경 100Km 이상 되는 운석공들이다. 물론 바다에 떨어진 운석공들까지 포함한다면 이보다 3배 가량 더 많은 숫자의 운석들이 지구와 충돌했으리라고 본다. 거대한 운석들이 음속의 100여 배에 이르는 무시무시한 속도로 지구와 충돌할 때 어떤 격변이 일어나는지에 대한 여러 모의실험의 결과를 근거로 다중격변모델을 제안하게 되었다.

처음 이 모델을 구상하게 되었을 때 드디어 이 모델로 창조과학의 6천년 노아홍수설과 진화론자들의 동일과정설로 설명할 수 없는 많은 것들을 창조론적 관점에서 설명할 수 있게 되었다고 기뻐했다. 특히 이 이론이 전문가들 앞에서 단칼에 나가떨어지는 창조과학을 구해낼 것으로 기대하면서 제안했지만 아쉽게도 지금은 창조과학자들로부터 비난을 받고 있고, 얼마 전에는 결국 이 이론 때문에 30여 년간 몸담았던 창조과학회로부터 쫓겨나고 말았다.

나의 학문적 여정의 또 하나 중요한 영역은 에세이를 쓰는 것이다. 1980년 이후로 기독교 세계관적 삶을 나누는 에세이들을 부정기적으로 쓰고 있다. 처음에는 따로 일기를 쓰지 않았기 때문에 그때그때 지나가는 생각의 편린들을 앨범에 모아둔다는 마음으로 글을 쓰기 시작했다. 에세이들은 주로 기독교적으로 산다는 것과 사고하는 것, 그리고 기독교 세계관적으로 학문을 한다는 것이 무엇인지 반성하는 내용들이다.

다행히 내 글을 꾸준히 읽어 주신 덕분에 이 글들을 모아 몇 권의 책을 낼 수 있었고, 지금도 틈틈이 글을 쓰고 있다. 근래에 들어 어쩌면 '심오하고 난해한' 학문적인 글보다 평이한 에세이가 보통 사람들에게 더 많은 도움이 되는 것은 아닐까 생각하기도 한다.

목 맨 송아지 같았던 10대가 엊그제 같은데, 공부 때문에 바빴던 20~30대, 일한다고 분주했던 40대도 지나고 어느새 나도 쉰을 지났다. 이제는 새치라고 둘러댈 수 없을 만큼 많은 흰머리도 생기고, 여기저기 몸 구석구석에서 노화의 조짐들이 나타나는 것을 보니 나이를 이길 장사는 없음을 다시 한 번 확인한다.

나이가 들어가고 아이들이 자라는 것을 보면서, 그리고 가까운 분들이 하나둘씩 세상을 떠나는 것을 보면서 늘 "인생이 무엇이며, 하나님 앞에서 산다는 것이 무엇인가?"라는 원초적인 질문을 던지면서 살아가고 있다. 암으로 일찍 세상을 떠난 아버지나 누님을 생각하면서 이제는 나도 대한민국 남자들의 평균 수명을 채우지 못한 채 죽을지도 모른다는 생각을 하기도 한다.

하지만 하나님의 이른 부름이 없다면 지금처럼 VIEW에서 세계관과 창조론에 관한 글을 쓰면서, 후배들을 가르치면서, 틈나는 대로 설교도 하며 남은 인생을 살 것이다. 근래에는 더 많은 일을 하려고 애쓰기보다 하나님 앞에 서게 될 자신을 돌아보는 것이 점점 더 중요하게 생각되는 것을 보니 이젠 조금씩 철이 드는 모양이다.

주

제1장

1. Mbps는 Meg bit per second의 준말로 1초에 100만 비트의 정보를 전송하는 속도를 말하며, Kbps는 Kilo bit per second의 준말로 1초에 1000비트의 정보를 전송하는 속도를 말한다.
2. 이것은 말리크가 1980년 가을, 미국 휘튼대학 빌리그래함센터(Billy Graham Center) 헌당식 연설에서 한 내용이며 Charles Malik, "The Other Side of Evangelism," 〈Christianity Today〉 November 7, 1980, p. 40에 게재되었다. 원래의 연설문은 〈Two Tasks〉(Wheaton, IL: Billy Graham Center, 2000)을 보라. 그 내용만을 인터넷으로 보려면 http://pastorandpeople.wordpress.com/2008/08/26/saving-the-soul-and-saving-the-mind/을 보라.
3. 포스트모더니즘에 대한 기독교적 평가에 대해서는 신국원, 「포스트모더니즘」(IVP, 1999)을 보라.

제2장

4. 양승훈, "지식", 「기독교적 세계관」(CUP, 1999), 12장 내용을 수정한 것.
5. 프로타고라스(Protagoras, BC ca.481~ca.411): 그리스의 소피스트 철학자.
6. Charles S. MacKenzie & W. Andrew Hoffecker, "Epistemology in Greece: Platon & Aristoteles," in Building a Christian World View, Vol. 1, edited by W. A. Hoffecker and Gary Scott Smith(Phillipsburg, NJ: Presbyterian & Reformed Publishing House, 1986) - 한국어판: 김원주 역, 「기독교적 세계관」 1권(생명의 말씀사, 1993), pp. 261~262.
7. MacKenzie & Hoffecker, 「기독교적 세계관」 1권, pp. 264~265. 소크라테스(Socrates, BC 469~399): 아테네 출신의 그리스 철학자.
8. MacKenzie & Hoffecker, 「기독교적 세계관」 1권, p. 275. 플라톤(Platon, BC

427~347): 아테네 명문가 출신의 그리스 철학자로 소크라테스에게 사사하여 그의 사상을 계승, 발전시켰음. 아카데미아(Akademeia)를 세워 후진 양성; 아리스토텔레스(Aristoteles, BC 384~322): 그리스 최고의 철학자로 플라톤이 세운 아카데미아에서 공부하였으며 후에 자신의 리케이온(Lykeion)을 세워 후진 양성.
9. 터툴리안(Quintus Septimius Tertullian, ca.160~ca.225): 초대 교회 아프리카 교부 중의 한 사람.
10. 「학원세계백과대사전」(서울: 학원출판공사, 1983) 17권, pp. 495~496.
11. L. Kalsbeek, Contours of a Christian Philosophy: An Introduction to Herman Dooeyweerd's Thought(1974) - 한국어판: 황영철 역, 「그리스도인의 세계관」(평화사, 1981), p. 197.
12. R. Hooykaas, Religion and the Rise of Science(Edinburgh: Scottish Academic Press, 1972) - 한국어판: 손봉호, 김영식 역, 「근대과학의 출현과 종교」(정음사, 1987) p. 161. 호이카스(Reijer Hooykaas, 1906~): 네덜란드의 과학사가.
13. 클레멘트(St. Clement of Alexandria, c.150~c.215): 초대 교회 신학자; 오리겐(Origen, c.185~c.254): 알렉산드리아 출신의 초대 교회 신학자이자 클레멘트의 후계자.
14. 기독교 역사에서 반지성주의, 이에 대한 반작용인 지식주의 등에 대한 논의를 위해서는 Oliver R. Barclay, *The Intellect and Beyond*(Grand Rapids, MI: Zondervan, 1985) 5장을 보라.
15. 양승훈, "010313-무속신앙의 2대 특징," www.view.edu.
16. 손봉호 외, "한국 사회와 기독교 윤리," 「행하는 자라야」(IVP, 1992) 1장.
17. W. Andrew Hoffecker & G. K. Beale, "Epistemology in the Bible," in *Building a Christian World View* Vol. 1 - 한국어판: 「기독교 세계관」 1권(생명의 말씀사), p. 258.

제3장

18. 양승훈, "학문", 「기독교적 세계관」, 13장.
19. 「학원세계백과대사전」(학원출판공사, 1983) 19권, p. 509.
20. 엥겔스(Friedrich Engels, 1820~1895): 독일의 사회주의자.

21. Francis Bacon, *Novum Organum*(신논리학). 베이컨(Francis Bacon, 1561~1626): 영국의 정치가이자 철학자. 켐브리지 출신이며 데카르트와 더불어 근대철학의 비조(鼻祖).
22. Harry Blamires, *The Christian Mind*(London: S.P.C.K., 1963).
23. Kenneth Hermann, "The Meaning of a Christian Academic Perspective," Lecture note given in the Church Clue Conference of the Mennonite General Conference (1981. 6.) - 한국어판: "학문에 있어서의 기독교적 조망의 의미,"「기독교 신앙과 전공 과목」(IVP, 1986), pp. 54, 72~74. 허만(Kenneth Hermann): 미국 복음주의 학자로서 한국을 방문한 적이 있으며 한국명은 "허만근"이다.
24. 어거스틴(St. Aurelius Augustinus, 354~430): 초대 교회 교부이자 최대의 신학자.
25. 괴테(Johann Wolfgang von Goethe, 1749~1832): 독일의 최대 시인이자 작가, 과학자, 정치가로서 고전파의 대표.
26. 야스퍼스(Karl Jaspers, 1883~1969): 독일의 정신병리학자이자 실존주의 철학자.
27. Oliver R. Barclay, *The Intellect and Beyond*(Grand Rapids, MI: Zondervan, 1985), Ch. 9.
28. 아퀴나스(Thomas Aquinas, c.1225~1274): 13세기 이탈리아의 스콜라 철학자.
29. Hermann,「기독교 신앙과 전공 과목」, pp. 58~70.
30. 데카르트(Rene Descartes, 1596~1650): 프랑스 철학자이자 수학자.
31. 20세기 대표적 과학철학자들이라고 할 수 있는 Karl Popper, Norwood Russell Hanson, Michael Polanyi, Thomas S. Kuhn, Paul K. Feyerabend 등은 과학연구가 전통적 이해와는 달리 가치중립적이지 않음을 설득력 있게 논증하고 있다. 이들의 사상을 알기 쉽게 소개한 책으로는 A. F. Chalmers가 지은「현대의 과학철학」 *What is this thing called science?*(서광사)을 보라.
32. Nicholas Wolterstorff, *Reason Within the Bounds of Religion*(Grand Rapids, MI: Eerdmans, 1976) - 한국어판: 문석호 역,「종교의 한계 내에서의 이성」(성광문화사, 1979).
33. 기독교적 세계관에 근거하여 자신의 전공을 조망하는 것은 수많은 그리스도인 학자들에 의하여 시도되었다. 한 예로 시카고 인근에 있는 휘튼대학(Wheaton College) 교수들이 역사, 과학, 심리학, 문학에서 기독교적 조망의 시도를 한 것을

참고하라. Arthur F. Holmes, editor, *The Making of a Christian Mind-A Christian World View & the Academic Enterprise*(Downers Grove, IL: IVP, 1985). 철학에서 기독교적 접근을 시도한 대표적인 인물로는 네덜란드 철학자 도여베르트 (Herman Dooyeweerd)를 들 수 있다. 그의 철학체계에 대한 평가를 위해서는 Barclay, *The Intellect and Beyond*, pp. 153~157을 보라.

34. Arthur F. Holmes, *All Truth is God's Truth*(Downers Grove, IL: IVP, 1983).
35. Hermann, 「기독교 신앙과 전공 과목」p. 76.
36. Ranald Macaulay & Jerram Barrs, *Being Human: The Nature of Spiritual Experience*(Downers Grove, IL: IVP, 1978) - 한국어판: 홍치모 역, 「인간 하나님의 형상」(IVP, 1992), 1장과 7장.
37. "아는 것이 힘이다"라고 한 베이컨은 원래 지식을 진보주의나 남을 지배하기 위한 힘으로서가 아니라 봉사를 위한 힘을 의미했다. 그러나 시간이 지나면서 지식관은 점점 더 세속화되었다.
38. 터툴리안(Quintus Septimius Florens Tertullian, c.160~c.225): 초대 교회 교부.

제4장

39. Kepler's "Letter to Herwart von Hohenberg" (1598. 3. 26.) from R. Hooykaas, 「근대과학의 출현과 종교」(정음사, 1987), p. 113에서 재인용.
40. G.E.R. Lloyd, *Greek Science After Aristotle*(New York: W.W. Norton & Company, 1973) pp. 75~76.
41. On Prescription against Heretics, Ch. 7, translated by Peter Holmes, in *The Ante-Nicene Fathers*, edited by A. Roberts and J. Donaldson, 10 volumes(New York: Charles Scribner's Sons, 1896~1903), 3:246. It was cited by David C. Lindberg, "Science and the Early Church," in *God and Nature*, edited by David C. Lindberg and Ronald L. Numbers(Berkeley and Los Angeles: University of California Press, 1986) p. 25.
42. Lindberg, *God and Nature*, pp. 35~38.
43. 이러한 어거스틴의 견해는 18세기 영국의 자연신학 전통으로 이어졌으며, 오늘날에는 지적설계 운동이나 Alister McGrath와 같은 학자들에 의해 계승되고 있다.

44. Lindberg, "Science as Handmaiden: Roger Bacon and the Patristic Tradition," *ISIS*(1987), pp. 524~532.
45. Edward Grant, *Physical Science in the Middle Ages*(Cambridge University Press, 1977), pp. 20~35.
46. 예를 들면 Articles pp. 34, 49.
47. Grant, *Physical Science in the Middle Ages*, pp. 26~29.
48. Giorgio de Santillana, *The Crime of Galileo*(Chicago: University of Chicago Press, 1955).
49. Santillana의 갈릴레오 재판에 관한 연구는 험멜에 의해 다시 소개되었다; Charles E. Hummel, *The Galileo Connection: Revolving Conflicts between Science & the Bible*(Downers Grove, IL: Inter-Varsity Press, 1986) - 한국어판: 황영철 역, 「갈릴레오 사건」(IVP, 1991).
50. 지동설이 실험적으로 증명된 것은 푸코(Jean Foucault, 1819~1868)의 진자 실험에 의해서였다.
51. Alister McGrath의 *Christianity's Dangerous Idea*에 의하면 근래 이슬람에서도 자연과학에 대한 비평 및 학문적 대안이 활발히 이루어지고 있다. 그 이유는 인간복제 등의 연구가 자신들의 신앙에 직접적인 위해를 가할 수 있다고 믿기 때문이다.
52. Reuben Hooykaas, *Religion and the Rise of Modern Science*(Grand Rapids,MI: Eerdmans, 1972) - 한국어판: 손봉호, 김영식 역, 「근대과학의 출현과 종교」(정음사, 1987).

제5장

53. 「학원세계백과대사전」(학원출판공사), p. 928.
54. Ibid, 16권, p. 231.
55. Ibid, p. 906.
56. Ibid, 15권, p. 561.
57. '등산가형 학문' 과 '두더지형 학문' 이란 말은 원래 필자의 친구 한상인 박사의 제안이다. 한 박사는 연세대 영문학과에서 석사까지 마치고 미국에 영문학을 공부하기 위해 유학을 왔다. 하지만 영문학을 공부하면서 인문학의 한계에 철저히 고

민하다가 결국 위스콘신대학 전자공학과에 편입하여 학부에서 박사학위까지를 마쳤고, 지금은 미국 회사 연구소에서 근무하고 있다.
58. Francis Schaeffer, [The Complete Works of Francis A. Schaeffer Vol 1 - A Christian View of Philosophy and Culture], 「거기 계시는 하나님」(*The God Who Is There*)(1968). 한국어판, p. 66.
59. Schaeffer, 「거기 계시는 하나님」, p. 36.
60. Ibid, p. 62~63.
61. Ibid, p. 40.
62. Ibid, p. 40.

제6장
63. 四書(論語, 孟子, 大學, 中庸)와 三經(詩經, 周易, 書經)이다.

제7장
64. 양승훈, "과학", 「기독교적 세계관」, 15장.
65. Alvin Toffler, Future Shock(New York: Bantam Books, 1971) - 한국어판: 김욱 역, 「미래의 충격」(대일서관, 1983). 토플러(Alvin Toffler): 미국의 미래학자.
66. D. S. Halacy, Jr., *Century 21: Your Life in the Year 2001 and Beyond*(1968) - 한국어판: 이종수 역, 「21 세기」(서울: 을유문화사, 1971). 핼러시(Daniel Stephen Halacy, 1919~): 미국의 미래학자.
67. 현대 학문의 파편화 현상에 대해서는 양승훈, 「현대 학문 정신 비판」 CUP 소책자 42번(CUP)을 참고.
68. Pierre Auger et al, *Science-Idol or Threat*(UNESCO, 1977) - 한국어판: 김승원 역, 「과학-우상인가, 위협인가」(중앙일보, 1979) J. 우크머 & Saravanan Gopinathan이 쓴 머리말.
69. R. Hooykaas, *Religion and the Rise of Modern Science*(Grand Rapids, MI: Eerdmans, 1972) - 한국어판: 손봉호, 김영식 역, 「근대 과학의 출현과 종교」(정음사, 1987) 제1, 2장을 보라.
70. Lynn White, Jr., "The Historical Roots of Our Ecological Crisis," *Science*, Vol.

155(3767) pp. 1203~1207(March 3, 1967). 화이트(Lynn Townsend White, Jr., 1907~1987): 미국의 중세사가. 프린스턴, 스탠포드 대학에서 교수를 역임했으며, UCLA에서 오랫동안 교수를 했다.

71. Abraham Kuyper, *Lectures on Calvinism*(Grand Rapids, MI: Eerdmans, [1898], 1961) pp. 119~121; 과학에 대한 카이퍼의 좀 더 진전된 견해를 보려면 A. Kuyper, *Principles of Sacred Theology*(Grand Rapids, MI: Eerdmans, 1963) pp. 56~210을 참고. 카이퍼(Abraham Kuyper): 네덜란드의 정치가, 교육자, 개혁주의 신학자.
72. 멀튼(Robert Merton): 미국의 기독교 사회학자.
73. Hooykaas, 「근대 과학의 출현과 종교」 제2, 5장 참고. 호이까스(R. Hooykaas): 네덜란드의 기독교 과학사가.
74. 베이컨(Francis Bacon, 1561~1626): 영국의 정치가, 철학자.
75. 와다나베 마사오, 「과학자와 기독교」(전파과학사), pp. 79~80.
76. 양승훈, 「기독교적 세계관」(CUP, 1999).
77. 하나님의 형상으로서 인간의 정체성에 대한 가장 탁월한 저서로는 Dick Keyes, *Beyond Identity*(Ann Arbor, MI: Servant Books, 1984) - 김선일 역: 「인간의 자아와 하나님의 형상」(아가페)을 들 수 있다.
78. A.N. Whitehead, *Science and Modern World*(과학과 근대세계), p. 18. 화이트헤드(Alfred North Whitehead, 1861~1947): 캠브리지 출신의 영국의 수학자이자 철학자. 후에 하버드대학 철학교수를 역임.
79. 하나님은 우리에게 '자연이라는 책' 과 '성경이라는 책'을 주셨다고 처음으로 말한 사람은 중세의 바로니우스라고 알려져 있다. 그러나 이 말은 갈릴레오가 인용함으로 널리 퍼지게 되었다. 갈릴레오(Galileo Galilei, 1564~1642): 이탈리아의 물리학자이자 수학자. 파두아대학 교수를 역임.
80. Galilei Galileo, "Letter to the Grand Duchess Christina" (1615).
81. 베이컨(F. Bacon)의 견해는 Francis Bacon, 「학문의 진보」, 「신논리학」(*Novum organum*) 등에 나타나 있다.
82. Isaac Newton, *Philosophiae Naturalis Principia Mathematica*(Mathematical Principles of Natural Philosophy)(1687.7.). 이 책은 라틴어로 쓰여졌으며 흔히 "Principia" (프린키피아)라고 부른다. 뉴턴(Isaac Newton, 1643~1727): 영국의 수

학자, 물리학자.

83. Cotton Mather, *Manuductio ad Ministerium*(목사를 지원하는 사람의 지침) (1726). 마써(Cotton Mather, 1663~1728): 미국의 목사.
84. Cotton Mather, *The Christian Philosopher*(1721), Introduction and Ch.1. 와다나베, 「과학자와 기독교」, pp. 125~126에서 재인용.
85. 피타고라스(Pythagoras, BC c.560~480): Samos 출신의 그리스 철학자, 수학자, 종교가.
86. 코페르니쿠스(Nicholas Copernicus, 1473~1543): 폴란드의 가톨릭 사제이자 천문학자. 「천구의 회전에 관하여」라는 책을 통해 지동설을 주창; 프톨레마이오스(Klaudios Ptolemaios, c.100~170): 그리스의 수학자, 천문학자. 아리스토텔레스의 천문학설을 더욱 조직화하였으며 천문학의 집대성인 「알마게스트」를 저술.
87. 케플러(Johannes Kepler, 1571~1630): 독일의 개신교도 천문학자.
88. 신플라톤주의에 대해서는 전광식, 「신플라톤주의의 역사」(서광사, 2002)를 참고하라.
89. 케플러 시대에는 여섯 개의 행성밖에 알려져 있지 않았기 때문에 행성들 간의 틈새는 다섯 개가 있었다.
90. 1595년 10월 3일 편지. 와다나베 마사오, 「과학자와 기독교」, p. 28에서 재인용.
91. Kepler's "Letter to Herwart von Hohenberg"(1598. 3. 26.). Hooykaas, 「근대과학의 출현과 종교」, p. 113에서 재인용.
92. 칼빈주의와 근대과학의 관계에 대해서는 Taylor의 책자가 얇지만 매우 유용하다. E. L. Hebden Taylor, *The Role of Puritan-Calvinism in the Rise of Modern Science* - 한국어판: 계영희, 성기문, 오창희 공역, 「캘빈주의와 근대과학」(CUP, 1990), p. 25.
93. Robert Knudsen, 〈Christian Philosophy〉 총신대에서 행한 강연집 - 한국어판: 박삼영 역, 「기독교적 세계관」(라브리, 1988), p. 31.
94. Bob Goudzwaard, *Idols of Our Time*(J. H. Kok, 1981) - 한국어판: 김재영 역, 「현대 우상 이데올로기」(IVP, 1987).
95. 인간 이성의 가치중립성이 허구라는 것은 많은 철학자들이 지적했다. 예를 들면 Nicolas Wolterstorff, *Reason within the Bounds of Religion*(Grand Rapids, MI:

Eerdmans, 1976) - 한국어판: 문석호 역, 「종교의 한계 내에서의 이성」(성광문화사, 1979).
96. 허만(Kenneth Hermann): 미국의 복음주의 학자.

제8장

97. 양승훈, "기술", 「기독교적 세계관」, 16장.
98. Alvin Toffler, *Future Shock*(New York: Bantam Books, 1971) - 한국어판: 김욱 역, 「미래의 충격」(대일서관, 1983), p. 41.
99. 1nm는 10^{-9}m이다.
100. "8th Report of the Club of Rome's Project," *Microelectronics and Society-For Better or for Worse*; 한국어판-송만석 역, 「첨단기술과 사회」(삼성미술재단, 1985) 내지(內紙).
101. ENIAC이 공식적으로 탄생한 연대는 1946년 2월이지만 ENIAC을 이용한 최초의 계산은 1945년 11월에 이루어졌다. 이를 위한 연구는 미 국방성의 지원으로 1942년에 시작되었다. ENIAC의 역사를 보려면 www.upenn.edu/almanac/v42/n18/eniac.html 을 보라.
102. 「1997 브리태니커 세계연감」(한국브리태니커, 1997), p. 234.
103. 예를 들면 Scott Spanbauer, "Pentium III Hits 500 MHz," *PC World*, pp. 48~64(April 1999)를 보라.
104. 와트(James Watt, 1736~1819): 영국의 기계기술자이자 발명가. 증기기관의 발명과 개량을 통하여 산업혁명기의 최대의 공로자로 인정받고 있다; 아크라이트(Sir Richard Arkwright, 1732~1972): 영국의 방적기계 발명가.
105. Alexander King, 「첨단기술과 사회」, p. 12에서 재인용.
106. Bob Goudzwaard, *Idols of Our Time*(Downers Grove, IL: IVP, 1984). 하웃츠바르트(Bob Goudzwaard): 네덜란드의 경제학자이자 문명비평가.
107. Denella H. Meadows, Dennis L. Meadows, Jorgen Randers and William W. Behrens III, *The Limits to Growth: A Report for the Club of Rome's Project on the Predicament of Mankind*(New York: Universe Books, 1972) p. 21 - 한국어판: 김승한 역, 「인류의 위기」(삼성문화재단: 1972). 인용문은 원문에서 직접 번

역하였다. 우탄트(U Thant, 1909~1974): 미얀마의 정치가이자 유엔 사무총장을 역임.

108. 로마클럽은 1968년 이탈리아의 실업가 Aurelio Peccei를 중심으로 결성된 국제적인 연구단체다. 전 지구적 관점에서 유한한 자원을 가진 지구와 인류가 직면하는 자원, 환경, 문화 등 제 문제에 관한 연구와 보고, 계몽활동을 하고 있다. 1972년에 〈성장의 한계〉라는 제1차 보고서를 통해 국제적으로 널리 알려지게 되었으며, 지금도 그 후속 연구들이 이루어지고 있다. 1996년에는 제6차 보고서인 〈한계 없는 학습〉을 발표했다.
109. Meadows et al., 「인류의 위기」, 특히 III, IV, V장을 참고하라.
110. 환경문제에 대한 기독교적 조망을 제시하는 책으로는 양승훈, 「환경문제: 그러면 그리스도인은 어떻게 할 것인가?」(CUP, 1993)을 보라.
111. Ervin Laszlo, *The Systems, View of the World*(New York: George Braziller, 1972) - 한국어판: 박태성 역, 「시스템 철학론」(전남대학교 출판부, 1986). 라즐로(Ervin Laszlo, 1932~): 시스템 철학의 주창자.
112. 구본명, "노장사상," 「철학대사전」(학원사, 1974), pp. 170~171.
113. 〈The Adventures of the Wilderness Family〉(Pickering, Ontario: HGV Video Productions, 1996).
114. Jacques Ellul, "Author's Foreward to the Revised American Edition" in *The Technological Society*(New York: Vintage Books, 1964) - 한국어판: 박광덕 역, "영어판 서문," 「기술의 역사」(한울, 1996). 여기서 저자는 자신을 기술문명에 대한 비관론자라는 세간의 평에 대하여 그렇지 않음을 주장한다. 엘룰(Jacques Ellul, 1912~): 프랑스의 기독교 문명 비평가.
115. Robert Knudsen, 〈Christian Philosophy〉. 1983년 총신대 초청 내한 강연 집 - 한국어판: 박삼영 역, 「기독교적 세계관」(라브리, 1988), p. 33. 넛슨(Robert Knudsen): 미국 웨스터민스터신학원의 변증학 교수.
116. Knudsen, 「기독교적 세계관」, p. 33.
117. Brian J. Walsh & J. Richard Middleton, *The Transforming Vision: Shaping a Christian World View*(Downers Grove, IL: IVP, 1984) - 한국어판: 황영철 역, 「그리스도인의 비전」(IVP, 1987) 제9장. 왈쉬(Brian J. Walsh, 1953~)와 미들톤(J.

Richard Middleton, 1955~): 토론토에 소재한 화란 개혁주의 전통의 〈기독교학문연구소〉(Institute for Christian Studies)의 교수.
118. Knudsen, 「기독교적 세계관」, p. 33.
119. Stephen V. Monsma, editor, *Responsible Technology: A Christian Perspective*(Grand Rapids, MI: Eerdmans, 1986) - 한국판: 김석환 역, 「기술사회와 인류의 책임」(기독지혜사, 1992). 칼빈대학 교수들이 집필한 본서는 과학과 기술 연구에 있어서의 청지기적 자세에 대하여 개혁주의적 관점에서 포괄적으로 제시한 책이다.

제9장

120. 예를 들면 마태복음 9:38; 28:19~20; 사도행전 1:8; 디모데후서 4:2; 이사야 6:8 등을 보라.
121. 전 공주대학 교육학과 이창국 교수 등은 마태복음 28:19~20의 말씀을 선교명령이 아닌 교육명령이라고 보기도 한다: 개블라인, 「신본주의 교육」(기독교문서선교회, 1992).
122. Klaas Schilder, *Jezus Christus en het Cultuurleven*(Colemborg, Netherlands: Uitgeversbedrijf De Pauw, 1932) pp.250~257; 정성구, 「칼빈主義 思想大系」(총신대학출판부, 1995), p. 300에서 재인용하였다.
123. 대표적인 성경구절로는 고린도후서 5:17; 갈라디아서 2:20을 보라.
124. 1996년 6월 4일 경북대 기독교수회 초청으로 행한 "The Christian Scholarship"이란 강연. 이 내용은 Kenneth W. Hermann, 〈The Meaning of a Christian Academic Perspective〉, The Mennonite General Conference(1981.6.)에서 행한 강의로서 한국에서는 「기독신앙과 전공과목」(IVP, 1986) 제4장에 번역되어 있다.
125. 예수께서 마태복음 22:37; 마가복음 12:30; 누가복음 10:27 등에서 말씀하신 바를 보라.
126. Abraham Kuyper, *Calvinism Christianity as a Life-system*(Christian Study Center, 1980); 필자는 여기서 단순한 문화의 원리로 인용했지만 원래 카이퍼가 여기서 말한 원리는 칼빈주의 원리였다.
127. G. Machen, "Christianity and Culture" in *The Princeton Theological Review* (1913.

1.).
128. 세계관과 학문의 관계를 자세히 다룬 책으로는 전광식, 「학문의 숲길을 걷는 기쁨」(CUP, 1998)을 들 수 있다.
129. Harry Blamires, *The Christian Mind*(S.P.C.K., 1963).
130. Hermann, 「기독 신앙과 전공과목」, pp. 71~77.
131. James W. Sire, *The Universe Next Door: A Basic Worldview Catalog*(IVP, 1976) - 한국어판: 김헌수 역, 「기독교세계관과 현대사상」(IVP, 1985).
132. 예를 들면 Nicholas Henry Beversluis, "Major Learning Goals in Christian Education," *Christian Philosophy of Education*(Grand Rapids, MI: Christian Schools Int' l, 1971), 4장을 보라.
133. Kamm, 「기독신앙과 학문」, p. 22.
134. David. W. Bebbington, *Patterns in History*(IVP, 1979). - 한국어 번역판, 이석우 역, 「역사관의 유형들」(두란노서원, 1987). 본서에서는 역사적으로 중요한 사관들을 알기 쉽게 잘 요약, 설명하고 있다.
135. Bebbington은 방향성 대신 선형성(linearity)이라는 말을 사용하고 있으나 필자의 생각으로는 역사 진행의 유연성, 개방성 등을 고려하여 경직된 선형성이란 말보다 방향성이란 말이 더 자연스러운 듯하다.
136. Leland Ryken, *Triumphs of the Imagination Literature in Christian Perspective*(IVP); 한국어 번역판, 「상상의 승리」(성광문화사, 1982). 특히 본서의 제6장에서는 기독교 문학이란 무엇인가를 다루고 있다.
137. 예를 들면 사도행전 17:28; 디도서 1:12~13을 보라.
138. Burrhus Frederic Skinner, *Beyond Freedom and the Dignity*(Hackett Publishing, 2002) - 한국어판: 차재호 역, 「자유와 존엄을 넘어서」(탐구당, 1994).
139. Skinner의 책에 대한 반론으로 Francis A. Schaeffer, *Back to Freedom and Dignity*(IVP, 1985) - 한국어판: 김원주 역, 「다시 자유와 존엄으로」(생명의 말씀사, 1995)를 보라.
140. S. Rickey Kamm, "사회과학을 보는 기독교적 관점", 「기독신앙과 학문」, Arthur Holmes 편(학생신앙운동, 1992), p. 20.
141. 신명기 14:28~29을 보라.

142. 신명기 23:24~25; 레위기 19:9~10; 출애굽기 23:10~11을 보라.
143. 출22:25-27; 신명기 24:6,12,.13 등을 보라.
144. 예를 들면 고린도후서 9:9을 보라.
145. 예를 들면 사도행전 2:44~45; 4:32~35; 고린도후서 8:13~14; 야고보서 5:1~5 등을 보라.
146. 예를 들면 고린도전서 7:29~31; 디모데전서 6:10, 17, 18; 베드로전서 3:1~4 등을 보라.
147. Henry George, *Progress and Poverty* - 한국어판:「가난에서 벗어나는 길」(보이스사, 1980); 본서는 근래에 경북대 행정학과 김윤상 교수가「진보와 빈곤」이란 제목으로 출간한 것이 더 잘된 번역으로 평가되고 있다. Henry George의 사상을 잘 소개하는 책으로는 CUP에서 출간된 Verinder의 책을 참고하라. Frederick Verinder, *My Neighbor's Landmark*(Andrew Melrose, London, 1911) -한국어판: 이풍 역,「내 이웃의 지계표」(CUP, 1996).
148. E. F. Schumacher, *Small is beautiful*(1973) - 한국어판:「작은 것이 아름답다」(전망사, 1980). 이 책에서는 종래의 대규모 경제체제를 비판하고 "인간중시의 경제"(Economics as if people mattered)를 주창하는데 이는 기독교 세계관에 근거한 경제학의 훌륭한 예라고 할 수 있다.
149. 경제윤리에 대한 그리스도인의 시각을 다룬 국내 저작으로는 한남대 경제학과 김세열 교수가 쓴「기독교 경제윤리」(한남대출판부, 1985)를 들 수 있다.
150. 본 절의 내용은 R. Hooykaas, *The Christian in Teaching Science*(Tyndale, 1960) - 한국어판,「과학과 기독교」(IVP, 1986)에서 주로 인용하였다. 본서는 30여면 정도의 소책자이나 자연과학에 대한 그리스도인의 올바른 자세에 대해, 과학을 전공하거나 하지 않거나 관계없이 모든 그리스도인들에게 매우 유익한 내용을 담고 있다.
151. 천년왕국 후 재림설이라고 부르기도 한다.
152. 천년왕국 전 재림설이라고 부르기도 한다.
153. R. Hooykaas, *Religion and the Rise of Modern Science*(Scottish Academic Press) - 한국어판, 손봉호, 김영식 역,「근대과학의 출현과 종교」(정음사, 1988). 근대 과학이 기독교적 배경을 가진 유럽에서 발생한 것은 기독교적 정신 자체가 근대 과

학정신과 일맥상통하기 때문이라는 본서의 주장(특히 제2장 참조)은 Robert K. Merton의 이름을 따라 지은 '머튼 명제'(Merton Thesis)와 더불어 과학에 대한 기독교의 긍정적 영향을 보여 주는 대표적인 예다.

154. DEW는 학문과 대학의 주인이 예수 그리스도이심을 고백하는 대학이 한국에서 설립되도록 기도와 정성을 모으는 동역자들의 모임이다. 1981년부터 기독교대학 설립 운동이 시작된 이래 DEW에서는 기독교적 지성의 확산을 위해 학회 개최와 학술지 발간, 지역 및 분야별로 기독교세계관에 입각한 연구회 모임과 출판 사역을 전개하고 있다. 2009년 5월 DEW와 기학연이 통합하여 사단법인 기독교세계관학술동역회가 되었다(연락전화: 02-745-7237).

155. Henry Van Til, *The Calvinistic Concept of Culture*(Grand Rapids,MI: Baker, 1972) p. 1 - "We are in the world but not of the world."; 정성구, 「칼빈주의 사상대계」, p. 302에서 재인용.

제10장

156. 리처드 마우, 「왜곡된 진리」(CUP, 1999), p. 78.
157. 리차드 미들톤 & 브라이안 왈쉬, 「그리스도인의 비전」(IVP, 2006), p. 137.
158. 프란시스 쉐퍼, 「이성에서의 도피」(생명의 말씀사, 1970). pp. 15~17.
159. 전광식, 「학문의 숲길을 걷는 기쁨」(CUP, 2004), p. 180.
160. 리차드 미들톤 & 브라이안 왈쉬, 「그리스도인의 비전」(IVP, 2006), p. 142.
161. 낸시 피어시, 「완전한 진리」(복있는 사람, 2006), p. 195.
162. 제임스 사이어, 「기독교 세계관과 현대사상」(IVP, 1985), p. 81.
163. 파커 팔머, 「가르침과 배움의 영성」(IVP, 2000), p. 47.
164. 팔머, 「가르침과 배움의 영성」, p. 48.
165. Ibid, p. 50.
166. Ibid, p. 49
167. 하웃즈바르트, 「현대 우상 이데올로기」(IVP, 1987), p. 19.
168. 알버트 E. 그린, 「기독교 세계관으로 살아가기」(CUP, 2001). p. 53.
169. 우주법적 양상론은 원래 Hermann Dooyeweerd가 *A New Critique of Theoretical Thought*(이론적 사유의 신비판)에서 제시한 것이며, 이에 대한 해설서로는 J. M.

Spier「기독교철학 개론」(Een Inleiding tot de Wijsbergeerte der Wetsidee)(크리스챤 다이제스트, 2001) 등을 보라.
170. 리차드 미들톤 & 브라이안 왈쉬,「그리스도인의 비전」(IVP, 1987), p. 209.
171. 찰스 콜슨,「그리스도인 이제 어떻게 살 것인가?」(요단, 2006), p. 157.
172. 파커 팔머,「가르침과 배움의 영성」(IVP, 1993), p. 58.
173. 현은자,「기독교 세계관으로 아동문학 보기」(학지사, 2003), p. 15.
174. 아브라함 카이퍼,「칼빈주의 강연」(크리스챤 다이제스트, 1996), p. 89.
175. 낸시 피어시,「완전한 진리」(복있는 사람, 2006), p. 205.
176. 폴 마샬,「천국만이 내 집은 아닙니다」(IVP, 1998), p. 69.
177. 제임스 사이어,「지성의 제자도」(IVP, 1994), p. 194.
178. 양승훈,「기독교적 세계관」(CUP, 1999), p. 255.
179. 사이어,「지성의 제자도」(IVP, 1994), p. 132.
180. 게리 토마스,「영성에도 색깔이 있다」(CUP). 저자는 이 책에서 피조세계와의 교감을 통해 자연에서 하나님을 강하게 느끼는 자연주의 영성, 그림이나 미술 등 예술적 접근으로 하나님을 느끼는 감각주의 영성, 엄숙한 의식이나 상징을 통해 하나님을 만나는 전통주의 영성, 고독과 단순성, 절제를 통해 하나님을 더 깊이 만나는 금욕주의 영성, 논쟁이나 불의와의 대결을 통해 뜨거워지는 행동주의 영성, 약하고 가난한 자를 위해 몸을 던지는 등 이웃 사랑을 통해 그리스도를 느끼는 박애주의 영성, 열정적으로 표현하고 춤추고 소리를 지르면서 은혜를 받는 열정주의 영성, 하나님과 연인처럼 속삭이면서 묵상을 통해 은혜를 받는 묵상주의 영성, 존 스토트나 제임스 패커 등과 같이 말씀을 분석하고 논리적 사고를 통해 하나님을 인식하는 지성주의 영성 등 9가지 영성을 제시한다.

제11장
181. 케리(William Carey, 1761~1834): 개신교 최초의 선교사로서 현대 선교의 아버지; 허드슨 테일러(Hudson Taylor, 1832~1905): 중국내지선교회(China Inland Mission) 창설자; 무디(Dwight Lyman Moody, 1837~1899): 미국의 부흥사; 빌리 그래함(William Franklin Graham, Jr., 1918~): 미국의 부흥사이자 빌리 그래함 전도협회 창설자; 로이드 존스(David Martyn Lloyd-Jones, 1899~1981): 영국의 개신

교 평신도 설교자; 이성봉(李聖鳳 1900~1965): 1930년대 평안남도 출신의 부흥사. 한국의 무디라 불림.
182. 쉐퍼(Francis August Schaeffer, 1912~1984): 미국 장로교 목사이자 복음주의 선교사, 철학자. 스위스 라브리(L' Abri) 공동체 창설자; C. S. 루이스(Clive Staples Lewis, 1898~1963): 영국 캠브리지대학 교수이자 소설가, 성공회 평신도 신학자.
183. 다윈(Charles Darwin, 1809~1882): 영국 자연학자이자 현대 생물진화론의 창시자; 마르크스(Karl Heinrich Marx, 1818~1883): 철학자, 정치경제학자, 사회주의자이자 공산주의 이론의 창시자; 럿셀(Bertrand Authur William Russell, 1872~1970): 웨일즈 태생의 영국 철학자, 역사가, 평화주의자, 인본주의자; 도킨스(Richard Dawkins, 1941~): 영국 동물 행동학자이자 진화 생물학자, 반창조론자, 옥스퍼드대학 교수.